福建省高校服务海西建设重点项目：

"弘扬朱子理学人文精神，促进海峡两岸文化认同"

（项目编号：2009B051）

朱熹道德教育思想论稿

姚进生 著

厦门大学出版社
XIAMEN UNIVERSITY PRESS
国家一级出版社
全国百佳图书出版单位

序　言

高令印

　　20世纪80年代以来,朱子学研究的两个领域,即著述的义理诠释和事迹的考察辨析,逐渐形成热潮,达到了很高的水平。以传统方法按学科分类、不同角度的研究,似乎已趋于饱和,在过去所涉及的理气心性、遗址事迹等范围内兜圈子,难有突破性的进展。特别是,很多研究成果缺乏可读性和普及性,作者群即读者群,反反复复,扼杀了朱子学研究的生机和文化价值。当前是朱子学研究继往开来的重要时刻,要开拓出研究的新领域和新境界。

　　上述朱子学研究的两个领域我都有参与。我觉得,要从朱子学产生的时代需要和中国文化的内在本质上立论,用解释学代替阐述学,古为今用,使朱子学成为当今构建和谐社会的资源,为提升现时代人们的道德伦理风尚服务。

　　孔子创立的儒学,到西汉董仲舒提出"独尊儒术",便成为中华民族的主体文化思想。中华主体文化是中华民族的精神支柱和生活方式,像衣食住行一样不可须臾离。中华主体文化的核心价值是内圣成德与外王事功,即"内圣外王"。就是《大学》所讲的"修身、齐家、治国、平天下"。所谓"外王",就是用王道、文化治理天下,此是与"霸道"、武力相对称的。"外王"的前提是"内圣",无"内圣"就无"外王"。

说的"仁者人之所以为人之理也"①,"譬如为山,未成一篑,止,吾止也;譬如平地,虽覆一篑,进,吾往也"②。这是孔子用堆山或平地成功与否全靠自己的努力程度来比喻"为仁由己"。孔朱学是成熟心智、健全人格、安身立命之学,是中华民族的精神支柱和生活方式,体现于历代人身上,我们天天生活在孔朱学里。

综观众多的朱子学著作,多从文化知识上立论,而忽视其道德伦理教育。当今在朱子学的研究上应注重其核心价值"为己之学",大力发扬其"内圣外王"的思想。姚进生先生的《朱熹道德教育思想论稿》抓住了朱子学的内在本质,全面论述了朱熹的道德伦理教育。作者强调,道德教育思想是朱熹教育思想乃至于整个理学思想体系的重心。该书的架构和论说,遵循着朱子学的下学(日用践履)上达(心性天理)之教,义理与践履相结合,由内圣成德而外王事功,落实到修身、齐家、治国、平天下上。特别是,对当前道德领域中存在的突出问题及成因分析,对当今思想道德建设有重大价值。其对朱熹道德教育中的成功案例进行的深入分析,更使朱熹的道德教育思想能为今天的道德建设提供具体的借鉴,发挥重大作用。在当今众多的朱子学著作中,《朱熹道德教育思想论稿》有特别突出的特点和现实价值。

近年来,中共福建省委提出"扎实推进文化强省建设",源于福建的朱子学无疑是"软实力"。朱熹的闽学是中华文化的核心价值,是中国人民美德的源泉。在福建文化建设大昌的今天,特别需要有关朱熹道德伦理教育的专著。这部《朱熹道德教育思想论稿》无疑将起到重大的推动作用,所以我特别推荐给大家。

2013 年 12 月
于厦门大学哲学系

---

① 《孟子集注·尽心下》。
② 《论语·子罕》。

目　　录

第一章

绪　论

一、古代教育与儒家道德教育

中国古代的教育实即道德——政治教育。说教育即"教化",虽言过其实,但教育以德教为主,却是不争事实。中国有着悠久的教化传统,据《史记》记载,上古时期,教化就已经是一件非常重要的事情。黄帝的孙子帝颛顼"依鬼神以制义,治气以教化,絜诚以祭祀",继他之后的帝喾"抚教万民而利诲之"。① 中国这种重教化的传统一直延续下来,成为历朝历代都极为重视的一件大事。

在中国古代典籍中,"教化"一词几乎都与观念的传播和灌输,尤其是道德观念的传授和灌输有关。可以说,在我国古代"教化"与"教育"相通,其实就是道德教化,就是"以教化民"。用现在的话说,就是"通过教育,化道德规范为德性,化'他律'为'自律'"。在这里,强调和突出的是施教者的责任和教化意识。南宋校勘重订的《增韵》对"教化"一词解释为:"凡以道业诲人谓之教,躬行于上风动于下谓之化。"清代学者管同说:"以身训人是之谓教,以身率人是之谓化。"② 从这两种解释可以看出,他们都把"教化"看作是对人们行为的主动引导,即施教者自觉向受教者传授一定的道德观念和行为规范的活

---

① 司马迁:《史记·五帝本纪》。
② 管同:《因寄轩文初集》卷六,《与朱干臣书》。

动。从这个意义上可以说,所谓"教化",就是施教者通过自身的言传身教,向受教者传授价值观念和道德意识,施加道德影响,以期提高受教育者的素质和修养,在受教者的内心形成正确的价值观念和道德意识,自觉地按照这种观念和意识进行思考和行动,并最终以达到端正社会风习,维护社会稳定目的的一种活动。正是在这一理解的层面上,我们说,古代"教化"一词所要表达的意思和我们现代社会环境中的"道德教育"、"德育"、"道德建设"、"思想政治工作"等是有其一致之处的。

在中国漫长的封建社会中,儒学对教育有着巨大的支配作用,儒家的重教思想奠定了中国古代社会重教的传统,儒家价值观奠定了封建的教育目的论,而儒家的经籍既是知识又是信仰和价值观念,它是无论官学或私学的基本教材,并已成为封建时代进行道德教育和知识传授的主要内容。可以说,在我国封建时代,教育和儒学是体和用、表和里的关系,教育的核心所在,就是让人们受到儒学道德伦理思想的熏陶和教化。

孔子作为中国古代历史上的第一位伦理思想家,他创立了儒家学派,第一次系统构建了中国古代道德理论体系,而道德教育思想则是这一理论体系的重要组成部分。孔子的道德教育思想产生于春秋战国时期,当时,社会正处于奴隶制社会向封建社会的过渡时期。社会生产力的发展引发了生产关系的变革、社会的政治动荡、文化下移和"百家争鸣"局面的出现,为孔子道德教育思想的产生提供了经济、政治、思想文化的条件。为了挽救当时社会政治动荡、"礼崩乐坏"的局面,孔子继承了西周"敬德得民"的思想,提出以德治国的政治方略,亦即为政以德。德政是需要由人来推行与实施的,所以培养修己安人的贤士就成了孔子教育的唯一目的。孔子的教育内容有四科,即"德行"、"言语"、"政事"、"文学",而"德行"的教育为各科之首。《论语·学而》记载孔子教诲弟子:"入则孝,出则悌,谨而信,泛爱众而亲仁,行有余力,则学文。"可见,孔子认为学生首先是学习德行,做一个符合社会道德规范的人,其次才是学习和提高自己的文化知识。

所以在其整个教育体系中,道德教育是居于首要地位的。从中我们也可以看到,正是由德治的需要才产生了道德教育的必要性的,而他的"性相近,习相远"的人性论观点,则揭示了道德教育的可能性和必要性,强调了教育和环境对人的品德养成有着决定作用。孔子构建了完整的道德教育内容体系,它是以"仁"为道德教育的目标,以"礼"为道德教育的核心,以"义"为道德教育的最高准则,以"孝悌忠恕"等为道德教育的基本道德规范,最终实现"君子"的道德理想人格。在此基础上,孔子还提出了有教无类和因材施教的道德教育原则和学、思、行三位一体的道德教育方法。孔子还十分注重个人自觉的内在锻炼和修养,强调"为仁由己"、"自省自讼"、"近能取譬"等,认为道德教育的途径是内在修养,社会的道德教育要通过个人内在的锻炼和修养才能起作用。继孔子之后孟子、荀子等先秦儒学家,进一步发展和完善了孔子的道德教育思想。孟子进一步提出"大丈夫"理想人格的修养目标。据《孟子·尽心章句下》的描述,孟子将人的道德境界分为六个层次:"可欲之谓善,有诸己之谓信,充实之谓美,充实而有光辉之谓大,大而化之谓圣,圣而不可知之谓神。"孟子认为,神圣之人非常人可达,而美、大、信、善之人则人人可为。荀子则认为,尽管人性是恶的,但通过自己的学习,也可以成为道德高尚的人。因此在道德教育的内容和作用上,他认为"礼"的学习是道德教育对人性本恶的唯一补救方法,在人的发展过程中起着"化性起伪"的作用。所以,荀子教育的起点是培养既懂"礼"、"法",又行"礼"、"法"的"卿相士大夫",最高目标是使人成为"圣人"。总之,以孔子、孟子、荀子为代表的先秦儒学确立了儒家以仁为中心,以促进个体德性人格的养成和现实伦理秩序的完善为旨归的道德教育思想体系。这一道德教育思想体系对中华民族的道德教育理论具有重要的奠基作用,在道德教育实践方面具有开创作用,对中华民族的道德精神具有先导作用。两汉隋唐时期,董仲舒、班固、王符等儒学家们从道德教育的内容,方式方法等方面继承和发展了传统道德教育思想;到南宋时期,以朱熹为代表的理学家们对儒家道德教育思想作了新的概括与提升,创造性地建立了理学道德教育思想体系,进一步强化了孔子以来仁学道德教育思想的合理性,从而使儒家道德教育思想趋于完善,并成为我国封建社会后期占据着统治地位的思想意识和道德教育思想。

二、朱熹道德教育思想的哲学基础和基本内容

道德教育思想是朱熹的教育思想乃至于整个理学思想体系的真正重心所在,在南宋社会那种宋金政权对垒、民族矛盾尖锐,道德价值体系几乎崩溃的历史背景下,朱熹殚精竭虑,重整伦理,致力于构建道德伦理的形而上学,让道德伦理具有了本体论的依据,他把儒家伦理与宇宙本体统一于天理,通过把天理的伦理化,使其世俗化,成为人人必须遵行的政治和道德原则,进而通过教化成为"明人伦"而最终达至"明天理",以维护封建社会秩序和中华一统。

(一)朱熹的道德哲学观及其道德教育思想的哲学依据

对于中国古代社会来说,道德伦理思想是历久不衰的哲学线索。朱熹理学思想作为中国封建社会后期的官方统治思想,其道德哲学无不渗透到社会伦理的方方面面,而要对作为形而上学的朱熹道德伦理思想及其教化思想进行哲学上把握,则必须结合在朱熹的理气论、心性论等理论体系之中方能探明。

1. 在理一元论哲学的前提下,朱熹把儒家伦理与宇宙本体统一于天理,构建了道德伦理的形而上学

朱熹哲学逻辑结构的最高范畴是"理",即"天理",又称"太极"。"理"不仅是宇宙万物的本源,而且是人类社会最高的道德原则。他说:"宇宙之间,一理而已。天得之而为天,地得之而为地;而凡生于天地之间者,又各得之以为性。……自未始有物之前,以至人消物尽

之后,终则复始,始复有终,又未尝有顷刻之或停也。"①在朱熹这里,
理是永恒的宇宙本体,人与物因其理各得其性。理既是宇宙本体而
主宰万物,又是宇宙本体而派生万物,他用所谓的"理一分殊"来概括
一理与万物、一理与万理的关系。他指出:"万物皆有此理,理皆同出
一原。……物物各具此理,而物物各异其用,然莫非一理之流行
也。"②可见在朱熹看来,天理只有一个,而天理存在于万物之中,通
过分殊之万物表现出来。

在此基础上,朱熹把儒学所倡导的仁义礼智等伦理道德统一于
天理,认为仁义礼智合而言之,是天理之总名,分而言之,则是组成天
理的数件。他说:"天理既浑然,然所谓之理,则便是个有条理底名
字。故其中所谓仁义礼智四者,合下便各有一个道理,不相混杂。以
其未发,莫见端绪,不可以一理名,是以谓之浑然。非是浑然里面都
无分别,而仁义礼智都是后来旋次生出四件有形有状之物也。须知
天理只是仁义礼智之总名,仁义礼智便是天理之件数。"③可见,天理
浑然是总称,仁义礼智是分名,是天理中的具体条理,天理与仁义礼
智是整体与局部的关系,在这里,朱熹对仁义礼智与儒家道德伦理的
理解和阐述,已不满于伦理思想在日常生活中的辅助性作用和服从
性地位,在关注社会人生的基础上,站在宇宙本体的角度来审视道德
伦理。

此外,朱熹还把理与万物的规律联系起来,认为理又是"则",事
事物物皆各有其"则",即具有事物的准则、规律。朱熹指出:"天之生
物……是虽其分之殊,而其理未尝不同;但以其分之殊,则其理之在

---

① 《晦庵先生朱文公文集》(以下简称《朱文公文集》)卷七〇,《读大纪》,
朱杰人等主编:《朱子全书》第24册,上海古籍出版社、安徽教育出版社2002年
版,第3376页。
② 黎靖德编:《朱子语类》卷一八,中华书局1986年版,第398页。
③ 朱熹:《朱文公文集》卷四〇,《答何叔京》书二十八,四川教育出版社
1996年版,第1838页。

是者不能不异。"①其"未尝不同"的理即宇宙的本体,其"不能不异"的理就是事物的"则"。各个万物都具有本体之理与规律之理的两重属性。对于事物的规律之理,人们只能顺应,不能违背,朱熹指出:"固是有理,如舟只可行之于水,车只可行之于陆。"②他还说:"水之润下,火之炎上,金之从革,木之曲直,土之稼穑——都是性,都有理。人若用之,又著顺它理,始得。若把金来削做木用,把木来镕做金用,便无此理。"③综上所述,"理"不仅是宇宙万物的本源,而且是仁义礼智的总称,是事物的特殊规律。可以说,朱熹在其理一元论哲学的前提下,构建了道德伦理的形而上学,让道德伦理观念具有了本体论的依据。

2. 以"心统性情"为纲领的"心性论"肯定了环境和教育在人的道德品质形成中的作用,为朱熹道德伦理教化思想的展开提供了哲学基础和理论依据

心性论是构成朱熹理学思想体系的重要组成部分和核心内容。朱熹以"理"、"气"为逻辑原型,诠释了大地万物的存在、生成和发展过程。"气不可谓之性命,但性命因此而立耳,故论天命之性则专指理言,论气质之性则以理与气杂而言之,非以气为性命也。"④天地之性是人之所以为人的普遍本质,气质之性则是作为个人特殊本性,是普通本性的个体上的特殊表现形式。朱熹是将性分为天命之性(即本然之性)与气质之性的。天理为人禀变,安顿在人身上,就是所谓天命之性,其内涵是仁义礼智等道德原则,它是至善的。气质之性在道德内涵上既包括道德理性,又包括感性欲求,是天理和人欲的综合体。现实的人性总是天命之性与气质之性的统一。朱熹的天命之性与气质之性说,强调了人可改变气质,即通过道德修养,纠正气质的

---

① 朱熹:《朱文公文集》卷五九,《答余方叔》,第 2854 页。
② 黎靖德编:《朱子语类》卷四,第 61 页。
③ 黎靖德编:《朱子语类》卷九七,第 2484 页。
④ 朱熹:《朱文公文集》卷五六,《答郑子上》书十四,第 2688 页。

偏差以复性善之本,实现"明天理、灭人欲"的道德教育任务。由此可见,以朱熹为代表的宋代理学家对道德修养功夫的重视,其性气关系理论最终是为道德修养作论证的。

朱熹对于"心"也有精密、严整的分析,提出了著名的"心统性情"说。朱熹认为,"心"是认识和道德意识的主体,无论是人的知觉思维,还是行为活动,都是在心的支配下实现的。"心统性情"思想主要有两层涵义:一是心兼性情,指的是心兼动静、体用、已发、未发,即把性情各自的属性都涵摄于心中;二是心主宰性情,即心统御管摄性与情,人的理智之心对于人的本性和人的情感是具有把握和控制能力的。朱熹主张把未发已发、存养与省察结合起来,即通过心的主宰,把性与情统一起来。他说:"未发已发,只是一件工夫,无时不涵养,无时不省察。"①强调心主宰性情两端,把平时(静、体、未发)的道德修养与遇事(动、用、已发)按道德原则办事互相沟通,使之均不离心的统御。在这里朱熹强调必须发挥理智之心的主观能动性,以认识和保持内在的道德理性。

朱熹还从人的知觉之心按其知觉的来源和内容不同把心分为"道心"与"人心"。或问"人心"、"道心"之别。曰:"只是这一个心,知觉从耳目之欲上去,便是人心;知觉从义理上去,便是道心。"②道心,即指义理为内容的与天理有关的心,仁义礼智之义理为善,道心亦为善;人心,即指原于耳目之欲的心,人生有欲,饥食渴饮"虽圣人不能无人心"③,故"人心亦不是全不好底"④而是"可为善,可为不善"⑤。因此,朱熹主张人心需要道心加以限制,才能避免人欲横流,人为学的目的就是要使"人心"服从于"道心"。

---

① 黎靖德编:《朱子语类》卷六二,第 1514 页。
② 黎靖德编:《朱子语类》卷七八,第 2009 页。
③ 黎靖德编:《朱子语类》卷七八,第 2011 页。
④ 黎靖德编:《朱子语类》卷七八,第 2009 页。
⑤ 黎靖德编:《朱子语类》卷七八,第 2013 页。

总之,朱熹的"心性论"强调了人是性气结合的产物,通过道德修养,可纠正气质的偏差,同时主张心统性情,从某种程度上肯定了环境和教育在人的道德品质形成中的作用,强调了人人都有培养、教育而成为圣贤人格的可能,这种从先天"气质之性"到后天"变化气质"的教育培养,充分表明了教化成善的可能性,同时也为朱熹的道德教化思想提供了哲学基础和理论依据。

(二)朱熹的道德教育思想及其展开

朱熹在其道德哲学观的基础上,形成了独具特色的道德教育思想。朱熹认为,宇宙的本源"理"或曰"太极"乃是至善无恶的。换句话说,至善乃是世界本源的存在状态,这不仅为他的道德教育实践提供了客观的可能性,也为其道德教育理论的展开提供了一条中心线索,因而朱熹的整个道德教育思想理论体系始终是围绕对"至善"的追求而展开的。朱熹的道德教育思想突出了伦理本位,极重视个人道德修养的完善,并为此提供了系统且明确的方法论。出于其政治上"内圣外王"的理想,他将这种修养的过程归纳为:"格物、致知、诚意、正心、修身、齐家、治国、平天下"这样一个递进过程,而其中最根本和核心的是修身,这是朱熹道德教育过程中的一个最为显著特色,既重视和发挥受教育者的主观能动性,实现由外在道德教育到内在的道德自觉,这也是朱熹教育思想主体价值所在。

这里需要说明的是,我们在这里是用道德教育思想来表述朱熹的道德教化理论的,这在广义上是一致的,但从严格意义上说,教化与教育是差别的,教化在教之外还有化,即把外在的事物化为内在的精神养分,作为受教育者自身生命的一部分。教化主要指德行的培养,是人的内在精神的整体性生长,这点也是我们在研究朱熹教育思想中必须加以关注和区分的。朱熹的道德教育思想,主要包括以下方面的主要内容:

1. 培养一种理想的人格,是朱熹从事道德教育的基本目的

朱熹把培养"讲明义理以修其身"的"贤君"、"忠臣"、"孝子"作为道德教育的根本任务。他说:"熹窃观古昔圣贤所以教人为学之意,

莫非使之讲明义理以修其身,然后推己及人,非徒欲其务记览,为词章,以钓声名取利禄而已也。"①又说:"故圣贤教人为学,非是使人辍辑语言、造作文辞、但为科名爵禄之计,须是格物、致知、诚意、正心、修身而推之以至于齐家治国,可以平治天下,方是正当学问。"②他认为,教育不是"钓声名取利禄"、"科名爵禄之计",而是要培养"讲明义理以修其身"的齐家治国平天下的人才,所以在《白鹿洞书院揭示》中提出了"父子有亲,君臣有义,夫妇有别,长幼有序,朋友有信"的五教之目,"言忠信,行笃敬,惩忿窒欲,迁善改过"的修身之要,"正其义,不谋其利;明其道,不计其功"的处事之要,及"己所不欲,勿施于人;行有不得,反求诸己"的接物之要。③ 这四项所说的都是"讲明义理以修其身"。从其具体内容看,所谓"义理",是指"三纲五常"之类的纲常名教,也就是朱熹哲学中所说的"天理"的基本内容。所谓"修其身",就是要求人们按照"天理"的要求"迁善改过"。也就是说,朱熹所设计的最高层次的理想人格是所谓"圣人"人格和达到"仁"的道德境界,他具备仁的道德品质。仁的含义是"爱",如朱熹所谓"爱亲、仁民、爱物,无非仁也"④,这种爱是对他人、对万物的无私之爱,是一种"廓然大公"⑤的境界,所以朱熹又常常把"仁"与"公"相提并论,如他说:"仁是爱底道理,公是仁底道理。故公则仁,仁则爱。"⑥他认为,只有无私才能做到"仁",有私心就不能做到"仁"。这就是说,要想达到"仁"的境界,就必须清除私欲,因为"仁"的境界就是一种大公无私的境界,一个真正做到大公无私的人也就是一个真正的"圣人"了,就能"讲明义理",当人君就可以成为"贤君",当人臣就可成为"忠臣",

---

① 朱熹:《朱文公文集》卷七四,《白鹿洞书院揭示》。
② 朱熹:《朱文公文集》卷七四,《玉山讲义》。
③ 朱熹:《朱文公文集》卷七四,《白鹿洞书院揭示》。
④ 黎靖德编:《朱子语类》卷五六,第 1333 页。
⑤ 朱熹、吕祖谦编,弥京华注解:《近思录集释》,岳麓书社 2010 年版,第 143 页。
⑥ 黎靖德编:《朱子语类》卷六,第 116 页。

当人子就可成为"孝子","然后推己及人",就能实现"修身、齐家、治国、平天下"之大道。

2."变化气质"是道德教育的价值和功能

如前所述,朱熹将性区分为"天命之性(本然之性)"与"气质之性"。因此,朱熹认为,一切现实的人性已"不全是性之本体"(性的本然状态)了,这个受到气质污染、并对每个人直接发生作用的现实人性就是"气质之性",它反映出的既有理的作用,也有气的作用,是道德理性与感性欲求的交错综合。因此,朱熹又提出了"变化气质"的主张。他认为,通过后天的道德修养工夫,把气质之性中恶的杂质(人欲)清除掉,气质之性的本然状态——天命之性就能完全显现出来了(即所谓"复其性"),由此也就达到了至善的道德境界,实现了最高的理想人格。由此可见,道德教育的作用(功能)和意义(价值)则是要通过"变化之性"这一具体的实践活动过程而体现出来的。"变化气质"的过程也就是一个"存天理,灭人欲"的过程,这乃是实现"圣人"人格的基本手段。灭除人欲,就能存得天理,因此,灭人欲与存天理就成为道德教育、道德修养过程中互相制约的两个方面,其中一方的削弱也就意味着另一方的增强。如他说:"资禀既偏,又有所蔽,须是痛加工夫,'人一己百,人十己千',然后方能及亚于生知者。及进而不已,则成功一也。"①这是说,人们虽然受气质之蔽,但只要"痛加工夫",做到"人一己百,人十己千",也就能达到去蔽复明的目的。

3.修养论是朱熹道德教育的重要方法或功夫

我们在论述朱熹的道德本体论思想中,已屡次涉及朱熹的道德教育思想。朱熹对这两方面的建设,都是十分重视的。朱熹认为,本体必须与功夫相关,两者相互统一,相辅相成。与道德本体论相一致,朱熹构建了修养论为核心的道德教育方法论,主要有以下几个方面:

———————————

① 黎靖德编:《朱子语类》卷四,第66页。

（1）主敬涵养

朱熹倡导"主敬涵养"的修养方法,在宋明理学中有很大影响,是朱子学修养论的核心命题,也是其治心的重要功夫。"主敬涵养"说,主要由静养动察、敬贯动静思想组成。"主敬"这是道德修养和教育的最重要也是最基本的要求,就是要做到内无妄思、外无妄动。由于朱熹区别未发与已发,故"心"有未发之静时,也有已发之动时。由于心通贯动静,故道德教育主要是治心,重在倡导人们的内心自觉,启示人们进行道德品质的自我体察,使人形成道德自觉和自律,做到静时涵养于未发,动时察之于已发。朱熹的所谓"涵养",是针对人气之心持敬而养之,其主旨是要涵养出心知理明。朱熹认为,这种未发的主敬修养工夫不仅可以涵养德性,而且可以为格物致知准备充分的主体条件。

（2）格物正心

朱熹以《大学》所提出的格物、致知、诚意、正心、修身、齐家、治国、平天下八条目为基础,强调格物致知,认为格物就是穷尽事物之理,致知就是推致其知以至其极。"是以大学始教,必使学者即凡天下之物,莫不因其已知之理而益穷之,以求至乎其极。至于用力之久,而一旦豁然贯通焉。则众物之表里精粗无不到,而吾心之全体大用无不明矣。此谓物格,此谓知之至也。"①在这里,朱熹告诉人们,道义之理要通过事物之理的明了来获得,只有先学事物物理,而后才能获得"吾心之全体",为"正心"打下坚实基础,而其强调的"用力之久",是说认识有个过程,要持之以恒不断学习探究方可获得。所以道德教育最终目的在于复明天赋之理,前面的格物只是一种准备的基础,后者才是要达到的终极目标。

（3）致知力行

德性最终要化为具体的道德实践才有价值,所以,朱熹特别重视道德上的践行,在道德修养和教育上十分强调"致知力行"。他说:

---

① 朱熹:《大学章句》。

"致知力行,论其先后,固然以致知为先,然论其轻重,则当以力行为重。"①可见,朱熹是把致知和力行视为完整的认识过程中不可分割的两个方面,知行既有区分,又是统一而相互促进的,由此他提出了"知行相须互发"的思想,"知之愈明,则行之愈笃;行之愈笃,则知之益明。二者皆不可偏废……若一边软了,便一步也进不得"。②可见,朱熹认为,从知到行,不仅需要正确的认识,还需将正确的认识渗入灵魂,化为人的灵魂的一部分,这就需要"重在践行"即要进行道德意志的锻炼,道德教育的过程也是引导人们进行"致知力行"、"重在践行"的过程,这也是朱熹道德教育的重要环节。

(4)循序渐进

在道德教育上,朱熹认为要先"小学"后"大学"。在道德教育的初级阶段,主要是对道德规则和道德规范的认识,朱熹称之为小学阶段,这时,要注重人的道德行为训练,"教之以洒扫、应对、进退之节,礼乐、射御、书数之文"③。在小学阶段取得了道德感性认识,道德理解能力不断增强的基础上,就要进入大学阶段,这时应对人注重进行道德理论的培养以获得理性道德认识,即所谓"尽夫天理之极,而无一毫人欲之私也"。朱熹在其道德教育实践中,还依据儒家经典的内容,适应小学和大学两阶段学生年龄特征和人的由浅入深的认识规律,编写了《童蒙须知》、《小学》、《近思录》、《四书集注》和《经筵讲义》等教材,成为我国古代道德教材建设史上的又一创举。

三、朱熹道德教育思想的时代意义

朱熹的道德伦理思想及其独特的道德教育思想体系已深深扎根于广袤的民族文化沃土之中,成为中华传统价值观和道德伦理教育

---

① 朱熹:《朱文公文集》卷五〇,《答程正思》书八,第 2324 页。
② 黎靖德编:《朱子语类》卷一四,第 281 页。
③ 朱熹:《大学章句序》,《四书章句集注》,中华书局 1983 年版,第 1 页。

思想的重要组成部分，深入研究和发掘朱熹的道德教育思想中的"合理内核"，能为我们今天解决社会道德领域中存在的突出问题提供有益的借鉴。

对朱熹道德教育思想乃至于整个理学思想体系，我们必须站在历史和时代的角度，实事求是地加以分析，批判清除其流弊，继承创新其合理的思想，为现代化和当代文化建设服务。

正如没有一种思想能够全然地超越时代和环境而普遍适用于任何时代一样，朱熹的理学思想也存在明显的时代局限性。朱熹的道德本体论具有明显的客观唯心论性质，而将封建伦理纲常本体化则旨在为其普遍性、绝对性和永恒性作辩护，其最终目的都是为强化封建伦理纲常的统治服务的，因此遭到人们的批判，是理所当然的。朱熹道德教育思想中内圣外王的至善境界也是十分主观和理想化的。在现实生活中由于极难达到而显得软弱无奈。更有甚者，由于后世的人们把朱熹思想中的某一些倾向强调的过了头，因而产生流弊，如朱熹思想中具有重道德轻利益的倾向，被后世进一步发展演变成空谈道德性命，忽视事物和客观物质利益的空虚无用之风，以致空谈心性、鄙下实事，造成议论与实际脱离，坐而论道的流弊，而与世无补，与民无益。再有如后世理学末流把朱熹思想中天理人欲不容并立的抑制人欲倾向进一步深化，产生了不近人情，压抑人性的流弊等，都必须批判与清除。当然，我们在深入研究朱熹思想时，也必须把朱熹的"本意"思想和后世的附会区别开来，这才是科学的态度。对朱熹道德教育思想的当代价值，我们可以从以下三个方面来认识：

（一）对朱熹道德哲学继承创新，建构符合于新时期发展的具有中国特色的社会主义道德理论体系

朱熹通过对道德伦理的宇宙本体证明，将标示世界万物之所以然和所当然的"理"确立为最高价值原则和行为准则，从而为道德认识和道德践行提供了一个超越的、客观的标准，而不至于陷入道德的相对主义、实用主义和任何主观随意性。他的客观唯心论和具体的封建伦理内容虽不尽可取，但他的探索思路对我们今天的道德建设还是很有意义的。

当前我国社会道德领域存在一些突出问题,诸如诚信缺失、美丑混淆、拜金主义等道德失范现象,在一段时间里,一些地方发生了道德冷漠,丧失良知现象,一些领域出现见利忘义,制假售假的事件等,一次次冲击社会的道德底线,挑战公众良知,在人民群众中造成很大意见。这些问题的出现与中华民族传统道德格格不入,更与社会主义核心价值体系背道而驰。产生这些问题的主要原因,有发展过程中的问题,有制度、机制、法制和社会管理方面的因素,但很重要一点是我们道德理论建设上的问题,这也就是说,当前我国社会,多元价值观、中西新旧各种理论交错,导致了社会现实中是非模糊,善恶不明,荣辱错位,我们的思想道德的理论建设还远远没跟上经济社会发展的步伐。朱熹对道德本体论的探索思路启示我们,要从哲学高度探讨伦理道德本质问题,深入认识道德的特点和道德标准的普遍性和客观性,着力构建符合新时期发展要求的具有中国特色社会主义道德思想体系,以充分发挥道德的价值导向功能和促进作用,运用道德的力量,确保社会主义市场经济的健康发展。

(二)对朱熹道德伦理思想中所蕴含的合理成分的继承创新,有助于我们弘扬中华民族精神和中华民族优秀的道德传统。

继承创新朱熹道德伦理思想中的积极因素,这是正确对待中华传统文化的题中应有之义,朱熹思想经过长期流传,其中许多内容已成为中华传统文化的重要组成部分。朱熹道德伦理思想中值得继承创新的成分甚多,主要有:崇尚气节的爱国主义精神;克己奉公、重责任义务的精神;"真实无妄"的诚信精神;重理性自觉、以理性控制感性的精神;重视道德修养和道德自律的精神;重视教育和提高人的素质的思想;维护国家统一和社会安定的思想等。虽在特定的历史背景下其思想的提出有一定的历史局限性,但其中的积极因素和合理成分,仍具有不可抹杀的现实意义。因此,继承朱熹道德伦理思想中这些合理成分,有助于我们弘扬中华民族精神和中华民族优秀道德传统,有助于我们今天的道德思想建设。

（三）对朱熹道德修养思想进行吸收改造，为我们今天的道德建设提供可资的借鉴

如前所述，朱熹在道德修养论中充分肯定和强调道德意识和道德自律在个人乃至集体道德形成过程中的作用，对于今天我们学校德育过程中较多注重他律而轻视自律的教育方法的改进是大有裨益的。又如朱熹在道德教育过程中一再强调"知行相须互发"的思想，并把它作为一个重要的道德修养方法加以提倡，这对我们从事道德教育和道德修养无疑是有启发意义的。在我们今天倡导和推行的公民道德基本规范"爱国守法、明礼诚信、团结友善、勤俭自强、敬业奉献"二十字中，如何解决知易行难的问题，我们从朱熹的"主敬涵养"、"致知力行"等方法论中，能够找到智慧的火花。再如，朱熹强调为学和道德修养须遵循由近及远、由浅及深的循序渐进的方法，对反省我们今天的学校德育教育的方法，在一定程度上存在"小学讲理想信念，中学讲文明礼义，大学讲卫生安全"的本末倒置的目标设定，也是有启发意义的。

综上所述，对待朱熹道德伦理观及其道德教育思想，要在现代审视和反思的过程中，使其与现代化和现代社会发展的实践相结合，从而使朱熹思想中的积极因素在当代建设中国特色社会主义教育事业乃至于整个中国当代道德文化建设中发挥应有的作用。

第二章

朱熹道德教育思想的渊源

　　朱熹道德教育思想的形成与宋代尤其是南宋社会民族矛盾加剧和经济关系变化所呈现出的纷繁复杂的社会环境密切相关,与南宋时期的教育制度特别是是以"德行道艺"养士的书院兴起密切相关,也与南宋政治经济文化中心南移后闽地的社会历史条件和中国传统儒学的衍变与发展密切相关。关于朱熹道德教育思想的形成,我们可以从社会背景、思想背景和教育制度背景这三个方面来加以探讨和认识。

第一节　朱熹道德教育思想形成的历史背景

　　朱熹生于南宋建炎四年(1130 年),卒于南宋庆元六年(1200年),生活年代正处于南宋初期和中期。这一时期是中国社会民族矛盾、经济矛盾和阶级矛盾尖锐突出、社会动乱、伦常失序的时期,在当时社会的思想文化领域的当务之急就是要重建社会理想和人格境界,恢复和确立国家的主体意识——儒家的道德原则。包括了朱熹道德教育思想在内的理学思想体系正是适应了当时南宋社会的需要,体现了当时的时代精神。

一、社会动乱、伦常失序

　　宋太祖建立北宋时,统一了除割让给契丹的燕云十六州之外的领地。北宋建立之初,为收复十六州与辽进行抗争,遭遇两次惨败,辽军趁势深入宋境,劫掠宋民。此后宋又与西北的夏、灭辽的金展开长期征战。1126 年,北宋王朝的首府开封被金兵攻陷,宋徽宗和钦宗被金兵所俘虏,宣告了北宋王朝的灭亡。以赵构为首的宋朝王室于 1127 年在南京应天府(今河南商丘)重建宋朝,此后为逃避金兵追击,被迫南渡,都城一再转移,直至 1132 年建都临安(今杭州),史称"南宋"。

南宋建立之初,即面临着内忧外患的困境。由于金兵不断地南下侵掠,广大汉族人民展开了轰轰烈烈的抗金斗争。但是宋王朝中的主要当权者却向金朝屈膝投降,不断求和。这使民族自尊心极强的汉族士人更加仇视金人,主张抗金并收复失地的主战派和主张向金求和的议和派的争斗一直就是南宋朝廷政治斗争的两大派系,从未间断过。

1141 年,南宋与金签订了屈辱的"绍兴和约"向金称臣,并杀害了抗金民族英雄岳飞父子。隆兴二年(1164 年),趁金人内乱之际,南宋较有作为的宋孝宗与金签订了"隆兴和议",改变了对金称臣的状态。但宋孝宗半生受制于高宗赵构,未有更多的建树。1208 年宋朝伐金失败,与之签订另一个屈辱的协定——"嘉定和议",南宋的统治更加黑暗。

连年的战争中,社会生产力停滞,南宋内部土地兼并现象日益严重,租税沉重,促使社会矛盾尖锐突显。宋朝实行的是"不抑兼并"的土地政策,当时,田地私向贸易,富者贪于有余,厚价以规利,促使"势官富姓,占田无限"①。当时土地买卖,可以载客户于契书,随契分付。就是旧地主出卖土地,同时也就把佃农移交给新地主。这样,农民对地主的依附关系更加强了。同时,社会贫富更加两极化,形成有力者无田可种,有田者无力可耕的极其严重的社会现象。

统治阶级把自身骄奢淫逸的生活成本和与外族战争的军费、媾

---

① 　脱脱等:《宋史》卷一七三,《食货志上·农田》,中华书局 1977 年版。

和进贡的负担全部转嫁到农民身上。"南渡后,因军需繁急,取民益无纪极……统观南宋之取民,盖不减于唐之旬输月送,民之生于是时者,不知何以为生也。"①总之,自北宋末至南宋,战火中灾荒不断,民族矛盾凸显的同时,农民阶级与地主阶级的矛盾也日益尖锐和突出,农民起义此起彼伏,导致了当时的社会动荡,伦常破坏,道德沦丧。但是,南宋的统治者不仅没有整顿吏治,而且醉生梦死,促使社会人欲横流。

统治阶级的腐化堕落,引起了一些有气节的官吏和士大夫的不满。加之土地制度的变化,让一大批因为土地兼并而涌现出来的庶族地主登上了政治舞台,地主阶级内部各个阶层的势力发生了很大变化。许多有识之士面对南宋内忧外患的现实,深为当时社会积贫积弱而又道德沦丧、人欲横流担忧。

如何才能寻找到人生的在世价值,改变社会无序的动荡环境?如何才能重树价值理想,重整伦理纲常?统治者和普通民众应从哪些方面加强自身的道德修养?以朱熹为代表的理学家们正是顺应了这种正礼俗、明伦纪的现实需要,展开了以道德伦理为核心内容的理论体系的建立,开始了对其道德教育理论的研究并进行相应的道德教育活动。试图通过这一系列活动来铸造新的道德伦理武器,培养新的人才,重振封建纲常来扭转当时社会的颓势。可见,朱熹的道德教育思想适应了南宋社会正礼俗、明伦纪的现实需要,体现了当时积极进取的时代精神。

二、政治经济文化中心南移,社会经济的短暂恢复和发展

南宋王朝建立后,最终定都临安,国内政治、经济、文化中心亦随之南移。"绍兴和约"签订以后,宋金关系缓和,战争大体停业,社会经济进入了一个短暂的恢复和发展时期。这时的南宋统治者采取了

---

① 赵翼:《廿二史札记》卷二五,《南宋取民无艺》,中华书局 2008 年版,第490~491 页。

大兴屯田的措施。如据《宋史》记载:"绍定元年,珙白制置司创平堰于枣阳,自城至军西十八里,由八叠河经渐水侧,水跨九阜,建通天槽八十有三丈,溉田十万顷,立十庄三辖,使军民分屯,是年收十五万石。"这和南宋初年的"襄汉沃壤,荆棘弥望"形成了鲜明的对比。一段时期后,南宋农业、商业、手工业均得到不同程度的发展。[①]

　　尽管南宋时期的福建社会矛盾也十分突出,但由于它处于东南沿海,是宋王朝的后方基地,在政治上相对处于稳定,因而在经济和文化科技上也有很大进步,进入了一个历史上的鼎盛时期,尤其是朱熹主要生活的所在地闽北,社会经济有了很大的进步。由于兴修水利,农业生产有了大的发展。据史料记载,当时闽北的浦城有陂坝520座,建安有陂坝255座,邵武有陂坝129座。普遍出现用筒车灌溉高田,并出现了水碓,这就使农业种植品和收获量大大增加。[②] 农业的发展又推动了商业、手工业的繁荣,如当时福建,尤其是闽北棉花的种植和棉织业有了很大发展,这种由宋代福建人从海外引进的棉花种植技术和棉织品纺织技术,是福建尤其是闽北手工业技术发达的一个例证。生活在闽北的朱熹的父亲朱松曾有诗曰:"炎海霜雪少,畏寒直过忧。驼褐阻关河,吉贝亦可裘。"[③]这里说的"吉贝"在宋时就是指棉花或称之为"木棉"。在这里还必须提及的一件事,就是闽北的竹纸业和雕版印刷业在当时已成了全国的中心,闽北盛产竹纸,由造纸的发达带动了雕版印刷业的发展。南宋的建阳麻沙、书坊一带被称为"图书之府"[④],雕版印刷业的匠户数以千计。包括"四书五经"在内的图书的大量印行,又推动了福建,尤其是闽北文化和教育的发展,为朱熹从事文化教育活动提供了广阔的舞台。

---

① 脱脱等:《宋史》卷四一二,《孟珙传》,第 12370、11815 页。

② 参见朱维幹:《福建史稿》上册,福建教育出版社 1985 年版,第 187 页。

③ 朱松:《韦斋集》卷三,朱杰人主编:《朱子全书外编》,华东师范大学出版社 2010 年版。

④ 祝穆:《方舆胜览》卷五一。

三、理学入闽,思想文化和教育活动的兴盛

战火导致了我国北方地区思想文化的衰落,原来北方的许多思想家随着宋朝统治地域的南迁,转移到浙、闽、赣等地,南方逐步成为新的思想文化中心。一时间,湖湘学派、闽学、婺学、永嘉学派、永康学派、江西之学等纷纷涌现,学术氛围中心俨然已在闽、浙一带形成。其中尤为突出的是朱熹生活的福建崇安、建阳等闽北地区,离政治中心首都临安(今杭州)较近,汇聚了大批知识分子,成为议论朝政、学术研究的中心。就思想家来说,有早于朱熹的游酢、杨时、胡安国、胡宏、胡宪、刘勉之、刘子翚、罗从彦、李侗、朱松等,和朱熹同时的有张栻、吕祖谦并称"东南三贤"。就理学思想的传承而言,北宋后期,理学的主要代表关学、濂学和洛学集中于北方。后闽中杨时、游酢到河南拜程颐、程颢为师,听二程讲孔孟说学,学成归闽。程颢目送之曰"吾道南矣"[1]。此后,朱熹之父朱松与李侗师从杨时弟子罗从彦,朱熹自幼便受到父亲政治和学术上的教育。朱松临死前,将朱熹的学业托于刘勉之、刘子翚、胡宪(时称之为武夷三先生)等洛学派人士,最后又师承李侗。

如前所提及的这一大批汇聚于闽北的思想家们,他们大都属于庶族地主阶层,不像大官僚地主阶层那样安于既得利益,对国家的前途和命运置之不顾,而是模仿孔孟的行为,企图说服皇帝和各级官吏,学习圣贤遗教,奉行先王的修身、齐家、治国、平天下之大道。然而由于当时朝廷极端腐败,他们的改良政见得不到采纳,其本人也多数得不到重用。于是,他们又大都转而从事思想理论研究和文化教育。在闽北形成了名儒齐聚书院,著书立说,传道授业,名闻朝野的局面,以至于当时著名理学家张栻说:"当今道在武夷。"[2]由此可见,诸多学术文化思想的南迁,尤其是理学入闽,文化教育活动的兴盛及

---

① 脱脱等:《宋史》卷四二八,《杨时传》,第12738页。
② 脱脱等:《宋史》卷三九六,《王阮传》,第12053页。

需要为朱熹哲学理论体系,尤其是道德教育思想体系的形成奠定了深厚的思想文化基础。

第二节　朱熹道德教育思想形成的理论渊源

每一种意识形态既具有它自身的相对独立性,又具有历史继承性,具有与先前这方面思想资料的联系。恩格斯曾指出:"每一个时代的哲学作为分工的一个特定的领域,都具有由它的先驱传给它而它便由此出发的特定的思想材料作为前提。"①朱熹的道德教育思想以人伦道德为本位,并将之与儒家传统的"内圣外王"的圣人人格联系起来,在吸取了从先秦到南宋儒家传统道德教育思想的积极成果的基础上,吸收融合佛道思想,构造了一个不同于先秦儒学,综合百代,完备精致的道德教育思想体系。

一、传承先秦儒学的优良德育传统

中国自古以来就强调伦理道德的教育,强调人格的培养。春秋末年,孔子集先圣之大成,创立了儒家学说,便开始了道德教育及修养工夫的探索。浓厚的德育氛围使我国古代便已成了"自天子以至于庶人,一是皆以修身为本"②的景象。孔子建立了以"仁"为核心的伦理思想体系,将"仁"视为最高道德原则。以孔子的"仁"为德育的指导思想与价值准则则是朱熹的一贯主张。朱熹在《论语集注》中对"仁"进行了阐述。他回答门人时说:"仁者,心之德,爱之理"③;又说"此心廓然,无一毫私意,直与天地同量,这便是'居天下之广居',便

---

① 《马克思恩格斯文集》第十卷,人民出版社 2009 年版,第 599 页。
② 朱熹:《大学章句》,《四书章句集注》,第 4 页。
③ 黎靖德编:《朱子语类》卷五一,第 1219 页。

是'居仁'"①;"仁,便如天地发育万物,人无私意,便与天地相似"②。这些都说明朱熹传承了孔子的思想,是把仁作为道德教育、道德修养的最高境界。孔子认为,"仁"最基本的含义是爱人和忠恕,同时它又是一种包含了智、勇、信、义等诸德在内的一种精神境界。仁的基本形式是爱人,要尊重人。曾参在概括孔子之道时,言"夫子之道,忠恕而已矣"③。忠是尽己之心以爱人,恕是推己及人。孔子曰:"其恕乎? 己所不欲,勿施于人。"④"大仁者,己欲立而立人,己欲达而达人,能近取譬,可谓仁之方也已。"⑤忠恕作为实行"仁"的途径与方法,是儒家处理人与人之间关系的基本原则。从中我们也可以看出,儒家始终强调的是实行仁的主体自觉性,"为仁由己,而由人乎哉?"⑥"仁远乎哉? 我欲仁,斯仁至矣"⑦,要自觉地尊崇絜矩之道。朱熹也十分重视道德自律或意志自由的理论,他在孟子性善论的启示下,把仁义道德视为人身内在的要求,而不是由外力强加于人的东西。正因为持这种看法,他强调善的实行即是自身的自我实现,而不是使自己屈从或牺牲于外在的规范,这与儒家传统关注行为主体为仁的自觉性是一脉相承的。朱熹还根据传统儒家的义利观,将两者的关系引向公私之辩和理欲之辩,他将"义利"问题作了哲学阐发,他不是一般地谈辩义利问题,而是联系仁与不仁、公与私之辩,探究美与恶、是与非、道德与非道德的哲学意蕴,并且与民族危机、文化危机的问题结合在一起进行反思。

此外,在政治伦理层面,孔子主张王道德治,即以仁义治天下为王道。孔子在《为政》篇中明确指出:"为政以德,譬如北辰,居其所而

---

① 黎靖德编:《朱子语类》卷五五,第 1315 页。
② 黎靖德编:《朱子语类》卷九五,第 2415 页。
③ 朱熹:《论语集注·里仁》,《四书章句集注》,第 72 页。
④ 朱熹:《朱熹集注·卫灵公》,《四书章句集注》,第 160 页。
⑤ 朱熹:《论语集注·雍也》,《四书章句集注》,第 92 页。
⑥ 朱熹:《论语集注·颜渊》,《四书章句集注》,第 131 页。
⑦ 朱熹:《论语集注·述而》,《四书章句集注》,第 100 页。

众星拱之"、"道之以政,齐之以刑,民免而无耻;道之以德,齐之以礼,有耻且格"。① "不教而杀谓之虐,不戒视成谓之暴;慢令致期谓之贼",不对民众实施教化而直接加诸刑罚不是良好的治理方法,这是只能使人民因畏惧而不敢犯罪,只有用德与礼引导民众,使其知耻有格才是从根本上断绝犯罪的根源。故孔子主张以德治国。而要以德治国,那么君主的道德表率作用就至关重要了。"政者,正也。子帅以正,孰敢不正?"②君主为人仁义正直,上行下效,自然民风规正。孟子立足性善论发挥了孔子的德治思想,提出了"仁政"学说。在朱熹的政治思想中,传统的儒学所提倡的"德治"变成了"理治","仁政"变成了"理政"。在朱熹看来"仁政"就是按照"理"(道)而行,即用"理"(道)来治国安邦,统治者顺应天理来治理国家,就是王道,就是仁政。朱熹认为,"三纲五常"是理的体现,三纲五常发生于理,这种理是永恒的、绝对的。"三纲五常,天理民彝之大节,而治道之本根也。"③朱熹同时也认为君主个人的品德和修养如何往往决定国家的治与乱。正是基于这样的认识,朱熹认为要治理好国家,正君心是大根本。他说:"天下事有大根本,有小根本。正君心是大根本。"④这是国家头等大事。他还说:"天下国家之大务莫大于恤民,而恤民之实在省赋,省赋之实在治军。若夫治军省赋以为恤民之本,则又在夫人君正其心术以立纪纲而已矣。"⑤在此基础上,朱熹提出了独具一格的政治伦理理想,即以"格君心之非"来改善国家政治生活和变革风俗。总之,朱熹十分重视先秦儒家的优良德育传统,无论是从德育教育的指导思想、价值准则、实行的途径与方法上,还是在义利观上、以德治国等理念上都从孔孟为代表先秦儒学那里汲取了丰富的思想

① 朱熹:《论语集注·为政》,《四书章句集注》,第53～54页。
② 朱熹:《论语集注·颜渊》,《四书章句集注》,第137页。
③ 朱熹:《朱文公文集》卷一四,《戊申延和奏劄一》,第656页。
④ 黎靖德编:《朱子语类》卷一〇八,第2678页。
⑤ 朱熹:《朱文公文集》卷一一,《康子应诏封事》,第581页。

资源与材料,并将先秦儒学的道德教育理论提升到了一个新的境界。

二、集北宋以来的理学先驱道德教育思想之大成

周敦颐的濂学、程颢程颐的洛学、张载的关学,奠定了北宋理学。总体而言,北宋的理学,其本体论是天理,理是构成世间万物的基础,人性也来自于天理。理学教育目的在于"成圣",在方法上主张敬理而内修,重视的是个人的修为。朱熹于北宋理学奠基者中,特尊周敦颐、程颢、程颐、张载,他上承孔孟的伦理思想,折中周敦颐、程颢、程颐、张载的理学思想,加以综合构成了其理学教育思想体系。而他的这种理学教育思想的中心就是道德教育。从思想渊源关系看大体有以下几点:

第一,理学先驱的太极是至理之原的宇宙生成论到"理一"的宇宙本体论,奠定了朱熹道德教育思想的哲学基础。在理学史上,北宋周敦颐首次从宇宙论的角度论述人类社会道德心性,所撰《太极图说》对本源于道教的《太极图》进行了儒家哲学的改造和阐释。他认为五行统一于阴阳,阴阳统一于太极,提出了"无极而太极"为最高本体的宇宙生成论。朱熹师事李侗,李侗用二程的"理"解释周敦颐的"太极",认为太极是"理之源",贯穿于天地万物和社会人生。李侗在回答朱熹之问时说:"周子曰'太极动而生阳',至理之原。只是动静阖辟,至于终万物、始万物,亦只此理一贯也。到得二气交感化生万物时,又就人、物上推,亦只是此理。"[①]此说已将周敦颐的宇宙生成论向宇宙本体论转化,此说对朱熹的影响巨大。乾道四年(1168 年)朱熹撰《太极图说解》,以其理本论的思想进一步改造了周敦颐的太极说,使之成为其构建的理学体系中宇宙生成论、万物生化论的根源。此外,周敦颐主张主静与无欲,倡导寻孔颜乐处的人生理想也得到了朱熹的高度称赞。

第二,理学先驱的二重人性论的丰富和完善构成了朱熹道德教

---

① 李侗:《延平答问》,朱杰人主编:《朱子全书外编》。

育的理论基础。生活在北宋中期的道学代表者张载也是北宋理学的奠基人之一，其哲学主要是发挥《周易》中关于气和阴阳的观念，是以气为出发点往前演进的，对有无，神化、聚散、性命等一系列的范畴做出了深入的分析。张载把人性分为"天命之性"和"气质之性"，认为前者"不偏"，后者有"偏"，气的偏正决定了人的本性。二程则提出了"天理"与"人欲"的对立，生性与气禀对立的人性论，认为："性即是理，理则自尧舜至于涂人，一也。才禀于气，气有清浊，禀其清者为贤，禀其浊者为愚。"①因此，他们都强调道德教育就是要使人"变化气质"。程颐认为："凡学之道，正其心，养其性而已。"②朱熹继承了张载和"二程"的二重人性论思想，提出了自己的人性论，指出："人之所以生，理与气合而已。"③人性也分为两方面，理构成的"天命之性"，理与气杂的"气质之性"。朱熹认为，虽然每个人都有与生俱来的善性，但都不可避免地受气质的偏蔽，使其本然之性不能充分表现出来。因此，人必须受道德教育，使其"变化气质"去蔽明善，才能"复性"才能成为真正的圣贤。二重人性论的完善，为道德教育提供了理论基础，也为儒家人性善恶争论的解决提供了有效方法，为当时在南宋社会要求复兴先秦儒学，重视道德教育的精神和传统，以儒家的道德义理去教育人，培养人设立了正向的依据。

第三，理学先驱的明人伦的教育目的到"整全的人"的人格升华。为朱熹道德教育目标设定提供了理论来源。张载、二程继承孟子的"明人伦"为主旨的道德教育思想，把"明人伦"作为道德教育的目标。张载、程颐虽然在政治上受到挫折，但毕生精力多用于教育与著述方面，是身处逆境而不减"学必如圣人"的热情教育家。程颐说："人皆可以至圣人，而君子之学必至于圣人而后已。不至于圣人而后已者，

---

① 程颢、程颐：《二程遗书》卷一八，上海古籍出版社 2000 年版。

② 黄宗羲：《宋元学案》卷一六，《伊川学案》（下），中华书局 1986 年版，第643 页。

③ 黎靖德编：《朱子语类》卷四，第 65 页。

皆自弃也。"①张载也说:"学必如圣人而后已。以为知人而不知天,求为贤人而不求圣人,此秦汉以来学者三大蔽也。"②朱熹远受孟子"人皆可以为尧舜"与荀子"涂之人百姓积善致全尽谓圣人"的启示,近采程颐"圣人可学"、张载"学必如圣人而后已"的观点,不仅仅在教育理论方面,而且在理想人格的实践上提出一整套完整的教育目的论及其教育理想实现的方法途径。

朱熹认为教育目的是立志做"圣贤",对"圣贤"的内容作了具体规定,对理想人格作了具体分析,他把"开发其聪明成就其德业"、"明夫明德体用之全"、"德业事功之实"作为"圣贤"的内容,把孔子视为理想人格的典范。这是一种"全人教育"或"完人教育"的思想,即所谓"明万事而奉天职",即个性全面和谐发展的人就是"完人"或"全人"。朱熹说:"古之学者,始乎为士,终乎为圣人……而至于圣人者,其必有道矣"。③ 而学者转变为圣人"必有道"的这个"道"何处寻觅?道德修养功夫便是此为圣人之道。因此,朱熹提出以"格物致知"、"立志"、"涵养"、"主敬"、"省察"等方式达到"圣贤气象"的一整套道德修养的方法论。

三、对佛老思想的批判与吸收

佛教在东汉时期传入中国后,历经两晋、南北朝和隋唐,到两宋时期,重佛思想已蔚然成风。悦禅习佛几乎成了当时一般士子的风尚,儒佛混合的学风十分流行。道教与佛教一样,受到宋代统治者的崇奉和扶植,也兴旺了起来。总之,到了朱熹所生活的南宋,尽管儒家派中批判佛道的学者比隋唐多了,但仍不能阻碍佛道思想渗入儒学的趋势。当时的南宋社会,可以说是民族危机与文化危机交错在一起,这对朱熹道德教育思想的形成产生了直接影响。朱熹的父亲

---

① 黄宗羲:《宋元学案》卷一五,《伊川学案》(上),第631页。
② 脱脱等:《宋史·张载传》。
③ 朱熹:《朱文公文集》卷七四,《策问》,第3569~3570页。

朱松及对其启蒙的武夷三先生刘子翚、刘勉之和胡宪,他们都是信奉和研究二程理学的学问渊博之士,但在对待佛教的态度上,皆"不得不杂禅"他们都痴迷佛学,且深研佛经,晚年更甚。可以说,他们既是朱熹走上理学道路最早的引路人,也是朱熹一度迷失儒学本体,误入禅途的始作俑者。武夷三先生中,刘子翚信奉天童正觉派禅宗,刘勉之、胡宪则信奉径山宗杲派禅宗。在这样的大环境下,少年朱熹受佛学的浸染在所难免。他对宗杲弟子道谦的"昭昭灵灵底禅"十分感兴趣,曾到五夫密庵三次向道谦学禅。当然,朱熹此时的出入佛老,为其日后援佛入儒,即以佛教思想的长处来改造儒学思想打下了基础,此乃后话。

而与中国传统文化紧密相连的道教思想也对朱熹产生了不可忽视的深刻影响。魏晋南北朝时期,中国历史进入第二个分崩离析的动乱时期,庄老道家学说兴起,到南北朝以后,形成了虽谓儒释道三足鼎立,但儒家实已中衰,成为最弱的一足。南宋的朱熹居处的武夷山就是道教名山,山中道人许多都成了朱熹最早的密友。从十四岁起,朱熹便与他们频繁往来,不仅如此,朱熹本人还直接参与道教活动,对道教典籍进行钻研整理,从少年至青年,心智未定,汲汲于佛道智慧是很自然的事。对青年的朱熹来说,其当务之急则是驱末返本,逃禅归儒,而此举则与其师从延平李侗密切相关。绍兴二十三年(1153 年),朱熹初见李侗,李侗一方面严厉批评朱熹沉迷于禅学的"不是",一方面指引了纠正其失的方法,即"只教看圣贤言语"、"去圣经中求义"[1]。即要求朱熹要认真阅读儒家经典,不能再沉迷禅道之中。绍兴二十八(1158 年)年春正月,朱熹正式拜李侗为师,"尽弃所学而师事焉"[2]。在李侗的教育引导下,朱熹不仅划清了与佛老的界限,实现了以儒学为本的回归,而且在许多重要学术问题上,也有重

---

① 黎靖德编:《朱子语类》卷一〇四,第 2671 页。

② 赵师夏:《跋延平答问》,朱杰人主编:《朱子全书》第 13 册,《延平答问》,第 354 页。

要收获。

在对佛老进行批判与对抗上,朱熹指出了在现实生活中佛学的社会危害性:"若夫释氏则自其因地之初而与此理已背驰矣……是以叛君亲,弃妻子,入山林,捐躯命,以求其所谓空无寂灭之地而逃焉。其量亦已隘,而其势亦已逆矣。"①佛教个体本位的终极追求,必然会使人违背社会伦常,逃避社会责任,是狭隘的。而道教主张逃归山林,逃避社会现实,在这点上二者如出一辙,必然会引起严重的社会价值混乱和伦理道德危机。为了与佛学进行对抗,朱熹一方面建立了以"理"为本体的伦理形而上学体系,以哲理化、思辨化的儒学来弘扬儒家伦理道德;另一方面他广收门徒,进行德育活动,传播儒家优秀思想,将培养以社会关怀为本位的"内圣外王"型的"圣贤"人才为目标。

虽然朱熹在原则上以佛道为异端,但实际上其思想体系也吸取了不少佛教的思维方式和道教的自然发展观,它和佛道思想亦有深刻的渊源关系。从这一视角来说,朱子学是以儒家的道德伦理思想为核心,佛教的思辨结构为骨架,道教(道家)的"道生万物"为线索而建立起的理学思想体系。佛道以自己的哲学本体论和宇宙生成论为自己出世间的人生价值、修养方法、社会伦常理论提供支持,朱熹则在儒释道的相互比较中,以彼启己,取彼补己,或反其意而用之,重新树立了儒家安身立命的伦理基础。具体而言,主要有以下几个方面:

一是对佛教的理事思想进行了吸收和改造,并注入儒家的道德伦理内容,将其用于完善自己的理气论和"理一分殊"思想。理气是朱熹哲学的基本范畴。朱熹在记述这对范畴时,和佛教华严宗、禅宗的理事范畴有许多相似之处。如华严宗四祖澄观提出四法界:理法界、事法界、理事无碍法界、事事无碍法界。理法名界,界即性义,无尽事理,皆因为有同一性,同一于心。心融万界,便成四法界。二程从本体角度对佛教理论展开批判,认为华严宗的理事无碍,事事无碍

---

① 　朱熹:《朱文公文集》卷七〇,《读大纪》,第 3376 页。

法界,只是万理归于一理这一个道理。朱熹进一步发展了二程的思想,朱熹用佛教的理事思想来论证自己的理气、"理一分殊"思想,并注入儒家的道德伦理。朱熹说:"万物皆有一此理,理皆同出一原,但所居位不同,则其理之用不一。如为君须仁,为臣须敬,为子须孝,为父须慈。物物各具此理,而物各异其用,然莫非一理之流行也。……所以谓格得多后自能贯通者,只为这一理。释氏云:'一月普现一切水,一切水月一月摄。'这是那释氏也窥见到这些道理。濂溪《通书》只说这一事。"①释氏此论(指月印万川)在朱熹之前,很明显,朱熹是在吸取了释氏"月印万川"观点基础上提出了"理一分殊"思想的。

朱熹还说:"释言空,儒言实。释言无,儒言有。……释氏虚,吾儒实。释氏二,吾儒一。释氏以事理为不紧要而不理会。"因此,"儒释之分,只争虚实而已。"②可见,朱熹所吸取的是佛教理事不二,理事互相融合的思辨思想,所不同意的是佛教的逃避现实社会生活的思想和无君无父违反社会道德纲常的思想。

二是对本源于道教的太极宇宙图式理论进行儒家哲学的改造与阐释,使之成为其构建的理学体系中宇宙生成论、万物生化论的根源。北宋周敦颐吸收道教的宇宙生成论,建立了无极、太极、理等理学理念。朱熹也重视周氏著作的研究说:"今观《通书》,皆是发明《太极》。"③可以说,朱熹早期理气论来源于他对《太极图说》的阐释,道教的宇宙生成模式成为他理气论的基石,他说"总天地万物之理,便是太极。"④太极便是最根本的理,理一分殊就是太极包括万物之理,万物分别完整地体现整个太极,"人人有一太极,物物有一太极"⑤。由此看来,万物之理与太极,似乎是普遍与特殊的理的关系,实质上

---

① 黎靖德编:《朱子语类》卷一八,《大学者》,第 399 页。
② 黎靖德编:《朱子语类》卷一二四,《陆氏》,第 2975 页。
③ 黎靖德编:《朱子语类》卷九四,第 2358 页。
④ 黎靖德编:《朱子语类》卷九四,第 2375 页。
⑤ 黎靖德编:《朱子语类》卷九四,第 2371 页。

还是理与万物的关系。在确定理为宇宙本体的基础上,朱熹以仁释理,认为仁义礼智合而言之,是天理之总和;分而言之,则是组成天理的件数。"须知天理只是仁义礼智之总名,仁义礼智便是天理之件数。"①在这里,朱熹引道之太极入儒,构建了以"理"为本体的伦理形而上学体系,为其弘扬儒学伦理道德提供了哲理化、思辨化的理论基础。

三是在修为修养方面,将佛道的修炼转换成为"理气"框架下人性的修养。努力促使人们的注意力集中于现世"内贤外王"的事业,是朱子理学的另一基本特征。朱熹吸收了佛教定慧双修,止观并重的修为方法和道家崇尚清静无为,主静去欲的修炼方法,建立起了自己完整的道德修养工夫论体系。"格物穷理"之说是朱子理学的功夫论。对于如何使心合道,复归于"天理",朱熹承袭禅宗理路,提出了"格物穷理"之说,对格物穷理机制的阐述则显然受到了禅宗渐修和顿悟思想的影响。他说:"用力之久,一旦豁然贯通,则众物之表里精粗无不到,吾心之全体大用无不明矣。"②"居敬涵养"是朱子功夫论的另一层面,旨在涵养心态,坚定意志。他说:"敬者,主一无适之谓。"③可见"敬"要求的是专一、定心、无欲、明理等。朱子用"敬"而不用"净"、"静",旨在标示儒家与佛道二教的区别,其实佛道主张的"净"、"静"的含义并无本质的不同。在"居敬"的日常功夫上,他认为静坐是安顿身心,剔除杂念的良方,也是为学的下手功夫。可见,这种"居敬"的功夫,吸取了佛家"戒定慧"三学中的"定"功。此外,朱熹的"敬"、"静"和"灭人欲"和道家的"主静去欲"也是一脉相承的。

---

① 朱熹:《朱文公文集》卷四〇,《答何叔京》书二十八,第 1835 页。
② 朱熹:《四书章句集注》,第 7 页。
③ 朱熹:《四书章句集注》,第 49 页。

第三节 南宋的教育制度改革与朱熹的
道德教育思想的形成

朱熹教育思想,尤其是道德教育思想的形成和完善,是与他那个时代的教育制度尤其教育改革的社会需要息息相关的。作为南宋时期大教育家的朱熹把"家居讲学,接引后来"视为有益之事,广泛开展讲学授徒活动。朱熹强调穷理修身之学,把传播儒家思想,对抗异端引诱,挽救人心颓败,当成自己义不容辞的使命。他针对当时以科举考试选拔人才为目的一味强调学生的应举"及第",故而忽略了道德培养与才能的提高的官学学校教育存在的弊病,是有清醒而深刻认识的,为此他开拓了一条上下结合,切实可行的教育改革之路。朱熹用毕生的主要精力从事教学活动,开启了南宋书院教育的新篇章,并在教育实践中形成和发展了其理学的道德教育理论。

一、宋代教育的发展及其教育制度的改革

唐末五代长期战乱的祸害,使教育受到巨大破坏。宋朝开国之初,学校很少,正所谓"宋初定天下,唯汴有学"。因此,重教兴学,就成了宋朝统治者十分关注和重视的兴国之策。北宋时期的兴学运动前后有三次:第一次是宋仁宗时范仲淹推行的"庆历兴学";第二次是宋神宗时王安石为相,改革科举,兴建学校;第三次是宋崇宁元年(1102年)的兴学。北宋的这三次兴学运动历时近七十年,在一定程度上推动了教育整体规模的扩大,更重要的是,它开启了教育面向士大夫为代表的新兴庶族地主阶层的新时代。有学者认为,这是教育"平民化"的时代。当然以农民为主体的广大平民仍是被排斥在受教育者之外的,真正通过取士不问家世的农家子弟通过科举而登堂入室者,毕竟只是凤毛麟角。

促成宋代教育发达的原因是多方面的,总其大端主要有以下几个方面:

　　首先是唐宋社会变革所引起的中国古代社会结构的变化,使得宋朝统治者不得不"与士大夫治天下",这就促使宋朝当局大兴文教,培育人才,从而推动了宋朝教育重心的下移和民间学校教育的发展。魏晋南北朝时期,门阀士族是中国政治舞台上的主角,他们不仅垄断了政治权力,而且垄断了教育和社会文化知识,正所谓"上品无寒门,下品无势族"。这种情况一直影响到了唐代。但是,经过黄巢起义、安史之乱,以及唐末五代的藩镇割据与混战,较为彻底地涤荡了门阀制度及其观念。到了宋朝建立之后,传统的门阀士族势力已经完全退出了历史舞台,这就为以士大夫为代表的庶族地主进入政治中心开辟了道路。宋初统治者有鉴于魏晋门阀政治,隋唐集团政治和五代武人政治的弊端,确立了"崇文抑武"的基本国策,选择和制定了一种最能够广泛地笼络士大夫的政治策略,以扩大自己的统治基础,增强士大夫对宋王朝的政治向心力,逐步实现了"与士大夫治天下"的局面。而兴办教育、广开科举恰恰是培养和选拔士大夫的最好办法和最基础性的事业。

　　在兴学方面,从宋初到宋仁宗朝,便初步恢复了从太学、国子监到州、县学的官办教育体系。到宋徽宗崇宁元年(1102年),鉴于太学频频爆满,朝廷又在城南专门建立了太学预科班——辟雍,辟雍生员最多时也达数千人。大观三年(1109年),全国共有学生16.7万人,尽管在学人口与当时人口总数量相比,所占比例还很低,但总体来看,"学校已设遍天下",带来了"海内文治彬彬"的新气象。

　　在广开科举方面,为了吸引士大夫参与新王朝的政治建设,宋朝通过"取士不问家世"的科举考试制度选拔人才,鼓励读书人应举,广泛吸收读书人参与宋朝政治,形成了"满朝朱紫贵,尽是读书人"的景象,这种广泛开科取士和优待科举出身者的政策,极大地激发了读书人应举的热情,从而也推动了宋朝人对教育需求的膨胀。

　　另一方面,宋代经济、科技的发展为教育事业的发展奠定了物质基础。在宋朝,国家由于饱受内忧外患的影响,总的来说是"积贫"、"积弱"的态势。但是也应看到,宋代由于租佃制、雇佣制的发展,商品经济和海外贸易的兴盛,整个社会生产力水平明显比前代提高了。此外,手工业生产也有很大发展,军器制造、采矿冶炼、造船、陶瓷、纺织等手工业中各个行业的规模扩大,分工细密,生产技术和产品数量、质量得到提高。纸币的出现和发行,也推动了商业的发展。工农业发展是科技进步的标志,这一时期,有火药,火器的发明和使用,指南针的发明及在航海上的使用,在天文学技术科学方面,有苏颂和韩公廉的水运仪象台等,至于科技对教育发展的影响,当然首推印刷术在宋代的发展,印刷技术的进步,大量图书的印刷,为文化教育的繁荣提供了最基本的技术和物质支撑。在经济科技发展的基础上,政府对官办教育的支持与投入就直接成为其发展的物质保障。

二、宋代学术思想的发展与不同学派之间的激烈竞争

宋代学术思想的发展,特别是不同学派之间的激烈竞争,也从另一个方面推动了宋代教育的发展。这一点在程朱理学的发展过程中表现得最为突出。宋代的思想家们普遍认为汉唐以来的儒学只不过是粗浅的"章句之学",是对儒家经典的支离破碎的注疏,不能反映儒家经典的义理。于是,在宋代尤其是到了北宋宋仁宗时期,对儒家经典义理的重新解读就出现以王安石为代表的新学和周敦颐、二程开创的洛学(后来发展为理学),王安石新学有讲求财利的倾向,他改革教育的目标是为了实行中央集权制,其教育的宗旨是以"经术造成人材",他认为:"古之取士,皆本于学校。故道德一于上而习俗成天下,其人才皆是以有为于世。"①通过学校,君主可以掌握教育与取士的大权,可以建立起由君主直接控制的学校体系,用统一的思想来"一道德以同天下之俗"。如王安石关于人才培养的"养之之道",提出"饶之以财,约之以礼,裁之以法"。"饶之以财"即使得"自庶人之在宦者,其禄足以代其耕","等而上之,每有加焉,使其足以养廉耻而离于贪鄙之行"。这一倾向遭到了强调抑制物资欲望的洛学的批评。

---

① 王安石:《临川文集》卷四二,《乞改科条制扎子》。

程颢认为,为学之道,应不为外物所移,不为世俗所惑。"有志之士,不以天下万物挠己;己立矣,则运天下,济万物,必有余裕。"①这样的人物,入世而非出世,积极而不消极;其所以"必有余裕",在顺乎天理,逆乎人欲。"顺理则裕,从欲则危"。洛学特别反对把教育功夫庸俗化,认为新学讲求财利,把许多读书人引入追求功名利禄的歧途。宋神宗为了富国强兵起用了王安石进行变法,并将王安石的新学钦定为唯一正统,颁王安石《书》、《法》,《周礼义》于学官,是名《三经新义》。从太学到州县学,一律以王安石的著作为教材。程颐虽屡遭打击但一直没有停止教授生徒,传播其学术思想。南宋前朝,朱熹继承发扬了二程的理学,但又遭到陈亮等为代表的浙东事功派的挑战,其争论焦点则集中在"王霸义利之辨"。尽管由于受朝中党派之争的牵连,理学在北宋和南宋前期一直处于被打压的状态。从周敦颐、二程到朱熹,宋代理学家们经历了一个半世纪的努力,不停地通过著述和讲学传播理学,直到南宋理宗朝才将其定为正统。可见理学家们与王安石新学、浙东事功派的竞争,直接促进了宋代民间讲学之风的盛行和书院教育的发展。而民间讲学之风盛行和书院教育的发展又为以朱熹为代表的理学家们传播其教育理念,开展道德教育提供了广阔的舞台。

三、南宋教育重心的下移和民间教育的兴盛

由于宋代各类学校广开来学之路,降低了入学的门槛,并且在"取士"上"不问家世",所以登第者多出于寒微,这就推动了宋代教育重心下移与民间学校教育传统体系的发展与兴盛。从北宋中朝以后,基层的书院成为启蒙教育和初等教育的重要机构,发挥着知识传播和道德教化的功能。到了南宋,此风更盛。据王象之《舆地纪胜》记载,南宋时福建南剑州(今南平市)五步一塾,十步一庠,朝诵暮弦,洋洋盈耳;邵武军的村落,处处聚徒讲学。刘克庄在《泉州南郭吟》中

---

① 《河南程氏粹言》卷二,《人物篇》,《二程集》,中华书局 1981 年版。

说:"闽人务本亦知书,若不耕樵必业儒"。这种农家好学风尚在福建以外的一些地方也不罕见,以至于当时的江西,经济上虽很落后,教育上却是"荒服郡县,必有学"。从南宋整体教育而言,虽然官学僵化没落,徒有形式,缺乏生机,但民间教育传播则承载时代教育转型使命。

随着南宋民间学校教育的自主发展,逐步形成了村塾、家塾、义塾、义学、精舍、书院等涵盖从"蒙学"到大学各个层次民间学校教育体系,当时一些著名的理学大家,事功学大家也都热衷于教育传播活动,从南宋初的杨时到张栻、陆九渊、吕祖谦、陈亮、叶适,再到真德秀、王应麟……南宋一代接一代的众多学者、教育家们投身于当时的教育活动,不仅对普通基础知识的传播具有相当完整的文化传承体系,而且在他们的教学实践活动中,对于包括理学思想文化在内的时代文化创新活动也进行了再生产再创造,其中传统儒家的道德教育思想体系和道德教育的方法手段也在他们的教学实践中被注入了新时代的内容,形成了承前启后的历史转折性与时代开拓性的新特征。

第三章

朱熹的教育历程与道德
教育思想体系的建构

朱熹十九岁进士及第,二十岁往老家徽州婺源便有亲朋好友诸子弟随行问学,宽泛而言便由此开始了教育生涯。而真正从事教育活动,是他受命出任泉州同安县主簿兼管县学事时,至其生命终结,近五十年的时间,主要精力都放在著述和讲学上。朱熹入仕后任地方官者仅九考,立朝才四十六日,即便是在同安县四年、南康军两年多、浙东一年多、漳州一年多、长沙三个月、御前一个多月的为宦期间,也少不了讲学活动。纵观朱熹一生,居家则五夫纳徒、寒泉谈经、武夷授课、沧州讲学,外任则白鹿洞书院、漳州府学、岳麓书院,随政兴学,长达半个世纪的教育实践活动及其著述活动,不仅使朱熹成为产生于北宋而成于南宋的理学集大成者,而且成为在两宋教育史上占有极具重要地位的名副其实的教育大家。从朱熹的教育历程上,我们可以进一步来了解和把握朱熹道德教育思想体系的建构脉络及其道德教育思想体系发展的丰富内涵。

据史料记载,朱熹的教学活动可以分为同安县学讲学期、崇安五夫讲学期、寒泉精舍讲学期、云谷草堂讲学期、南康知军白鹿洞书院讲学期、浙东提举讲学期、武夷精舍讲学期、漳州守郡讲学期、竹林精舍讲学期、潭州守郡讲学期、崇政殿侍讲学期等不同时段。而期间对朱熹道德教育思想的形成和完善起到里程碑意义的主要有三个时期,即同安县学讲学期、知南康军白鹿洞书院讲学期和武夷精舍讲学期。现分述之。

第一节　同安兴学设"四斋"
——道德教育初践行

宋高宗绍兴二十三年(1153年)秋七月至绍兴二十六年(1156年)七月,朱熹首次出任地方末吏——同安县主簿兼主县学事,任职三周年,按规定任期已满,因当时未有合适人选来接其任,朱熹只得暂留候代直至绍兴二十七年(1157年)三月,新科进士方德明来接任,朱熹终以四考秩满,正式卸任返乡。朱熹任同安县主簿兼管县学事,作为县级分管教育的官吏,他不仅是行使了管理者职权,而且是让自己参与了县学的具体管理,介入教学活动,把教育事业视为自己重要使命。朱熹在同安为宦时期的教育实践活动,可视为其从事学校正规教育之开端,也是其道德教育思想形成的孕育期和初步实践期。

一、整顿县学,推广儒学教育

南宋时,由于同安地处海隅,又历经战乱,民力疲软,教育相对滞后。朱熹上任之初,同安县学敝坏凋零,学舍破败,藏书甚少,无经可读,学生人少,纪律涣散。加上在秦桧强权统治下,全国严禁研读程学,官学中只做一些应试考试准备,而不教习儒家的经典著作。朱熹上任后,看到这些弊病,深为痛心,并下决心改变现状,以复兴县学和发展教育事业。

首先是争取办学经费。朱熹领同安县学事之初,当时分教泉州教育的李桐教授在教育经费问题上即所谓"赡学钱"分配上提出"业于州者得食于县,而业于县者无与焉",这就是说州学任教者可从当时官府的"赡学钱"中给任教者发放工资,而在州以下的同安、南安、惠安、安溪、永春、德化诸县学任教者则没有工资可取。可见,在当时,赡学钱者关系到一县教育的久远利害,故朱熹到任伊始,据理力争,常致书李桐教授、同安县令陈元滂、同窗好友刘平甫等说明情况及用心所在,先后作有《与李教授书》、《答陈宰书》和《答刘平甫书》。朱熹认为朝廷兴建学宫以养天下之士,使州之士以学于州,县之士以学于县,以便其仰事俯育之私,而非以别异之也。这是件好事。州县之学都是培养地方人才之所,应一视同仁,努力做到资源同享,发展同步。有鉴于此,而对于所谓赡学钱者,盖州县遍得用之,朱熹并说,如果不允许下拨经费,就谢县学之职。正是由于朱熹的据理力争,加上同安县令等官员的调停,使提学司同意朱熹的提案,争取到了必要的办学经费,为县学的正常运转提供了必要的经费保障。

二是拟订系列规定并予颁布执行。绍兴二十四年(1154 年),朱熹开始整顿县学,亲自拟订确立县学的宗旨和大纲,统一学官和学者的思想,并发布了《谕学者》、《谕诸生》、《谕诸职事》等文告,强调学在于"为己",而不在于科举,强调读"四书"、"五经",要求入圣贤之域,纠正只追求科举考试的偏向,以端正学风。从这种理学教育的宗旨出发,他又制定学校法制,增修讲问之法。同年正月,朱熹手书《讲座铭》:"绍兴二十三年,新安朱熹仲晦来为吏于同安,而兼领其学事。越明年五月,新作讲座,以临诸生。顾其所以作之意,不可不铭。铭曰:师道绝塞,以圮其居。今其言言,亦莫我敢。前圣后师,文不在兹。如或见之,有俨其思。立之堂坛,惟以有严。厥临孔昭,式讹尔瞻。"同时,他还发布《策试榜谕》,重定策试答问之法,要求诸生"湛思正论于答问之际","非徒相与以为谀"。总之,就是要求诸生立学道为己之志,入正心诚意之路。

三是恢复学校规模,扩大招收生员额度。朱熹的前任因同安县的县财困难,便将学校规模缩小,将四个教室裁去二个,招生数也相应减少。朱熹到任后将被前任裁去的教室又恢复为四室,分别以志道、据德、依仁、游艺之名冠之,又积极筹措资金,在他亲自策划下建立了教思堂、经史阁。朱熹广泛收集各种图书文献,先后得大督都府官书 985 卷,整理县学故匮藏书 227 卷,藏于经史阁。由于朱熹的努力,县学招收生员的额度也扩大了,只要有潜力的一心向学弟子,皆可入学接受教育。在他的苦心经营下,同安县学一时名气大振。

四是重视教师的选拔作用,朱熹十分重视教师的选拔任用,主张教师要有"德行道艺之实"和诲人不倦、以教为重的思想品质,反对只会善辞章、钓声名、取利禄、作时文的人充当教师。经朱熹严格挑选,当地进士徐应中、王宾、柯翰及朱熹本人,构成了当时同安县学教师的骨干队伍。根据《朱子全书》相关内容佐证,朱熹所聘的三位讲课授学的教师均为留意经学、笃于正学、议论纯正的儒者。他们与朱熹一起,共同不遗余力地培养人才。

总之,由于朱熹的倡导与身体力行的兴教办学,特别是朱熹亲自授课讲学,推广儒学教育,为诸生开设了《论语》等33个专题讲座,改变原来学生不读经传原文,只拿近时科举中选的模范程文讽诵模仿的教育模式,而以儒家思想锻造人才,将同安学者从拘泥章句,从习辞章的褊狭中转变为重视经文,精研义理的实学者,使他们在获得知识的同时,陶冶了思想情操,摆脱了科举考试的束缚,成为有所学、有实用之人,经过一年多的努力,同安学风由此转良,读书风气为之大振。

二、设立"四斋",践行完美人格教育

县学原有的"日新"、"汇征"二斋,朱熹认为"汇征"之名有以利禄诱人之意,便重建四斋,更名为"志道"、"据德"、"依仁"、"游艺"①,各置斋长一人,按孔子"志于道、据于德、统于仁、游于艺"的原则进行教育。后来朱熹又写了《四斋铭》,表达了自己对孔子人格教育的赞赏和一生都要求"仁"的人格教育的理想。朱熹此举之现实目标,是以

---

① 重修《泉州府志》卷一五:"同安县学,在县治东南隅,旧在登龙坊……绍兴十年邑士陈前彦先等迁今所……二十三年主簿朱熹建经史阁于大成殿后,教思堂于明伦堂左。又建志道、据德、依仁、游艺四斋,旋并为正心、诚意二斋。设讲座集官书贮之。辟射圃于城隅隙地。"参见《同安县志》卷七,《建筑》。

高举程学之道学旗帜,同秦桧的独尊王学,大兴文字狱诛杀异己反其道而行之,朱熹要用以德为本,以仁为归,学道与学艺统一的理学教育思想与教育方法,把秦桧假冒王学培养出来的嗜利于禄的学子引上程学之途。

朱熹在同安县学所确定的道德教育思想理念,虽然还是个雏形,但为朱熹日后道德教育思想的形成和完善奠定了基础。从确立"四斋"的教学实践活动中,我们可以看出,朱熹是把仁看作道德修养的核心内容,其目的在于行仁道,暗含治国平天下的意思,而"艺"朱熹认为只是业余爱好,或者行道的工具。这一思想观点一直伴随着朱熹的一生。从绍兴二十三年(1153 年)到淳熙四年(1177 年)《论语集注》与《孟子集注》完稿,朱熹的确一直实践着《四斋铭》中的德育思想,他在《论语集注》中说的"学者于此,有以不失其先后之序,轻重之伦焉,则本末兼该、内外交养,日用之间,无少间隙,而涵泳从容,忽不自知其入圣贤之域焉",是对二十多年来德育实践经验的总结。从中我们也可以看出朱熹在主县学中贯彻了他后来终身标举的知行合一的精神,对学员不仅提出了学在"为己"的要求,而且更提出了学在"通当世之务"的要求。① 做到明"理"和明"事"一致,他平日课考县学弟子的策问,就都是要诸生本程学立说,一部分是对经学、理学义理的独立探讨研究,一部分是对朝政时局、经济赋税、科举教育迫切现实要务的进言献策。

三、宣扬先贤,激励后学

在同安县学,朱熹不仅亲自讲学,推广儒学教育,而且十分重视对名节道德的先贤人物的宣扬,发挥典型人物在振奋民心、激励后生,改变陋俗方面的作用。如朱熹在同安,广泛收集了境内如陈渊、陈黯、苏颂、薛令之、薛沙、郭岩隐等人的事迹,这些人或名载唐史,或名闻当朝,或声播乡野。他将资料收集后加以整理,悉数呈报给泉州

---

① 　朱熹:《朱文公文集》卷七四,《策问》,第 3576 页。

府。尤其值得一提的是朱熹把当年反对王安石用事饱受排挤,但未入元祐党籍的北宋末年的同安籍元祐宰相苏颂来表彰名节道德,称他"道学渊深,履行纯固","始终一节,出入五朝"。除了道德文章外,苏颂还是一位著名的天文学家,他同韩公廉等成功把时钟机械和观测用浑天仪结合起来,创造了世界上第一座水运仪象台,比欧洲出现同性质的浑仪象台早700多年。

苏颂的思想对闽南一代的学者具有很大的影响,朱熹在《代同安县学职事乞立苏丞相祠堂状》中说:"伏睹故观文殿大学士、太子太保政仕,赠司空赵郡苏公,道德博闻,号称贤相,立朝一节,始终不亏。自其高曾,世居此县。比因游宦,始寓丹阳。今忠义、荥阳二坊故宅基地苑然尚存,而后生晚学不复讲闻前贤风节、学问源流,是致士风日就凋敝。某等今欲乞改荥义坊为丞相坊,仍于县学空闲地架造祠堂一所。不惟增修故事,永前烈之风声,庶以激励将来,俾后生之竦饬。谨具状申主簿学士,伏乞备申县衙,照会施行。"[①]绍兴二五年(1155年)朱熹在教思堂后建立苏丞相正简祠堂,成为同安历代县学、书院教育的中心。

总之,朱熹在同安兴学及其教育实践活动,为其道德教育思想的孕育和形成奠定了基础。

第二节 白鹿洞书院订教规
——道德教育得彰显

南宋孝宗淳熙六年(1179年)三月,50岁的朱熹知南康军,南康军管辖星子、都昌、新昌三县,本军治所设在星子县。其背负庐山云峰,前距茫茫彭蠡。从淳熙六年(1179年)三月至淳熙八年(1181年)闰三月知南康军期间,朱熹的施政大纲就是减税负役以宽民力,厚教化以敦风俗,砥士风以美人伦,主要业绩体现在注重民生、注重风化

---

① 　朱熹:《朱文公文集》卷二〇,第896页。

和注重教育上。而从朱熹教育历程及其道德教育思想的形成来划判，此期的书院建设与讲学活动，无疑是朱熹教育生涯的一个重要里程碑。他率先修复白鹿洞书院，招纳生徒、聘请教师、制订学规、奏请赐额、征集图书、增置学田、亲自讲学，以儒家传统思想教育学者，受众甚多，这也使得白鹿洞书院成为办学的典范，特别是《白鹿洞书院教规》，影响更久深远。

可以说，朱熹在白鹿洞书院的教学活动及其制订的《教规》所折射出来的教育思想和理念是朱熹道德教育思想走向成熟的标志。而从朱熹道德教育思想从初期到完备的发展过程来看，这一过程，正好是从朱熹离开同安县主簿任之后到知南康军之前的二十多年间。这二十多年朱熹在故里武夷山周边地区的讲学著述活动，正是朱熹道德教育思想从初期到完备的重要阶段。对此有必要作一个深入的分析。

一、教研相长，探源溯流——朱熹在寒泉、云谷精舍讲学著述时期道德教育思想的形成与发展

朱熹自绍兴二十七年（1157 年）冬从泉州同安县主簿任满后回到崇安五夫里，便以养亲请祠，开始了长达二十余年的求学研读、教育和著述活动。先是于绍兴二十八年初（1154 年）赴经延平向李侗求学，请教疑难，讨论《论语》、《孟子》和《春秋》等经典中的疑难问题，之后又数次往返于五夫与延平之间，直到隆兴二年（1163 年）十月延平先生病逝。朱熹经过李侗的精心教导，把他从二十余年"驰心空妙之域"拉回到脚踏"句读文义"的儒家实地中来，认识到过去所学佛教禅学思想空言无实，以后便致力于儒家所谓切实功夫，进入了他生平经学理学著述的旺盛期。

从绍兴二十八年（1158 年）到淳熙六年（1179 年）即同安县主簿任后至知江西南康军期间 23 年，朱熹主要在武夷山周边的崇安县开耀乡五夫里和建阳县崇泰里等地远避世纷，将身心投入到注释儒家经籍与教学课徒活动。先后在崇安县开耀乡五夫里的紫阳楼、刘氏

六经堂、胡氏书堂,以及建阳县境内崇泰里的寒泉精舍、云谷晦庵草堂讲学,同时他以非凡超人的精力和不停息的探索精神齐头并进地展开了对理学本体宇宙观的建构,儒家道德的探源溯流,教育思想及道德教育理论的探索,五经四书新的意句训解。这点,我们可以从朱熹著述的编年中得到证实。乾道六年(1170 年)撰《家礼》5 卷;乾道八年(1172 年)撰《西铭解义》1 卷,此书至淳熙十五年(1188 年)才公布于世,编《论孟精义》34 卷、编《论语或问》20 卷、《孟子或问》10 卷,撰《资治通鉴纲目》59 卷,序例 1 卷,编《八朝名臣言行录》24 卷;乾道九年(1173 年),撰《太极解》(又名《太极解义》、《太极图说解》)1 卷,撰《通书解》2 卷,撰《伊洛渊源录》16 卷;孝宗淳熙元年(1174 年),撰《古今家祭礼》20 卷,淳熙二年(1175 年),与吕祖谦合编《近思录》14 卷,撰《阴符经考异》1 卷。淳熙四年(1177 年),撰《论孟集注》10 卷,《论孟或问》14 卷,撰《诗集传》8 卷,撰《周易本义》12 卷。总之,朱熹生平最主要的经学、史学和理学著作大多都在这一时期完稿或草就。并于淳熙四年做了生平第一次的学问总结,奠定了一代儒学宗师的地位。这一时期朱熹道德教育思想的完善与成熟主要体现在:

(一)在理一元论哲学的前提下,构建了道德伦理的形而上学和"变化气质的"道德教化论

乾道六年朱熹在寒泉精舍完成著作《太极图说解》初稿和《西铭解》,标志着朱熹的太极理本论体系建构的完成,在此基础上,朱熹把太极理本论连同理一分殊的最高哲学原则推广到了性论、道德论、认识论直至社会政治观点。而在朱熹这里作为理学体系最高本体论原则的理一分殊则具有了多重内在的逻辑层次关系。从道与理的关系层次看,理一分殊首先是规定了本体之道(太极之理)与万物之理的统一关系,即普遍之道与特殊之理的关系,理一分殊也就是道一理殊;从理与气、道与器的关系层次看,理一分殊又是规定了本体之理与万物之气的统一关系,理一分殊也就是理一气殊;从理与事、理与物的关系层次看,理一分殊又是规定了本体之理与万事万物的统一关系,理一分殊也就是理一物殊;从体与用、显与微的关系层次看,理一分殊又是规定了一理之体与万殊之用的统一关系,理一分殊也就是体一用殊。在理本论哲学的前提下,朱熹把儒家伦理与宇宙本体统一于天理(即太极)构建了道德伦理的形而上学。朱熹认为仁义礼智合而言之,是天理之总名,分而言之,则是组成天理的数件,"理"不仅是宇宙万物的本源,而且是仁义礼智的总称。他以天人合一为基础,以心统性情为构架,建立了仁说体系,认为心之德即仁,人之心有仁义礼智四德;心统摄性情,未发为性,故性具有仁义礼智四德,而仁包四德;已发为情,故情具有恻隐、羞恶、辞让、是非四端,而不忍人之心包四端;性之未发为仁之本,情之已发为仁之用;性情相通,爱之理为仁,受之发为情,故以"爱"名仁虽非,但以"爱之理"名仁则是,不能离开爱去说仁;求仁也就是存心,也就是克己复礼,灭人欲存天理。朱熹巧妙地把理、心、性、情、仁、爱、知等都糅合在一个"仁"的思想中,可以说,孔子提出的"仁"直到朱熹那里才真正称得上被理论化、思辨化、体系化了。

朱熹还以"理"、"气"为逻辑原型,以其性气关系理论诠释了道德修养的可能性和必要性,为其道德教育、道德修养论提供了理论依据。朱熹认为:"气不可谓之性命,但性命因此而立耳,故论天命之性则专指理言,论气质之性则以理与气杂而言之,非以气为性命也。"①这里朱熹将人的性分为天命之性与气质之性,天理安顿在人身上,就是所谓天命之性,其内涵是仁义礼智等道德原则,它是至善的。气质之性在道德内涵上既包括道德理性,又包括感性欲求,是天理与人欲的结合体。现实的人性总是天命之性与气质之性的统一。人心通过道德修养是可以纠正气质偏差达到性善之本的,这就是说人可以改变气质,实现"明天理、灭人欲"的道德教化任务。这就是为其道德伦理教育思想的展开提供了哲学基础和理论依据。

(二)构建了为学、修德以达"圣贤气象"的理路与内容体系

一般认为作为登"理学"之堂奥,入"理学"之门的书,可以从这一

---

① 朱熹:《朱文公文集》卷五六,《答郑子上》,第2688页。

时期朱熹与吕祖谦寒泉之会共同编辑的《近思录》中窥其梗概。淳熙二年(1175 年)，针对南宋学校、朝廷的现状，朱熹和吕祖谦收集了周敦颐、张载、二程的言论六百二十二条，作为哲学、道德与治学方法的教材，共编十四卷：(1)道体；(2)为学大要；(3)格物穷理；(4)存养；(5)改过迁善、克己复礼；(6)齐家之道；(7)出处进退辞受之义；(8)治国平天下之道；(9)制度；(10)君子处世之方；(11)教学之道；(12)改过及人心疵病；(13)异端之害；(14)圣贤气象。朱熹和吕祖谦所概括的这十四个问题构成了理学道德教育的完整体系。主要内容有：

第一，朱熹以探讨太极道体和性为核心，按照他的《太极图说》、《西铭解》的思想编排第一卷的内容，论及了太极道体，把"三纲五常"提升为形而上本体的理，用来说明现实社会伦理道德的合理性。所谓道体就是指在自然现象、社会现象背后，有一个更根本的本性。这便是理学家所追求的所当然的所以然，按朱熹哲学逻辑结构的理是他对社会、自然现象后面隐藏着的所以然的探索。因此，倘若剥去理的烦琐的哲学术语后，实际上理是"三纲五常"的抽象。"夫天下之事，莫不有理，为君臣者有君臣之理，为父子者有父子之理，为夫妇、为兄弟、为朋友以至于出入起居，应事接物之际，亦莫不各有理焉。"[①]在这里，朱熹便把"三纲五常"提升为形而上本体的理，因此，"三纲之要，五常之本，人伦天理之至，无所逃于天地之间。"[②]天地间，"三纲五常"便成为普遍的至理，是人人务必遵守的。

第二，朱熹以"穷理"为精髓，按照他的敬知双修的学问大旨在《近思录》二至四卷中，论及了格物穷理操存涵养等敬知双修的认识论与修养论，提出了以"存天理、灭人欲"为"存养"的功夫体系。朱熹认为，"穷理"是贯通"道体"、"理"、"性"、"命"、"心"的枢纽，是"明明德"的功夫，抓住"穷理"这个精髓，便能联结"天人合一"、行事时"己

---

① 朱熹：《朱文公文集》卷一四，《甲寅行宫便殿奏札二》。
② 朱熹：《朱文公文集》卷一三，《癸未垂拱奏札二》，第 633 页。

与天为一"①。万物与我同体"物吾与也",即"万物与我为一,自然其乐无涯"②。达到其乐无穷的"道通为一"的理想境界。在这里,"穷理"说到底就是要人们去发现心中固有的仁义、道德。而只有去掉了人欲,心中的仁、义、礼、智也就会显现出来。因此"存天理、去人欲"就成为当时社会人人必须遵而行之的原则。在如何"存天理、去人欲"上,朱熹进而提出了"主静"、"居敬"等一系列道德修养的功夫与方法。

第三,朱熹以"齐家、治国、平天下"为实质,确立了以"为圣"为价值理想的为学、修德即道德教育目标。在《近思录》五至八卷论大学之道,九至十四卷杂论儒家之学中,朱熹概括了周敦颐、张载、二程四子的政治观、人生观、教育思想及老佛异端思想等,提出了以"齐家、治国、平天下"为实质,以为圣为价值理想目标的理学为学宗旨和修德即道德教育目的论。"君子之学,必至于圣人而后己",这是儒家学派教育家所共同追求的教育目标。朱熹肯定和传承了张载"为天地立心,为生民立命,为往圣继绝学,为万世开太平"③的为学宗旨,将张载、周敦颐和二程的言论编入《近思录》,关键之处就在于周敦颐、二程和张载继承与发展了孔子、孟子以"天下为己任"的精神。在这里,朱熹以圣贤、仁人为最高理想,把立志做圣贤作为自己教育的宗旨,从而也就把"理"这个普遍的原则与人的伦理道德行为规范会通起来。朱熹并不愿意人们将"圣人"作为一个偶像来崇拜,而是要以"圣人"的人格、学问作为人们学习、追求的对象,其道德教育思想远承孟子"人皆可以为尧舜",还受周敦颐"圣人可学"的启发,以发扬孔孟学说为职志,试图通过为学、修德,建构起儒学的精神家园,终极关怀,而达"圣贤气象"的理想境界。

总之,朱熹与吕祖谦合编的《近思录》,从总体的倾向看是一部以

---

① 黎靖德编:《朱子语类》卷六一,第 1474 页。
② 黎靖德编:《朱子语类》卷六〇,第 1436 页。
③ 张载:《张载集》,中华书局 1978 年版,第 320 页。

德育为主的教材,朱熹在《近思录》中,借用周张二程四子的语言建立了自己简明精巧的理学体系。因此《近思录》可以说是其思想和学派确立的标志,这本书在后来为他通俗宣传二程和自己的学派思想,吸引招纳自己的学派弟子和接续自己的学派道统都起了重要作用。我们研究朱熹的道德教育思想,就不得不对《近思录》中阐明的道德教育的思想集萃进行深入的分析与疏理。

二、"尊德性"与"道问学"的统一——"鹅湖之会"与朱熹修德凝道"教人之法"的完善

朱熹与吕祖谦的寒泉之会成了朱熹与陆九龄、陆九渊兄弟的"鹅湖之会"的前奏。淳熙二年(1175年)夏天,朱熹与吕祖谦寒泉之会后,当朱熹送吕祖谦回浙江途经江西上饶鹅湖时,吕便邀请陆九龄、陆九渊来会。按照吕祖谦的本来意思,是想调和朱、陆为学之方的分歧。但讨论的结果却是使双方的思想分歧和学派特点得以显露,促进了当时学术发展。据参加鹅湖之会的朱亨道称:"鹅湖之会,论及教人。元晦之意欲令人泛观博览,而后归之约。二陆之意,欲先发明人之本心,而后使之博览。朱以陆之教人为太简,陆以朱之教人为支离,此颇不合。"①这基本上把朱陆双方在"教人"之法即治学方法上的分歧表达出来了,及至于后来人们常把鹅湖之会看成单纯是两人方法论的争论,这实际上是低估了两人在鹅湖之会上的矛盾分歧。

其实,朱陆方法论的矛盾来自本体论、认识论上的矛盾,焦点是在"心"上,即是否以心为宇宙本体。朱熹以心与理既有密切联系,又有区别,理是本体,心不是本体,心是认识的主体;陆九渊则以心与理为一,心为宇宙本体,以心统贯主体与客体。朱熹认为理生万物,心具众理而应万物,故主张即事穷理;陆九渊认为心涵万物,心即众理而成宇宙,故主张离事自悟。朱熹认为理在物(气)中,一理散为万殊,物物各具其理,所以他主张即事即物——穷究实理,注重讲学读

---

① 　陆九渊:《陆九渊集》,第491页。

书,泛观博览;陆九渊认为理在吾心,吾心即理,吾心便是宇宙,良知良心人所固有,所以他主张发明本心,注重反身而求的"养心"而反对一味的讲学读书,认为讲学是向外驰骛,戕害本心,流于支离,只有存心养心的内心自我悟求,才能见心明理,达于易简。针对朱熹理学的讲学读书,泛观博览,陆九渊提出自己心学的简易工夫:"《易》赞乾坤之简易,曰:易知易从,有亲有功,可久可大。然则学无二事,无二道,根本苟立,保养不替,自然日新。所谓可久可大者,不出简易而已。"强调简易,认为讲学不过获得闻见之知,而于求本心则有害。他说"大抵学者各倚其资质闻见,病状虽复多端,要为戕贼其本心,则一而已。"①以求人之本心为最高原则,其工夫是简易;批评读书讲学是舍本求末,是支离。总之,朱熹侧重于"道问学",先博后约,通过泛观博览反归之约来认识天理,陆氏以之为"支离",陆九渊主张"尊德性,发明本心,先立乎其大",忽视知识积累,以求顿悟,直指人心,朱氏认为"太简"。鹅湖之会使朱陆双方各自对对方的思想及其分歧有了进一步的认识,另一方面也促使他们各人对自己的思想进行反省。正如朱熹所说:"太抵子思以来,教人之法,惟以尊德性、道问学两事为用力之要。今子静所说专是尊德性事,而熹平日所论却是道问学上多了。"②鹅湖之会促使了朱熹在"尊德性"与"道问学"上的深刻思考,他要追求的是尊德性与道问学的统一——敬知双修,即以"尊德性"为本,在"道问学"上由博返约,由杂入精,沿着鹅湖之辩的思路,朱熹认为:"尊德性,所以存心极乎道体之大也;道问学,所以致知而尽乎道德之细也,二者修德凝道之大端也。"③他指出"尊德性"是存心养性以极道体之大的道德修养工夫,而"道问学"则是通过格物致知、读书穷理以尽道体之细的道德学习,二者不可偏废。而且,欲"尊德性"必先通过"道问学"之路,即获取足够多的知识和学问方能实现。朱

---

① 陆九渊:《陆九渊集》卷五,《与高应朝》,第64～65页。
② 朱熹:《朱文公文集》卷五四,《答项平父》书二,第2541页。
③ 朱熹:《四书章句集注》,第442页。

熹说：

> 所谓致知在格物者，言欲致吾之知，在即物而穷其理也。盖
> 人心之灵莫不有知，而天下之物莫不有理，惟于理未穷，故百知
> 有不尽也。是以《大学》始教，必使学者即凡天下之物，莫不因其
> 已知之理而益穷之，以求至乎其极。至于用力之久，而一旦豁然
> 贯通焉，则众物之表里精粗无不到，而吾心之全体大用无不
> 明矣。①

既然唯有"格物"方能"穷理"以至于"尊德性"，那么应该怎么来进行"格物穷理"呢？朱熹认为，古往圣贤之精义已包容于经籍之中，故"格物穷理"又重在读书，重在对已有的书本知识和学问的掌握。即通过"格物"以穷天下之理，从而建立起有关道德行为、道德原则、道德人格等全面系统的知识，进而将"格"到的这些道德知识付诸实践，即所谓"知先行后"。从中我们可以看到，朱熹的道德观是倾向于在现实的生活中用至善的道德知识和原则来具体规范人们的行为，由"外"而向"内"，最终实现"人心"与"道心"的贯通与合一的。

三、订规立制，彰显教化——复兴白鹿洞书院与朱熹道德教育思想的成熟

淳熙六年(1179 年)三月至淳熙八年(1181 年)三月，朱熹知南康军，这是朱熹第二次做官。朱熹在南康军任内主要是办荒政和重建白鹿洞书院兴学授徒。从他的施政和讲学的主旨中，充分表现了其理学思想和教育思想已进入了成熟期，可以说，朱熹知南康军是其政治理想和政治抱负的一次充分展示期，时间虽短仅二年，但它在朱熹书院办学尤其是道德教育的实践上，是一次具有重大意义的时期。其主要原因是：朱熹在离开泉州同安县主簿任后回到了家乡崇安，约二十三年时间向朝廷申请奉祠领微薄的祠禄养家并将身心全部投入到著书立说、教学课徒活动之中，其间先后与当时著名学者吕祖谦有

---

① 　朱熹：《四书章句集注》，第 444 页。

过寒泉之会,与陆九渊、陆九龄有过鹅湖之会等学术交流与论辩,其理学思想体系日臻完善。淳熙四年《四书集注》的首次序定,标志着朱熹由《四书集解》经学时期向《四书集注》经学时期过渡的完成。朱熹将自己自隆乾以来通过各种论战、论辩、讨论和讲学获得的所有积极思想成果都囊括在《四书集注》中。在《四书集注》中,朱熹极少引用汉魏隋唐的注家,而大量引用二程以来的理学家之说,融贯成了一个程朱学派的四书体系。他的《大学章句》是借助于《大学》的三纲八目建立起一个"穷理正心、修己治人"由扩充自我修养一心达于国家大治天下太平的人本主义体系。朱熹苦心补写了格物致知一章,突出提出了格物致知的认识论。《论语集注》"仁者爱之理"的说教即是对湖湘派禅气仁说的遗弃,也表明《论语》的根本是"吾道一以贯之",《孟子集注》对养心、存心、知性的解说,"尽心——知性——知天"在《中庸章句》中朱熹以首章为《中庸》的提要,阐述了自己心统性情说与中和说,而《中庸》的微妙是"诚"。朱熹对其四书学体系的内在逻辑结构也作了这样的规定:

> 某要人先读《大学》,以定其规模;次读《论语》,以立其根本;次读《孟子》,以观其发越;次读《中庸》,以求古人之微妙处。《大学》一篇,有等级次第,总作一处易晓,宜先看;《论语》却实,但言语散见,初看亦难;《孟子》在感激兴发人心处;《中庸》亦难读,看三书后,方宜读之。①

总之,从寒泉之会和鹅湖之会之后,朱熹完成了对生平理学著作的全面修订总结,极力在"尊德性"与"道问学"之间求得一种平衡。

在丁酉年完成了自己生平学问著述总结以后,朱熹成了宰相们强请出山入朝供职的抢夺对象。朱熹虽多次辞之不应,但经不住朝廷再三催促,终于淳熙六年(1179年)三月到任知南康军。十年磨一剑,在有了充分理论准备的前提下,朱熹似乎也应该到现实中去一试自己理学之剑的锋芒了。朱熹知南康军,是当地地方最高行政长官,

---

① 黎靖德编:《朱子语类》卷一四,第249页。

这也为其在治内宽恤民力,敦历风俗、修举荒政和整顿军学,修复白鹿洞书院等注重民生,注重风化和注重教育提供了现实的可能。

朱熹在整顿士风、学风上的最大业绩,是他复兴了白鹿洞书院。白鹿洞在庐山五老峰南二十余里,这里秀峰环抱,远离市井尘嚣,是个群居讲学、隐遁著述的好处所。原为唐贞元中(785—805年)洛阳人李渤、李涉兄弟避兵乱而隐居读书之处。南唐升元四年(940年),南唐李氏朝廷在白鹿洞建起庐山国学亦称白鹿洞国学,南唐朝廷派遣国子监九经李善道为洞主来主持教学工作。其后书院得到朝廷的重视不断发展,至北宋时改称白鹿洞书院,作为北宋时期与登封嵩阳书院、长沙岳麓书院、商丘应天书院齐名的北宋四大书院。但南渡以来几经兵燹战乱,书院屋宇已经焚毁不存。朱熹一到任就亲自主持书院修复工作,至淳熙七年(1180年)三月十八日,建成屋宇二十余间,先招收生员二十人,增置学田赡养学生。朱熹自兼洞主,亲任导师,举行释菜仪式后正式执教其中,当天开讲。亲自给诸生讲授了自己的《中庸章句首章或问》,以后每逢休沐他都要到书院同诸生一起研讨论辩。朱熹在总结前人办学所订规制的经验教训基础上,列"圣贤所以教人为学之大端"、"条例"、而"揭之楣间"、"以示学者",制定了《白鹿洞书院揭示》,这份揭示也称《白鹿洞书院教条》、《白鹿洞书院学规》或《白鹿洞书院教规》。

朱熹复兴白鹿洞书院并订立《白鹿洞书院教规》在其教育思想尤其是道德教育思想的形成发展中具有重要的里程碑式的意义,我们可以从以下几个方面来认识:

(一)朱熹复兴白鹿洞书院的动机与目的

一是朱熹深感当时官学衰落,科举腐败,不能为国家培养人才,期望以书院教育来补救官学的不足,纠正科举的弊端。朱熹对官学唯科举是教的办学宗旨始终是加以针砭的,朱熹早在同安时就主张学在于"为己",而不在于科举;在于入"圣贤之域"而不在于做场屋"举子"。而在其后的《学校贡举私议》中,更是尖锐地批判了官学的弊病:"所谓太学者,但为声利之场,而掌其教者还过取其善为科举之

文,而尝得隽于场屋者耳,士之有志于义理者,既无所于学,其奔趋辐
辏而来者,不过为解额之滥,舍选之私而已。师生相视漠然行路之
人,间相与言,亦尝开之以德行道艺之实……殊非国家之所以立学教
人之本意也。"①州县之学亦如此,朱熹说道:"今郡县之学官,置博士
弟子员,皆未曾考其德行道艺之素,其所受授,又皆世俗之书,进取之
业,使人见利忘义。"②"其师之所以教,弟之所以学,则皆忘本逐末,
怀利去义,而无复先王之意。以故学校之名虽在,而其实不举,其效
至于风俗同蔽,人才日衰。"③朱熹复兴白鹿洞书院的目的正是要纠
科举之弊端,补官学之不足。因此他在《白鹿洞书院揭示》的跋语中
特别强调:"喜窃观古昔圣贤所以教人为学之意,莫非使之讲明义理,
以修其身,然后推以及人,非徒欲其务记览,为辞意,以钓名声,取利
禄而已。今人之为学者,则既反是矣。"④从中我们可以看出,朱熹
坚持以德育为主旨的"明道"、"传道"的办学宗旨,试图按照新儒家所
坚持的理想模式去改造"官学",要求生徒将德行养成摆在首要的位
置,以实现儒家修身、齐家、治国、平天下的办学、为教的根本目标。

二是受到佛教禅林的刺激和影响,想以书院为基础,发展儒学,
宣扬理学,与佛教争夺在政治思想和学术文化上的地位。庐山本是
名闻天下的佛教圣地,即使在南渡兵火之后,破败萧条的琳宫梵宇又
在乾道以来重新香火旺盛,钟磬盈耳了。而仅此一家的书院却学舍
圮坏,听不到洙泗弦歌之音。这一情形,在当时南宋社会是带有普遍
性的,自唐宋以来佛教兴盛,大有抢占儒学而成为社会主流意识之
势。朱熹复兴白鹿洞书院,就是在这种背景下酿成的。他在复兴白
鹿洞书院,请皇帝为书院题额、赐书的奏折《乞赐白鹿洞书院敕额》
中,就表明了这种同佛教对抗的思想。他说:

① 朱熹:《朱文公文集》卷六九,《学校贡举私议》,第 3363 页。
② 朱熹:《朱文公文集》卷七九,《衡州石鼓书院记》,第 3783 页。
③ 朱熹:《朱文公文集》卷七八,《静江学府记》,第 3741 页。
④ 朱熹:《朱文公文集》卷七四,《白鹿洞书院揭示》,第 3586 页。

考此山（庐山）老佛之祠，盖以数百，兵乱之余，次第兴葺，鲜不复其旧者。独此儒馆莽为荆榛，虽本军已有军学，足以养士，然此洞之兴，这自前代，累圣相传，眷顾光宠，德意深远，理不可废……而先王礼乐之官，所以化民成俗之本者，乃反寂寥稀阔，合军与县，仅有三所，然则复修此洞，盖未足为烦。①

他在《申修白鹿洞书院状》中说明白鹿洞书院创建经过和历代帝王的重视和书院所起的作用之后指出："窃惟庐山山水之胜，甲于东南，老佛之居，以百十数。中间虽有废坏，今日鲜不兴葺。独此一洞，乃前贤归隐，儒学精舍。又蒙圣朝恩赐褒显，所以惠养一方之士，德意甚厚。顾及废坏不修，至于如此，长民之吏，不得不任其责也。"字里行间，流露出他对朝廷只重佛老，关心寺庙，而尊儒不力，忽视书院的不满，可见，复兴白鹿洞书院正是要光阐儒道以对抗佛道。

三是为了弥补官学社会教化功能的缺失，同时也是为了给自己讲学论辩、传播思想学说开辟一个合法的场所与阵地。南宋政权发生的政治危机，使统治者无暇顾及官学教育，官学正日益衰弱，其社会教化功能也日趋弱化。南宋朝廷对官学也极为失望，转而支持书院的发展。而朱熹复兴白鹿洞书院，恰恰是看中了书院这一儒家文化的载体，赋予了书院在一定程度上承担着恢复儒家教育传统，培养"传道济民"的人才、传播理学思想的重任。朱熹复兴白鹿洞书院，实际上是要营造一个进行儒家教化的民间场所，关于教化的内容和宗旨，朱熹在晚年讲得很清楚："盖闻古之学者为己，今之学者为人。故圣贤教人为学，非是使人缀辑言语、造作文辞，但为科名爵禄之计。须是格物、致知、诚意、正心、修身而推之于以齐家、治国、可以平治天下，方是正当学问。"②更具体地说，朱熹认为书院教育的根本方针就是其在《白鹿洞书院揭示》中提出的实施"五教"：父子有亲；君臣有

---

①　朱熹：《朱文公文集》卷一六，《缴纳南康军任满合奏禀事件状》，第757 页。

②　朱熹：《朱文公文集》卷七四，《玉山讲义》，第3588 页。

义;夫妇有别;长幼有序;朋友有信。这是一个在当时社会人人必须遵守的道德准则,而书院的社会教化功能就是以书院为阵地,通过书院士人的道德品质的培养而范导社会,产生教化效果,即以各种方式和途径向社会各个阶层成员,尤其是下层民众,进行上述"五教"所规范的道德品质教育。所以,书院教化既能面向士庶,宣传敦族睦友、稳定乡里、祭祀先贤、承传精神、培养学生、表率社会,极大地弥补了官学社会教化功夫的缺失。当然,朱熹复兴白鹿洞书院实际上也是为了传播他的思想与学术,并且是要使他的活动合法化,得到朝廷的认可,这也在客观上为其以书院为阵地,开展"讲会"争锋,让包括理学在内的各种不同观点学术争锋,使其思想在论辩中明晰,在争锋中流播,提供了阵地与条件。总之,朱熹复兴白鹿洞书院,通过官民互动,相得益彰,一方面是为了儒学理论层面的教育,传播其理学思想,另一方面是为了在社会上的其他层面广泛地营造尊崇儒学的社会风气,进而展开儒学道德教化。

(二)《白鹿洞书院揭示》的解读及道德教育意义

《白鹿洞书院揭示》是朱熹为培养人才而制定的大学教育方针和大学教育守则,它包括了教育的目标、内容、为学、修身、处事和接物等一系列纲领,原文如下:

白鹿洞书院揭示

父子有亲,君臣有义,夫妇有别,长幼有序,朋友有信。

右五教之目。

尧舜使契为司徒,敬敷五教,即此是也,学者学此而已。而其所以学之序,亦有五焉,具列如左:

博学之,审问之,慎思之,明辨之,笃行之。

右为学之序。

学问思辨四者,所以穷理也,若夫笃行之事,则自修身以至于处事接物、亦各有要,具列如左:

言忠信,行笃敬,惩忿窒欲,迁善改过。

右修身之要。

正其义，不谋其利；明其道，不计其功。

右处事之要。

己所不欲，勿施于人；行有不得，反求诸己。

右接物之要。

熹窃观古昔圣贤所以教人为学之意，莫非使之明义理，以修其身，然后推以及人，非徒欲具务记览，为辞章，以钓声名，取利禄而已也。今人之为学者，则既反是矣。然圣贤所以教人之法，具存于经，有志之士，固当熟读，深思而问，辨之。苟知其理之当然，而责其身以必然，则夫规矩禁防之具，岂待他人设之而后有所持循哉？近世于学有规，其待学者为已浅矣。而其为法，又未必古人之意也。故今不复以施于此堂，而特取凡圣贤所以教人为学之大端，条列如右，而揭之楣间。诸君其相与讲明遵守，而责之于身焉，则夫思虑云为之际，其所以戒谨而恐惧者，必严于彼者矣。其有不然，而或出于此言所弃，则彼所谓规者，必将取之，固不得而略也。诸君其亦念之哉！

《白鹿洞书院揭示》内容丰富，形成了一个较为完整的教育理论体系，是朱熹道德教育思想成熟的标志。我们可以从以下几个方面来加以认识。

第一，朱熹确立了办学宗旨，宣示了书院教育的方针，承袭儒家传统的教育观点和一贯主张，提出了"明五伦"的道德教育目的。五教之目出自《中庸章句》第二十章。原文为："天下之达道五，曰：君臣也，父子也，夫妇也，兄弟也，朋友之交也，五者，天下之达道也。"朱熹说："昔者圣王作民君师，设官分职，以长以治，而其教民之目，则曰：父子有亲、君臣有义、夫妇有别、长幼有序、朋友有信，五者而已。盖民有是身，则必有是五者，而不能以一日离；有是心则必有是五者之理，而不可以一日离敢。是以圣王之教，因其固有，还以导之，使不忘乎其初。"[①]在社会生活中，由于人们每天都不能离开父子、君臣、夫

---

① 朱熹：《朱文公文集》卷七九，《琼州学院》，第3761页。

妇、长幼、朋友这五者之关系，也离不开亲、义、别、序、信这五者之理。而造成当时社会"教养无法，师生相视漠然如路人。以致风俗日衰，士气不作，长老忧之，而不能有以救也"的原因，则是"圣学不传，世之为堵，不知学之有本"①，是因为"不复求圣人之意"和"明夫性命道德之归"②。他说："后世学校之设，虽或不异乎先王之时；然其师之所以教，弟子之所以学，则皆忘本逐末，怀利去义，而无复先王之意，以故学校之名虽在，其实不举，其效至于风俗日敝，人材日衰，虽以汉唐之盛隆，而无以仿佛乎三代之叔季。"③朱熹认为，为了整顿这种局面，就要由明心修身入手，为此，《白鹿洞书院揭示》首先以儒家的"五伦"立为"五教之目"，并强调"学者学此而已"。非常明显，将儒家传统的人伦之教作为为学的目标，是针对"务记览、为词章，以钓声名，取利禄"这一情况提出来的，具有很强的现实性，并且明确指出，尧舜时代之"敬敷五教"，就是做此事情的。这是用《尚书》标举的施行人伦教化于民众的事迹，表明朱熹的道德教育乃至于整个教育的目的不仅仅在于士人个人的道德修养，还有传道而济斯民的更高诉求。它是一个由道德、伦理、济世三者组成的共同体，相对于科举的官学学校来说，体现出一种很特殊的浸透了理学教育理念的德育精神。

第二，朱熹规定了进德立品、修身养性的程序和方法，提出了学、问、思、辨、行的"学之之序"。在指出为学的方向之后，朱熹又提出了学、问、思、辨、行的为学之序。前四者皆为"穷理"之法，"穷理"是属于知的范围。行即是践履，这表明朱熹已经将实践也看做是"学"的一项内容了，这其中包含了学思并重、知行统一的思想，在这里，学、问、思、辨、行便构成了一个完整的道德教育过程。

在道德认识论的知行观上，朱熹一贯主张"论先后，当以知为先；

---

① 朱熹：《朱文公文集》卷八〇，《福州州学经史阁论》，第3813页。
② 朱熹：《朱文公文集》卷七五。
③ 朱熹：《朱文公文集》卷七八，《静江府学记》，第3742页。

论轻重,当以力行为重"①。"致知力行,用功不可偏,偏过一边,则一边受病"②,朱熹进而强调了"知行互发","知之愈明,则行之愈笃;行之愈笃,则知之益明"③。知行相互作用,相互促进,从而使"知之浅"、"行之小"者向"知之深"、"行之大"者变易。可见,朱熹的道德认识论强调穷理离不开格物,即物才能穷其理,故学、问、思、辨皆为穷理之法。他又认为知先行后,行重知轻,即从道德知识来源上说,道德知识在先;从社会效果上看,知轻行重,道德力行最重要,且道德之知和道德之行是相互促进的,知之愈明,则行之愈笃,行之愈笃,则知之益明。这一"学问思辨行"的为学之序,贯穿着他一贯的"为学大抵穷理以致其知,反躬以践其实"、"读书则实究其理,行已则实践其迹"的知行统一精神。朱熹倡导通过道德实践获得道德认识,通过道德认识加强道德修养,以道德认识为基础实施道德教育,在他的那个时代,得到了被称为"东南三贤"的其他二贤张栻、吕祖谦的赞同与呼应,而成为当时的思潮,对今天我们的道德教育和道德实践来说仍不失其重要意义。

第三,朱熹从修身、处事、接物三个方面规定了"笃行之事",显示出了强烈的道德实践倾向。朱熹认为"穷理"和"笃行"构成"为学"的两大部分,笃行是博学、审问、慎思、明辨四项认识的归宿。《白鹿洞书院揭示》只是蜻蜓点水般提及学、问、思、辨等"穷理"之法,而把浓墨重彩涂抹在"修身"、"处世"、"接物"等"笃行"事务上,把道德知识的获得与身心修炼结合得天衣无缝,这是典型的理学家的教化理念,足见朱熹道德教化的经世关怀。

《白鹿洞书院揭示》提出修身之要:"言忠信,行笃敬;惩忿窒欲,迁善改过。处事之要:正其义,不谋其利;明其道,不计其功。接物之要:己所不欲,勿施于人;行有不得,反求诸己。"从文字表象来看,朱

---

① 　黎靖德编:《朱子语类》卷九,第 148 页。

② 　黎靖德编:《朱子语类》卷九,第 148 页。

③ 　黎靖德编:《朱子语类》卷一四,第 281 页。

熹提出的修身、处事、接物之要多采用《论语》、《孟子》、《春秋》、《汉书》等孔孟和董仲舒的名言,看似简单,但经朱熹加以整理归类提升为道德修养的基本原则和方法,则赋予了新的意义。这是因为,在实施道德教育过程中,在受教育者的道德目标、信念理想确定之后,必须付诸行动,进行道德实践。在此,受教育者的自我教育、自我完善和自我约束就具有十分重要的作用,这也是道德教育取得成效的重要条件。朱熹在《白鹿洞书院揭示》中提出的修身、处事、接物之要作为生徒实际生活和道德教育的准绳,其中包含了重人格教育、倡言行一致、克己为人、道德自律等道德修养的原则和方法,无疑给士子们提供了一条道德修养和自我完善的途径与方法。

(三)朱熹复兴白鹿洞书院的影响及意义

朱熹通过复兴白鹿洞书院,为书院确定方针、建立制度,置田建屋,延请名师,充实图书,并亲自与学生质疑问难,为南宋书院的发展奠定了基础,树立了榜样。尤其是朱熹为白鹿洞书院订立的《白鹿洞书院揭示》是我国第一个系统完整的书院规章制度,也被称为学规,后来成为历代书院共同依据的范本。

白鹿洞书院在其学规所规定的规章制度或是在实际办学中,将德育置于教育的首位,引发了宋代教育的深刻变革。很明显,朱熹是希望通过书院教育来塑造新人,一种洞悉圣贤义理、追求为己之学然后推己及人的新人,这与官学"务记览为词章,以钓声名、取利禄而已"有着完全不同的追求。朱熹复兴白鹿洞书院尤其是为书院确定了《白鹿洞书院揭示》,将德育置于教育首位的主张,为南宋学者和教育界所认同,后来也成为天下书院共同遵守的准则。先是,绍熙五年(1194年)朱熹任潭州知州重建岳麓书院,将《白鹿洞书院揭示》移录其中,史称《朱子教条》,传于湖湘。淳祐元年(1241年),宋理宗视察太学,手书《白鹿洞书院学规》赐示诸生。其后,或摹写,或刻石,或模仿,遍及全国书院及地方官学。于是,一院之"揭示"遂成天下共遵之学规。南宋以后的元、明、清各代书院也大多以白鹿洞书院为楷模,随着中国书院制度的推广,它又东传到朝鲜、日本,不仅当年奉为学规,至今尚有高校把其作为校训者,可见其影响之深远。

第三节 武夷精舍继"道统"
——德育理论集大成

淳熙八年(1181年)闰三月,朱熹因在南康修举荒政,民无流殍,政绩卓越,得到转官,改除直秘阁,提举江南西路茶盐常平公事。因要待次二年,朱熹并于当年四月十九日回到五夫家,九月改除为提举浙东茶盐常平公事。这是由于浙江境内发生特大水旱之灾,新任右相王淮看中朱熹的赈灾能力,举荐朱熹,令其前往浙东赈荒。朱熹于当年十二月六日到浙东任职到次年九月十二日离任。他在浙东任职仅九个月时间,这期间,他一边巡察赈灾,一边弹劾贪官污吏,得到广大百姓拥护,却得罪豪右与官宦人家,特别是六上奏章弹劾前知台州唐仲友的不法,为唐之姻亲宰相王淮等所嫉。淳熙九年(1182年)九月十二日,朱熹被意外调离岗位,改除江南西路提刑,顿时失去浙东提举的权力。而在此时,朝廷当政者王淮及其党羽又掀起一股反道学狂浪,将朱熹所尊奉的程氏之学诬为伪学加以诋毁,将朱熹等人作为重点打击对象。本来就不愿出山为官的朱熹,在巨大的皇权、特权面前处处碰壁,具有道学铮骨的朱夫子只能以弃官归隐表示最后的抗议。"知道之难行,退而奉祠"。淳熙十年(1183年)正月,朱熹请求奉祠得到批准。于是,朱熹再度回到崇安家中,跧伏武夷山中,又投入了自我艰难探索前行的思辨怀抱。淳熙十年四月,朱熹在武夷山五曲构建的武夷精舍落成,那里便成了这位理学"素王"传经讲道的当代洙泗弦歌之地。

武夷精舍是朱熹在福建北部山区创建的第三所私人讲学的学校。该精舍的创立以及朱熹的前后约有10年的讲学活动与著述之硕果,构成了朱熹理学思想成熟期的标志。同时,武夷精舍的读书讲学与教育实践和著述活动,也成了朱熹道德教育思想形成完整理论体系和臻于成熟的时期。在朱熹远离尘嚣跧伏山中表面平静的武夷精舍讲学著述背后,朱学作为一种理学文化新潮迅速由地方向全国发展,由民间向官方渗透,朱熹成了士子心中千灯相传的道统圣人。

朱熹在武夷精舍讲学著述期的教育活动及其在道德教育思想理论上的建树,我们可以从以下几个方面加以认识。

一、高举道德至上教育旗帜,接引后学而有教无类

朱熹在武夷精舍的教育贯彻了他在《白鹿洞书院学规》的精神,是在"讲明义理以修其身"的道德至上教育旗帜下,要学生们做到穷理格物与修身笃行的统一,也就是德与知、知与行的统一。

由于缺乏类似开设课程的文献记载,我们不能准确而完整地整理出朱熹的授课内容,但可以根据《朱子语类》中朱熹与门人的问答内容,梳理出朱熹此期的讲学内容,主要是儒家经典著作《四书》、《五经》等,这也与朱熹一再强调的"读圣贤书"相符合,正像他常好为州学、县学写的对联所标榜的那样:

读圣贤书,行仁义事;存忠孝心,立修齐志。

师师僬庶,居安宅而立正位;济济多士,由义路而入礼门。[①]

更加难能可贵的是朱熹择地建校,亲自擘划营建,谢绝闽帅赵汝愚动用公帑资助,却得到许多门生的鼎力支持,他还让弟子们荷锸挑担,搬瓦垒石参加建校劳动。朱熹和学生一样,平时吃"脱粟饭",到茄子成熟时便"用姜醯浸三四枚共食"[②]。在这里,朱熹的言传身教,学生们的刻苦磨砺已跃然纸上。朱熹在武夷精舍讲学期间,曾二次外出,一次是在淳熙十年十月初南下游历福州、莆田、泉州,前后约三个月与闽地学者倾心面谈,一次是淳熙十五年三月北上京城面圣进言,前后也约三个月。在武夷精舍就读的学者们,显然都能自我约束,自觉地进行自学,遇到疑难问题,俟师回转后再面论,解答。足见其管理有序,学生学风之好可见一斑。

---

①　朱熹:《朱子文集大全类编·杂著》。

②　叶绍翁:《四朝闻见录》甲集,《胡纮李沐》,中华书局 1989 年版。

　　总之，从中我们可以看出，朱熹在武夷精舍的教育与实践，突出的是一个"德"字，要以德义为路仁礼为门，刻苦磨砺孝弟忠信礼义廉耻的道德气节，从博学一直贯彻到笃行，达到个人的自我完善与天下的太平至治的统一。他的教育有着鲜明的现实目的，方法和内容。

　　朱熹于武夷精舍讲学、著述约十年。学者云集，他们中有些人原先就师从朱熹，有些人是张栻的门生，有些甚至是论敌浙学、陆学的门生，如江西铅山陈文蔚在淳熙十一年九月随同余大雅一起来武夷以弟子礼见谒朱熹，陈文蔚后来被认为"朱子门人在豫章者，虽信多贤士，然未有过于先生者也"①。就连陆学大本营和陆学弟子聚集的老巢建昌的士子包显道，竟也同包详道、包敏道兄弟三人连续在淳熙十年、十一年、十二年来武夷精舍，执弟子礼受学于朱熹。同样有象征意义的是润州丹阳的布衣寒士窦从周也抛弃了举业与家事，千里迢迢从吴中徒步入闽，在淳熙十三年到武夷精舍受学。他收的众多弟子也包括了三教九流中人，富室子弟和贫家子弟，秉承了孔子的"有教无类"的教育思想。先后来武夷山下受学于朱熹的有案可查弟子就有近百余人，他们在朱熹这里得到了铸造，日后或从事教育，或为官，皆有可圈可点之处。其中，有著名者有蔡元定、蔡沈、游九言、刘爚、黄榦、詹体仁、陈淳、李闳祖、李方子、叶味道等。他们中的蔡元定、黄榦、陈淳、蔡沈又被列为朱门的四大传人，史有"紫阳夫子讲习武夷"②之美称。

二、探求"'去私进德'之方"，展开全方位的文化论辩

　　武夷精舍讲学期对朱熹理学思想体系发展起了具有决定意义的推动作用，是朱熹同永康学派陈亮、婺中吕学学者、象数《易》学学者等展开的全面论辩，这场论辩同他从前与湖湘学派、陆学进行的单维线性论辩比，更为错综复杂，因为这场论辩是在吕祖谦死后各派议论

---

①　张伯行:《陈克斋集序》，陈文蔚:《陈克斋集》，中华书局 1985 年版。
②　董天工:《武夷山志》卷五，《五曲》。

蜂起的文化背景和王淮党大反道学的政治背景下发生并展开的。这场论辩不仅直接成了导致朱熹生平第二次学问著述总结催生的前奏。

作为这场全面论辩中心主轴的,是淳熙十一年至十三年(1184—1186年)朱熹同永康学派陈亮展开的义利王霸之辨。由于南宋在农业和手工业、科学技术等领域取得了前所未有的新成就,商业比以往发达,在浓郁的商业气息的影响下,在理学家中出现一些学者对传统的"重义轻利"观念和"厚本抑末"的政策表示异议,要求统治者重视"功利";同时,又有一些学者针对当时社会盛行的"重利轻义"和急功近利的倾向提出批评,指出其危害性。前者的代表人物是陈亮,后者的代表人物是朱熹,他们都在摸索构建符合当时需要的伦理道德原则。从其内容来看,双方辩论的焦点主要集中在"王霸义利"问题上。

所谓王道,指的是以道德为本的仁政,而霸道则是指凭借实力而推行的强权政治。早在战国时期,孟子就提出"以力假仁者霸","以德行仁者王"①的著名观点。朱熹继承了儒家思孟学派重内圣,讲修身的一面,认为外王必须以内圣为基础,为根本和前提。即《大学》所说的修身齐家、治国平天下。其中修身是内圣功夫,治国平天下是外王功夫。其前后之序"必自修身始,修身齐家,然后达诸天下也"②。朱熹并且认为,这其中的"先后缓急之序"是绝不能颠倒的。朱熹以孔孟的以道德为本的仁政思想为标尺衡量历史,认为夏、商、周三代帝王的心术最正,能以道心治天下,所以天理流行,是所谓行仁义之政的王道政治;而三代以后,从秦汉至唐,帝王的心术不正,追求利欲,所以"人欲横流"是霸道政治。朱熹主张"尊王贱霸"、"以仁义为先,而不从功利为急"③。

而陈亮则通过治史,即所谓"穷天地造化之初,考古今沿革之

① 《孟子·公孙丑上》。
② 黎靖德编:《朱子语类》卷九四,第2402页。
③ 朱熹:《朱文公文集》卷七五,《送张仲隆序》,第2623页。

变",来推究历代帝王的"王霸之道。"他认为义(天理)与利(人欲)从来不是截然对立的,而是并存的。就是在三代也是"王霸并用"、"义利双行"①。他主张变革"专谈性命道德"的儒道之弊,以富国强兵的事功来弥补儒道的不足。他说:

> 本朝专用儒以治天下,而王道之说始一矣,然而德泽有余而事功不足,虽老成持重之士犹知病之,而富国强兵之说,于是出为时用,以济儒道之所不及。②

朱陈的义利王霸之辨,属于儒学阵营内部不同学术观点的论辩,他们都从各自的角度出发,力图解决道德与功利的二律背反。其实,朱熹也并不反对"利",他只是反对不顾仁义道德去"求利";陈亮也并不反对"义",而只是反对不顾实功实效去"守义"。但是双方在论战中都把自己具有合理因素的思想引向了不合理的极端。朱学要从心理层次上确立义利王霸对峙,浙学却要从实证层次上消融义利王霸二元分立。朱熹把解决社会现实矛盾的问题返归为一个人的心理重新构建的人生哲学问题,这就同浙学直接诉诸实行实做的功利解决势不两立,这也就是儒家文化的一种奇妙的义利德功二相性。

义利之辨促使了朱熹就仁与不仁、公和私、义与利、天理与人欲等一系列判断人的道德行为的价值准则的确立与深化,他认为受教育者能辨明这些价值准则,以"仁"、"公"、"义"、"天理"为价值定向来进行自我教育,就可以促使人格和谐、全面发展。因此,朱熹实施道德教育,尤其重视"义利之辨"的问题。他把"义利之辨"作为达到仁的境界的入门途径。他说:"义利之说,乃儒者第一要义。"③又说:"学无浅深,并要辨义利。"④总之,朱熹的义利观是儒家对于义利思想的延续与深化,是他那个时代的要求,也是他为封建道德论证的重

---

① 陈亮:《陈亮集》卷二〇,《又甲辰秋书》,中华书局 1974 年版,第 281 页。
② 《龙川水心二先生文粹》后集卷十六,《问皇帝王霸之道》。
③ 黎靖德编:《朱子语类》卷一三,第 227 页。
④ 朱熹:《朱文公文集》卷二四,《与李延平先生书》,第 1082 页。

要一环,还是他道德教育和道德实践的第一要义。

三、《四书集注》理学体系完整构建,道德教育理论体系趋于完善

淳熙十年至绍熙元年(1183—1190 年)是朱熹在武夷精舍讲学和著述期。武夷精舍时期的大小论战,进一步促成了朱熹理学思想的完善,以淳熙十三年写成《易学启蒙》为起点,到淳熙十六年二次序定《大学章句》和《中庸章句》得以完成,形成了他生平著述的第二个高潮,标志着他的《四书集注》的理学体系臻于成熟了,也促进了朱熹道德教育理论中有关道德教育的理论基础、道德教育目的论、道德教育的过程论、道德教育规范论、道德教育方法论等一系列道德教育理论。无论是从内容上,还是从逻辑结构上都趋于成熟与完善,是朱熹伦理哲学或道德主体理论体系已经完成的标志。

(一)序定《大学章句》和《中庸章句》构成了以四书学为核心的复归性善本初的道德教育思想体系

淳熙十六年(1189 年),60 岁的朱熹完成了《大学章句》、《中庸章句》。一是在《大学章句》和《中庸章句》中,他对"明德、新民、止于至善"与"修身、齐家、治国平天下"的思想,对"中庸"、"戒惧"与"慎独"、"诚身"与"明善"、"尽人之性"、"尽物之性"、"赞天地之化育,则可以与天地参"的思想作了系统阐发。至此,朱熹前后花了 40 余年的时间,苦心构建了一个以《四书集注》(虽然朱熹没有能够在当年印刻序定本《四书集注》)为核心,以《小学》、《四书或问》、《中庸辑略》、《语孟精义》、《四书集解》为层层拱己的四书学体系。这个四书学体系有其独特的内在逻辑结构,一是以小学作为四书学的逻辑起点,也就是以主敬的内心道德涵养为起点,然后能致知格物。由小学进到大学直至整个四书学,这就把他敬知双修的修养与认识统一的理学教育贯穿在了一个人的整个一生,以实现由持敬养心到致知格物直至存理灭欲的人性复归。

二是确立《大学》、《论语》、《孟子》、《中庸》的四书学体系的逻

辑顺序,《大学》定规模,《论语》立根本,《孟子》观发越,《中庸》求精微,构成了他的以复性为根本指归的理学体系的内在结构,不能移易颠倒。在朱熹看来,《大学》专讲"德",是入"德"之门,把《大学》放在四书之首,就是要人们对他的理学思想先从总体(规模)的把握入手。《论语》专讲"仁",《孟子》专讲"心",一个讲复礼归仁,一个讲尽心知性,这是对《大学》中这种复性思想的具体展开。而《中庸》专讲"理",通篇讲了一个"理一分殊",按朱熹的话就是"《中庸》始言一理,中散为万事,末复合为一理"①归到底都是讲一个复归天理的善性。

在《大学章句》和《中庸章句》中,朱熹的系统的道德教育理论得到了完整的表述,具体有以下几个方面的内容。

一是用"理一分殊"说和"秉彝"论筑牢了道德教育的理论基础。朱熹在《大学章句》言:"明德者,人所得乎天,而虚灵不昧,以具众理而应万事者也。但为气禀所拘,人欲所蔽,则有时而昏,然其本体之明,则未尝息者。故学者当因人所发而遂明之,从复其初也。"②朱熹认为"理"是宇宙万物的本源,人禀理而为人性,故人有虚灵不昧,具众理而应万物之明德,即所谓"有人秉彝,本乎天性"③,人性中至善无欲的"天命之性"使人先天有好善之性,人性本善,"人皆可为尧舜",这就说明了道德教育是可能的;但人性中的气质之性有清浊之殊,禀浑浊之气的"气质之性",使人因"物欲交蔽"而失先天本善之性而为恶,所以只有通过道德教育与修养,才能"复其初",即道德存在又是必要的。由此可见,"理一分殊"说,是朱熹道德教育的形而上哲学依据,以"秉彝"论为表现形式的人性论,是其直接的理论基础。

---

① 黎靖德编:《朱子语类》卷六二,第1489页。
② 朱熹:《四书集注》,三秦出版社1998年版,第105页。
③ 朱熹辑著,刘文刚译注:《小学译注》,四川大学出版社1995年版,第206页。

二是明确提出了"大学"阶段道德教育目标、内容体系和具体步骤与途径。朱熹把《大学》的中心内容总结为"三纲领"、"八条目",从而为"大学"阶段的道德教育建构了完整的内容体系。"三纲领"即明明德、亲民、止于至善。朱熹认为"明明德"就是认清和光大人从天那里禀受的、虚灵不昧、具众理而应万物的纯善至明之品德;"亲民",朱熹认为当解为"新民",指"既自明其明德,又当推以及人,使之亦有以去旧染之污也"①。"止于至善",就是在明明德,新民之后,一定要达到至善地步并且再不动摇对"大学"的崇高理想和人生至善境界的追求,即"必至于是而不迁之意"。朱熹《大学章句》把"格物、致知、诚意、正心、修身、齐家、治国平天下"之"大学"八条目作为实现"三纲领"的具体步骤与途径,这实际上已把道德教育过程视为知、情、意、行的有机结合,把"大学"道德教育过程视为"明明德"修己之事和"亲民"对人之事的对立统一。总之,朱熹认为《大学》是学问大纲,其中他补写的《格物章》又是纲中之纲,在这一章中,他强调的是"即物而穷其理",反对离物去"穷理"。认为"'穷理'二字不若格物之为切,便就事物上穷格"②。在这里,朱熹的即物穷理,不仅同即心悟理的陆氏心学划清了界限,而且也同离物求理的老佛玄论和一班腐儒俗师的空谈性理划清了界限,成为朱子理学方法论的根本原则。可见,朱熹完全是按自己涵养当用敬,进学则在致知的学问大旨解读《大学》及修订《四书集注》的。

三是朱熹把"三纲五常"纳入"天理"的轨道,这就从哲学形而上的高度将封建社会核心价值观念固定化、神圣化和绝对化。《大学章句》序曰:"盖自天降生民,则既莫不与之以仁义礼智信矣。"第三章释"为人君,止于仁;为人臣,止于敬;为人子,止于孝;为人父,止于慈;与国人交,止于信"时,朱熹认为"引此而言圣人之止无非至善,五者,

---

① 朱熹:《四书集注》,第 5 页。
② 黎靖德编:《朱子语类》卷一五,第 289 页。

乃其目之大者也。"①学者于此"究其精微之蕴,而又推类以通其余"②,则天下之事,皆有以知其所止而无疑矣。君仁臣敬父慈子孝民信,这被西汉董仲舒概括为"三纲五纪(常)"的儒家道德规范,朱熹则把它进一步纳入到"天理"的轨道,他说:"宇宙之间,一理而已,天得之为天,地得之为地,而凡生于天地之间者,又各得之以为性。其张之为三纲,其纪之为五常。"③

(二)朱熹在《中庸章句》中,首次使用"道统"的概念

朱熹在《中庸章句》中,首次使用"道统"的概念,并把"人心惟危,道心惟微,惟精惟一,充执厥中"作为道学的内容,从性、气二元分析,引申出道心、人心的二元分析,强调人不能自然而无所修为,必须修道立教,通过明善致知和诚身存心两方面同时努力,以克服气禀使得人之本性受到气的影响和遮蔽,以全其性之本体,渐入于中和的圣域。在《中庸章句》中,理学的理气论、天理论、心性论、功夫论都得到了全面贯彻。可以说,朱熹成功地借助对于经典的系统解释展示了新儒学的理论建构,对理学思想的传播起了关键的作用。

值得一提的是,朱熹在淳熙十六年(1189年)序定《中庸章句》和《大学章句》中,在《中庸章句句序》中,首次使用了"道统"的概念,并将"人心道心"之辨作为《中庸》之说的重点内容。该序文说:

> 《中庸》何为而作也? 子思子忧道学之失其传而作也。盖自上古圣神继天立极,而道统之传有自来矣。其见于经,则"允执厥中"者,尧之所授舜也;"人心惟危,道心惟微,惟精惟一,允执厥中"者舜之所以授禹也。……
>
> 自是以来,圣圣相承:若成汤、文、武之为君,皋陶、伊、缚、周、召之为臣,既皆以此而接夫道统之传,若吾夫子,则虽不得其位,而所以继往圣,开来学,其功反有贤于尧舜者。然当是时,见

---

①　朱熹:《朱文公文集》卷一五,《经筵讲义》,第691页。
②　黎靖德编:《朱子语类》卷一六,第320页。
③　朱熹:《朱文公文集》卷七○,《读大纪》,第3376页。

而知之者,惟颜氏、曾氏之传得其宗。及曾氏之再传,再复得夫子之孙子思,则去圣远而异端起矣。……子思惧夫愈久愈失其真也,于是推本尧舜以来相传之意,质以平日所闻父师之言,更互演绎,作为此书,以诏后之学者。……

自是而又再传以得孟氏,为能推明是书,以承先圣之统,及其没而遂失其传焉。则吾道之所寄不越乎言语文字之间,而异端之说日新月盛,以至于老佛之徒出,则弥近理而大乱真矣。然而尚幸此书之不泯,故程夫子兄弟者出,得有所考,以续夫千载不传之绪;得有所据,以斥夫二家似是之非。……

熹自蚤岁即尝受读而窃疑之,沉潜反复,盖亦有年,一旦恍然似有以得其要领者,然后乃敢会众说而折其中,既为定著章句一篇,以俟后之君子。①

道统既道学的传承谱示,照朱熹在这篇序文所说,道统之传始于尧舜。朱熹认为,尧舜禹三代是以"允执其中"的传承而形成道统的。以后,圣圣相传,历经汤、艾王、武王、皋陶、伊尹、傅说、周公、召公,传至孔子;孔子"往往圣"之"圣圣相承"这个道统;孔子以后,则有颜子、曾子,再传至子思,子思即《中庸》的作者。孟子是子思的再传弟子,亦能承继了此一古圣相传的道统。在这里,朱熹的重要发明是把"人心惟危,道心惟微,惟精惟一,允执厥中"作为道学的内容,实际是把"人心惟危,道心惟微"当作古圣相传的道学内容。所以《中庸章句序》的重心是对道心人心的阐明。在这种解释下,道统的重点"中"被有意无意地转移为"道心人心"之辨了。而《中庸》里面讲的"天命率性"就是道心,"择善固执"就是精一,"君子时中"就是执中。朱熹认为,人心根源于"形气之私",道心根源于性命之正,即所谓"或生于形气之私,或原于性命之正"。"人心惟危"是说根于身体发出的人心不稳定而有危险,"道心惟微"是说根于本性发出的道心微妙而难见。所以正确的功夫是"惟精惟一",既精细地辨察心中的道心和人心,

---

① 朱熹:《四书章句集注》,第 17~19 页。

"必使道心常为一身之主,而人心每听命焉"。也就是说,要使道心常常成为主宰,使人心服从听命于道心的统领,这样人心就不再危险,道心就会发显著心,人的行为就无过无不及而达到"中",达到"允执厥中"的古圣圣相传的道学传统之境界。

朱熹认为,在孟子之后,道统中断了,道学没有再传下去。二程依据和有赖于对《中庸》的考究而得孟子之后的不传之学。可见,在儒家道统的传承中,朱熹特别尊崇程颢、程颐,并且认为他和周敦颐、二程、张载直接继承到孟轲中断了的道统。朱熹在《大学章句序》中亦说:"河南程氏两夫子出,而有以接乎孟氏之传。……虽以熹之不敏,亦幸私淑而与有闻焉。"总之,在朱熹的包括道德教育在内的整个理学思想其主要范畴太极、理、气、性、心等,是通过周、程、张等而渊源于孔孟的,可见包括朱熹的道德教育思想在内的整个理学思想体系从道统论上讲亦属于集大成。

(三)序定《小学》,划分小学与大学教育阶段的教育内容,把用敬与致知统一起来

早在淳熙十年归卧武夷山中讲学,朱熹就为武夷精舍学者编成一本简略的《小学》大纲,后在弟子刘清之、蔡元定的协助下,不断进行增补修改,并于淳熙十四年(1187年)序定成《小学》一书,标志着小学也被纳入了《四书集注》的四书学体系中。

朱熹理学的核心是道德教育。他根据人的年龄和心理状况,把教育分成"小学"教育和"大学"教育两个既有区别又有联系的阶段。他说:"古之为教者,有小子之学,有大人之学。"[1]"人生八岁,则自王公以下至于庶人之子弟,皆入小学而教之以洒扫、对应、进退之节,礼乐、射御、书数之文。及其十有五年,则自天子之元子、众子以至公卿、大夫元士之士子,与凡民之俊秀,皆入大学而教之以穷理、正心、修己、治人之道。此又学校之教,大小之节所以分也。"[2]在这里,朱

---

① 朱熹:《朱文公文集》卷一五,《经筵讲义》,第691页。
② 朱熹:《大学章句序》,《四书章句集注》。

熹就完成了从小学到大学的完整的教育,尤其是道德教育的内容体系和思想体系。其主要意义在于:

一是朱熹序定成《小学》,进一步完善他的"涵养须用敬,进学则在致知"的思想学问大旨和四书学体系。朱熹在不断修改《四书集注》过程中,已深感有"大学"而无"小学",他的四书学在体系上是不完整的,更为关键的是,有"大学"而无"小学",同他的"涵养须用敬,进学则在致知"的思想学问大旨是相抵触的。因为他的敬知双修、诚明两进,是以敬的涵养为主(主敬),但是《大学》中的次序都先讲格物致知,由格物、致知而进于正心、诚意、修身、齐家直至治国、平天下,走的是先致知进学再用敬涵养的理路。因此,朱熹用"小学"来弥补这一缺陷,朱熹认为,童蒙的洒扫应对进退等小学工夫,就是从敬的涵养入手,到成人后入大学,便又从穷理致知入手,故"敬已是包得小学"①。因此,在朱熹这里,小学与大学的关系,是教"事"与教"理"的统一,"小学是直理会那事,大学是穷究那理"。这样朱熹不仅把小学与大学统一起来,而且也把用敬与致知统一起来,表明了他在"尊德性而道问学"方面已达到炉火纯青的境界。

二是确定了小学阶段道德教育的任务、内容及教育方法。朱熹认为,"小学"是教育的基础阶段,德育的任务是"教事",即让儿童在日常生活学习中通过具体的行事懂得基本的伦理道德规范,养成文明的行为习惯。他说:"小学是事,如事君、事父、事兄、处友等,只是教他依此规矩去做。"②因此,在小学阶段德育的主要内容是"洒扫、应对、进退之节、爱亲、敬长、隆师、亲友之道"③。

为了实现上述目标,针对小学阶段儿童的"人之幼也,知思未有所主"的认知特点,在教育方法上朱熹主张先入为主,及早施教,认为对儿童进行教育的时候,要形象、生动,以激发学童的兴趣,使之乐于

---

① 黎靖德编:《朱子语类》卷七,第 126 页。
② 黎靖德编:《朱子语类》卷七,第 125 页。
③ 朱熹:《朱文公文集》卷七六,《题小学》,第 3671 页。

接受教育,并主张要通过在日常生活中严格地、持续地对儿童进行道德行为习惯的训练,使他们"积久成熟",然后"自成方圆"完成从开始的不自觉到逐步自觉的转化。为此,朱熹广泛地从经传史籍以及其他论著中采集有关忠君、孝亲、事长、崇节、治家等内容的格言、训诫、故事等,编辑成一本题为《小学》的儿童道德教育教材,它同朱熹另外二部童蒙教材《训蒙绝句》、《童蒙须知》一道,构成了一个完整的小学道德教育内容体系。

第四章

朱熹的道德哲学
及其纲常伦理思想

道德伦理是指人类社会依靠社会舆论、内心信念和传统习惯来维持的，以善恶评价为标准的处理人们之间相互关系应遵循的价值观和行为规范的总和。"道德"的含义是人们遵循的行为准则或规范。"伦理"的含义则有狭义和广义之分，狭义的"伦理"含义与道德的意义相近，是指处理人们相互关系应当遵循的道理和规则，广义的"伦理"是高于"道德"的一级概念（道德是伦理概念下的二级概念），是指道德思想的理论化和系统化。

在我国古代社会意识形态中，伦理道德观念往往与政治、哲学、宗教融合一起，从而也使哲学、宗教具有伦理道德色彩，构成了中国哲学的特点之一。

朱熹对道德作了这样的规定："至德至道。道者，人之所共由；德者，己之所独得。"①可见，道是人人所共同必由的道路，即共同遵守的原则；德便是"明得此理，得之于身，斯谓据于德"②。即每个人都要明白其所共同遵守的原则，而去践行。对于道德所蕴涵的内涵，朱熹进一步解释说："道者，古今共由之理，如父之慈、子之孝、君仁臣

---

① 黎靖德编：《朱子语类》卷六，第 101 页。
② 黎靖德编：《朱子语类》卷三四，第 865 页。

忠,是一个共公底理。德便是得此道于身,则为君必仁,为臣必忠之类,皆是自有得于已,方解恁地:尧所以修此道而成尧之德,舜所以修此道而成舜之德。"①慈、孝、仁、忠等公共的道理或古今共由之道和必仁、必忠之德,是谓伦理道德。朱熹对道德的规定既包括了人们普遍认可的"人之所共"的道德规范,也包括了这些规范是已转化为人们内心信念的"得之于身"的道德信念。它和我们今天所指的道德概念已十分相近了。

对于中国古代社会来说,道德伦理思想是历久不衰的哲学线索。孔子构建起以仁为核心的思想体系,但是由于受时代和认识的局限,孔子很少从道德伦理的本体论角度来谈论仁,未能为其修己和安人之道提供主客观理论依据。朱熹的道德学说以人伦为基础,将天理、人性、教育结合在一起加以考察,在理一元论哲学的前提下,将儒家的伦理与宇宙本体统一于天理,构建了道德伦理的形而上学,让道德伦理观念具有了本体论的依据。

第一节　朱熹的道德本体论

一、天理论

朱熹哲学逻辑结构的最高范畴是"理",即"天理",又称"太极"。理不仅是宇宙万物的本源,而且是人类社会最高的道德原则。他说:

> 宇宙之间,一理而已。天得之而为天,地得之而为地。而凡生于天地之间者,又各得之以为性……自未始有物之前,以至人消物尽之后,终则复始,始复有终,又未尝有顷刻之或停也。②

朱熹认为,理是永恒的宇宙本体,人与物因其理而各得其性,理涵盖并主宰天、地、人、物,是永恒的,超时空的形上本体。他说:"未

---

①　黎靖德编:《朱子语类》卷一三,第232页。

②　朱熹:《朱文公文集》卷七〇,《读大纪》,第3376页。

有天地之先,毕竟也只是理,有此理,便有此天地;若无此理,便亦无天地,无人无物,都无该载了。"①

二、理一分殊说

朱熹在其天理论的前提上,进而提出了"理一分殊"的命题,以此来概括一理与万物、一理与万理的关系。所谓理一分殊,即指天理只有一个,而天理存在于万事万物之中,通过分殊之万物表现出来。可见"万物皆有此理,理皆同出一原。……物物各具此理,而物物各异其用,然莫非一理之流行也"②。在朱熹看来,理是原、是本、是体,万物是末、是用、是发见。理既是宇宙本体而主宰万物,又是宇宙本原而派生万物。

此外,朱熹还把理与万物的规律联系起来,认为理又是物"则",事事物物皆各有其"则",即具有事物的准则、规律。朱熹指出:"天之生物……是虽其分之殊,而其理则未偿不同;但以其分之殊,则其理之在是者不能不异。"③可见,各个万物都具有本体之理与规律之理的两重属性。朱熹还认为,对于事物的规律之理,人们只能顺应,不能违背,正所谓"因是有理,如舟只可行于水,车只可行之于陆"④。朱熹还说:

> 水之润下,火之炎上,金之从革,木之曲直,土之稼穑,一一都有性,都有理。人若用之,又著顺它理,始得,若把金来削木做木用,把木来熔做金用,便无此理。⑤

可见,朱熹认为,本体之理与规律之理的区分不仅表现在一理与万理的关系上,而且万物之理也是本体之理与规律的统一。这就为

---

① 黎靖德编:《朱子语类》卷一,第 1 页。
② 黎靖德编:《朱子语类》卷一八,第 398 页。
③ 朱熹:《朱文公文集》卷五九,《答余方叔》,第 3067 页。
④ 黎靖德编:《朱子语类》卷四一,第 61 页。
⑤ 黎靖德编:《朱子语类》卷九七,第 2484 页。

朱熹的格物致知论奠定了理论基础。朱熹认为,"格物只是穷理,物格即是理明"①。朱熹不仅以客观有形的自然物为物,还以社会现象和道德人伦为物,而且认为人伦是最为重要的物,因此他把格物穷理的重点放在认识儒家伦理上。所以"格物穷理"既是道德认识的必由阶段,也是道德教化最终目的——"复明天赋之理"的必由之路。

三、仁义礼智便是天理之件数

在天理论和理一分殊思想的基础上,朱熹把儒学所倡导的仁义礼智等伦理道德统一于天理,认为仁义礼智合而言之,是天理之总和,分而言之,则是组成天理的数件,他说:

> 天理既浑然,然所谓之理,则便是个有条理底名字。故其中所谓仁义礼智四者,合下便各有一个道理,不相混杂。以其未发,莫见端绪,不可以一理名,是以谓之浑然。非是浑然里面都无分别,而仁义礼智都是后来旋次生出四件有形有状之物也。便知天理只是仁义礼智之总名,仁义礼智便是天理之件数。②

可见,天理浑然是总称,仁义礼智是分名,是天理中的具体条理,天理与仁义礼智是整体与局部的关系。在这里,朱熹对仁义礼智等儒家道德伦理的理解和阐述,已不满于道德伦理在日常生活中的辅助性作用和服从性地位,而是在关注社会人生的基础上,站在宇宙本体的角度来审视道德伦理。在这里,我们还可以清楚地看到,朱熹正是通过这种由"理"至道德"伦理"再到"理"的哲学逻辑结构的构建,在赋予了道德伦理观念有了本体论的哲学依据的同时,也为儒家道德伦理的永恒存在及其合理性提供了所以然之故与当然之则。

综上所述,"理"不仅是宇宙万物的本源,而且是事物的特殊规律,还是仁义礼智的总称。在朱熹的天理论中已将宇宙界与人生界彻底打通,并在其理一元论哲学的前提下,构建了道德伦理的形而上

---

① 朱熹:《朱文公文集》卷三〇,《答汪尚书》书三,第1298页。
② 朱熹:《朱文公文集》卷四〇,《答何叔京》书二十八,第1838页。

学,让道德伦理观念具有了本体论的依据,为儒家伦理道德的永恒存在,提供了客观必然性的证明。朱熹的道德本体论也是其道德教育思想产生的基石,它是我们研究朱熹全部道德教育及其模式构造的逻辑起点。

第二节　朱熹道德伦理哲学的几对主要范畴

道德哲学的研究范畴与伦理学相近,都是对善恶、对错、仁爱、正义、智慧、诚信等范畴进行系统的研究。朱熹理学思想作为中国封建社会后期官方统治思想,其道德哲学无不渗透到社会伦理的方方面面。其内容是十分丰富的,而要对朱熹的道德伦理思想的主要范畴和内容作一个概括性的表述,则应包括其关于理欲、义利、善恶三个主要观念的范畴与三纲五常的基本道德原则和规范。

一、天理与人欲

理与欲的问题,是伦理道德与物质欲望之间的关系问题。朱熹总结以往诸家有关理、欲之争的得失,融会贯通儒家的理、欲观,阐发了明天理、灭人欲的主张。朱熹说:

> 孔子所谓"克己复礼";《中庸》所谓"致中性,尊德性,道问学";《大学》所谓"明明德";《书》曰:"人心惟危,道心惟微,惟精惟一,允执厥中。"圣贤千言万语,只是教人明天理,灭人欲。①

在这里,朱熹虽然是将天理与人欲既作为其道德规范论中的一对基本内容范畴,又作为道德教育,道德修养过程中的互相制约的两个方面,其中一方的削弱也就是另一方的增强。正如朱熹所云:"克服那一分人欲去,便复得这一分天理来;克服那二分欲去,便复行这二分理来。"②

---

① 黎靖德编:《朱子语类》卷一二,第 207 页。
② 黎靖德编:《朱子语类》卷四一,第 1047 页。

朱熹的所谓"天理"概而言之，"浑然天理便是仁"①。分而言之，仁、义、礼、智均是天理。朱熹说："所谓天理，复是何物；仁、义、礼、智岂不是天理？君臣、父子、兄弟、夫妇、朋友岂不是天理。"②可见，天理不仅表现为仁、义、理、智四德，而且体现为父慈子孝、弟悌、夫妇敬等人伦关系。朱熹认为，这种"天理"是"至善"的，是人的本性。

"人欲"，又作"私欲"，它在朱熹那里是个专门概念，是指不正当、不好的"欲"，它与一般的"欲"是有区别的。在朱熹看来，"欲"是人们的要求和欲望，其中包括物质生活的欲求，如"饥而欲食，渴而欲饮"③，这是不能消灭的。朱熹所谓"不好"的"欲"即"人欲"。他说："人欲者，此心之疾疢，循之则其心私而且邪。"④也就是说，心有毛病，循此而去，其心就私，就邪。朱熹进而说人欲是恶底心。"众人物欲昏蔽，便是恶底心。"⑤它与正当"好底"、"欲"不同，它是违背"天理"的，属于该"灭"之列。至于正当的，"好"的"欲"，合符"天理"，则应当保护。朱熹说："饮食者，天理也；要求美味，人欲也。"⑥

朱熹的天理与人欲论是其心性论的延伸。人之"性"即天理。朱熹说：

> 性者，人之所得于天理也。生者，人之所得于天地之气也。性，形而上者也；气，形而下者也。人物之生，莫不有是性，亦莫不有是气。……以理言之，则仁义礼智之禀，岂物之所得而全哉！此人之性所以无不善，而为万物之灵也。⑦

在此基础上，朱熹认为人之心，也有天理与人欲。朱熹说：

> 心之所主，又有天理人欲之异。二者一分，而公私邪正之涂

---

① 黎靖德编：《朱子语类》卷二八，第710页。
② 朱熹：《朱文公文集》卷五九，《答吴斗南》，第2837页。
③ 黎靖德编：《朱子语类》卷九四，第2414页。
④ 朱熹：《朱文公文集》卷一三，《辛丑延和奏札二》，第639页。
⑤ 黎靖德编：《朱子语类》卷七一，第1795页。
⑥ 黎靖德编：《朱子语类》卷一三，第224页。
⑦ 朱熹：《孟子集注》卷一一，《告子章句上》，朱熹：《四书章句集注》。

判矣。盖天理者,此心之本然,循之则其心公而且正;人欲者,此心之疾疢,循之则其心私而且邪。公而正者,逸而日休;私而邪者,劳而日拙。[1]

由此朱熹推导出"天理"与"人欲"是相反相成的。他举例说:

问:"善恶皆天理如何?"此只是指其过处言,如恻隐之心仁之端,本是善,才过便至于姑息;羞恶之心义之端,本是善,才过便至于残忍。[2]

这里的"才过"指"不当",便是"过与不及"。同样,朱熹把"人欲"看成是"恻隐""羞恶"的反面。如人之残忍,其反面便是恻隐;如放火杀人,可谓至恶,若把那去炊饭,杀其人之所当杀,还是天理,可见,朱熹认为,"天理"与"人欲"是相反相成的,相互依存,共同处在一个统一体中的。因此他说:"人之一心,天理存则人欲亡,人欲胜则天理灭。"[3]儒家所谓"克己复礼"的过程,就是"革尽人欲,复尽天理"[4]的工夫。"明天理,灭人欲"就成了理学家道德修养的共同纲领,当然也是朱熹伦理学说的归宿。

二、义与利

义与利关系,是伦理道德哲学的价值观念。义利之辨是和天理与人欲之辨相联系的一对道德价值范畴。朱熹说:

仁义根于人心之固有,天理之公也;利心生于物我之相形,人欲之私也。循天理,则不求利而自无不利;徇人欲,则求利未得而害已随之。所谓毫厘之差,千里之谬。此孟子之书所以造端托始之深意,学者所宜精察而明辨也。……惟仁义则不求利,

---

①　朱熹:《朱文公文集》卷一三,《延和奏劄二》,第639页。

②　黎靖德编:《朱子语类》卷九七,《告子下》,第2487页。

③　黎靖德编:《朱子语类》卷一三,《力行》,第224页。

④　黎靖德编:《朱子语类》卷一三,第225页。

而未尝不利也。①

"义"是先天固有的心，属于"天理"之公；"利"出于物我的相互比较，是后天的，属于"人欲"之私。若遵循"天理"，不求"利"而无不"利"；循人欲，求"利"不得反而害了自己。这就是说，近求"利"要按义（即天理）办理。

关于"义"，朱熹曾作这样的规定：即义是天理之所宜，义是心之利。

义是天理之所宜。"义者，天理之所宜。"②朱熹进而解释说："义者，宜也。君子见得这事合当如此，却那事合当如彼，但裁处其宜而为之，则何不利之有。君子只理会义，下一截利处更不理会。"③可见，"宜"是说"合当如此"，就是"当做"。"天理之所宜"便是"天理"所当做的，合乎"义"的。他接着举例说："如今做官，须是惩地廉勤。自君子为之，只是制道做官合著如此。自小人为之，他只道如此做，可以得人说好，可以求知于人，做官应当廉勤，这便合乎'天理'之所宜。"朱熹认为，"天理之所宜"与"义者宜之理"两者没有本质差别，只是表达方式不同而已。

义是心之制。朱熹说"义者，心之制，事之宜也。"④什么是"心之制"？朱熹说："心之制，都是说义之本。"这就是说制约义的心，是义的本体。"事之宜虽若在外，然所以制义，则在心也。"⑤所以裁制义的心在内而不在外。如果"人人得其本心以制万事，无一不合宜者，夫何难而不济"⑥。否则便会亡国灭身。

总之，朱熹认为，义是"天理之所宜"，是"心之制"。它是"根于人

①　朱熹：《孟子集注》卷一一，《梁惠王章句上》，朱熹：《四书章句集注》。
②　朱熹：《论语集注》卷二，《里仁》，朱熹：《四书章句集注》。
③　黎靖德编：《朱子语类》卷二七，第702页。
④　朱熹：《孟子集注》卷一一，《梁惠王章句上》，朱熹：《四书章句集注》。
⑤　黎靖德编：《朱子语类》卷五一，第1220页。
⑥　朱熹：《朱文公文集》卷七五，《送张仲隆序》，第2623页。

心之固有"①。即仁、义、之心；它是君子所具有的，小人往往不具备的。

关于利，在朱熹看来，利是人性之所私欲。"利者，人性之所欲。"②即"口鼻耳目四支之欲"，此欲与人心相当，不是全不好，但只计较人性之欲，计较利，就不好。朱熹反复讲了这样观点，"小人只理会下一截利，更不理念上一截义。盖是君子之心，虑明洞彻，见得义分明，小人只管计较利，虽然毫底利也自理会得"。此利就不顾义理了。"且如有白金遗道中，君子过之曰：'此他人物，不可妄取。'小人过之，则便以为利而取之矣。"③君子讲义，不当得就不取，小人不管当或不当，取之为利，这便是应当与不应当的道德价值原则。

朱熹认为，利之所以是人欲之私，是由气禀决定的。气禀中原来就有恶浊的，所以便有"人欲之私"。但朱熹的义利观对儒家的传统重义轻利思想还是有所修正的，朱熹说："将天下正大底道理去处置事，便公；以自家私意去处之，便私。"④这说明，朱熹的义利观有两个方面的内容，一方面，作为每一个人的道德修养来讲，应该重义轻利，另一方面，作为政府和地方官吏，应该实行奖励生产，开荒救灾，鼓励民生及增加国家和地方财政收入等措施，又要讲利，两者不能混为一谈。朱熹在其从政的实践中，为"公"，为灾民就做过许多争"利"的事情，可见，义利之别"只是为已为人之分"，如为己，就是人欲之私；为人，就是天理之公。

朱熹力辨"义利"之别，是为了"自天子以至于庶人，人人皆得其本心以制万事"⑤。要人们不去追求不合当得的物质利益，去掉对不合当得而得的种种物质，精神的奢求，这样就能达到人际和谐，社会

---

① 黎靖德编：《朱子语类》卷一三，第 228 页。
② 朱熹：《论语集注》卷二，《里仁》，朱熹：《四书章句集注》。
③ 黎靖德编：《朱子语类》卷二七，第 702 页。
④ 黎靖德编：《朱子语类》卷一三，第 228 页。
⑤ 朱熹：《朱文公文集》卷七五，《送给仲隆序》，第 3623 页。

安定之理想状态。

三、善与恶

善恶问题是道德哲学研究的首要问题。朱熹理学中的理、气、性、命、心、仁等核心概念都包含对善恶的讨论。从理论意义上说，中国传统的善恶观，大致可以归纳为性善说、性恶说、性无善无恶说等，这些善恶学说普遍是从社会道德的视角来讨论善恶，鲜少涉及善恶自身的问题。朱熹的善恶观主张从宇宙本体论角度看善与恶的问题，全面具体地论述了善恶的来源以及善与恶的关系。同时，朱熹也从传统的心性论伦理角度看善与恶的问题，辩明心性善恶之间的关系。对朱熹的善恶观我们可以从以下方面来分析与认识：

首先，在善与恶的来源上，朱熹以本体论论述了善和恶的来源。朱熹秉承二程"善恶皆天理"的观点，把其理学核心概念"理"作为善与恶的共同来源。这就从宇宙本体上解决了善恶自身的生成问题。朱熹认为，"理"或称"太极"是宇宙的本体，是先于一切事物的最高存在，从中产生了阴阳二气变化而化生天地万物。理为宇宙本体，气为构成万物的材料。"有理，便有气流行，发育万物"①，"言物则气与理皆在其中"②。理离不开气，是指理不是孤立悬空存在的，它须通过气得以表现；气离不开理，是指气化生物的根源和主宰是理，气生物是以理为根据的。这就是"理"与"气"的关系，在善恶关系上理无有不善，然气有清浊。朱熹说："太极只是个一而无对者。"又说："本然之性，固浑然至善不与恶对。"③可见本源之善乃是纯然至善不与恶对，及至有恶生出乃与善相对。恶并非生而有之，乃善之亏欠处。天下善恶皆天理，恶者本非恶，造化天理中直接宣得的皆为善，但或过或不及便成了恶。在这里，朱熹从宇宙本体论角度论善恶，指出善恶

---

① 黎靖德编：《朱子语类》卷一，第 1 页。
② 黎靖德编：《朱子语类》卷六八，第 1690 页。
③ 黎靖德编：《朱子语类》卷一〇〇，第 2549 页。

之起因皆由理,理是万物统一源头,即至善之本体。恶是在善之后由于有所偏差产生出来的,并与善相对。善恶各自生成后相对存在于事物中,故善恶相对,这也是事物保持自身相对稳定状态的原因。

其次,朱熹承袭并发展程子"性气两分"的思想,从心性论角度看待善恶,明确提出了"气质之性"与"天命之性"学说,对其善恶之来源进行了完备的论述。

朱熹是从宇宙观的"理气"之辨推演到人性论的,朱熹认为天命之性是善的,体现在事物中无差别,而万物之不同是由于气质之性。朱熹道:"性与气皆出于天。性只是理,气则已属于形象。性之善,各人所同,气便有不齐处。"①这就是说,天命之性和气质之性都源于天,就像理气的关系一样,天命之性是本质的体现,本质的善都是相同的。气质之性就属于事物各自形象显现,就像气各有不齐备的,所以表现各异。如果禀得气清明者,这理只在其中,禀得气昏浊者,这理亦只在其中,只是被浑浊之气遮蔽了。在善恶问题上,朱熹使用这二分法,由此引出"气禀"的说法论证了善和善恶之来源。

最后,朱熹的善恶观为其道德教化思想提供了理论依据。朱熹善恶观认为宇宙本源之天理乃是至善无恶的,至善乃是世界本源的存在状态,这就为教化实践活动提供了客观的可能性。朱熹的善恶观中重视人的作用,尤其是阐释了人在对善恶的辨别和选择方面所具有的能动作用,面对善恶人并非无能为力而是大有可为的,人能够通过提高自身的修养而达到至善的圣人之境,即所谓"人皆可为尧舜"。这一认识,也为其教化哲学提供了主观的能动因素。同时,朱熹还为人们设定了一套求圣求善的方法,如格物致知,致知力行,变化气质等。总之,从性理方面的哲学理论来说,天理就是要通过个人的修养变化气质,克服"气质之性"带来的不善因素,恢复天命之性的本然至善。

---

① 黎靖德编:《朱子语类》卷五九,第 1387 页。

第三节　朱熹的伦理道德纲常思想

　　君仁、臣敬、父慈、子孝、民信,这是孔孟以来儒家道德规范论的核心思想,被西汉董仲舒在其《春秋繁露·深察名号》中概括为"三纲五纪(常)",并予初步的神学论证。三纲五常作为维护宗法等级秩序的重要支柱,亦是宗法社会最基本的伦理道德原则。朱熹则把"三纲五纪(常)"与天理相连接并把其纳入"天理"的轨道,他说:"三纲五常,礼之大体,三代相继,皆因之而不能变。"①这是从内容上说三纲五常源远流长,这是其一。其二,朱熹把"三纲五常"纳入天理轨道和范畴,他说:"其张之为三纲,其纪之为五常,盖皆此理之流行,无所适而不在。"②这就从哲学形而上的高度论证了这一封建纲常伦理的超时空的道德绝对主义性质,天理在人类社会就体现为"三纲五常"。

一、三纲

　　三纲,朱熹解释说:"纲,网上大绳也。三纲者,君为臣纲,父为子纲,夫为妻纲。"③与此相适应的便是忠、孝、节等伦理道德规范。这是儒家伦理纲领五伦的集中体现,儒家伦理纲常是君臣、父子、夫妇、兄弟、朋友五伦,在五伦中,君臣、父子、夫妇三伦最为重要,称为"三纲"。

(一)"君为臣纲"——忠

　　忠,乃"三纲"之首。国君是宗法社会利益最集中的代表,有最高的权力并具有最大的权威。作为臣子必须绝对服从国君,恪守"忠"

---

①　朱熹:《论语集注》卷二,《为政》,朱熹:《四书章句集注》。
②　朱熹:《朱文公文集》卷七〇,《读大纪》,第 3376 页。
③　周敦颐:《周子全书》卷九,《通书·乐上解》,另见朱熹:《论语集注》卷二,《为政》,朱熹:《四书章句集注》。

的道德规范。国君向全国派出官吏，代表他进行统治，所以"州县之官，皆奉行朝廷政令。今既不然，抗拒州县，便是不遵王法，不畏朝廷"①。可见，"王法"和"朝廷"都以皇帝为代表，州县之官亦是皇帝的代表，是不能不遵不畏的。这也就从中央到地方构成了王权的政权机构。

何谓之"忠"，朱熹说："尽已之心而无隐，所谓忠也。"②就是对上要竭尽心意，毫无隐瞒，去尽一切"私欲"，去尽忠皇帝。朱熹又说："忠者，诚实不欺之名。""众人只是朴实头不欺瞒人，亦谓之忠。"③可见，忠又是朴实无欺。事君忠，事父孝，臣民对于君主，犹如儿子对于父亲，儿子不能计较父亲的直与不直，臣民不能计较君主的好坏，即使遇到了昏君，做臣民的也只有像文王那样去尽忠道。这种尽忠乃至于愚忠的要求，是朱熹那个时代封建集权政治高压状况下的一种社会认同，带有强制的性质。

值得注意的是，朱熹讲"忠"除了"臣事君以忠"外，还强调"君使臣以礼"。他说：

为君当知为君之道，不可不使臣以礼，为臣当尽为臣之道，不可不事君以忠。君臣上下，两尽其道，天下其有不治者哉！④

这里明显地包含着君臣双方是一种对应关系，并非单独要求臣民对君主的绝对服从。臣要对君尽忠，君也要对臣有礼，"君臣上下，两尽其道"，方能达到天下大治。联系朱熹一贯主张"正君心"，认为"天下事有大根本，有小根本。正君心是大本"⑤，要治理好国家，正君心是大本。这是很有实际意义的。

把忠君的道德行为规范推而广之，安放在事物上，就叫做恕。

① 朱熹：《朱文公文集》卷一〇〇，《龙岩县劝谕榜》，第4628页。
② 《论语或问》卷一。
③ 黎靖德编：《朱子语类》卷二一，第487页。
④ 黎靖德编：《朱子语类》卷二五，第625页。
⑤ 黎靖德编：《朱子语类》卷一〇八，第2678页。

"尽己为忠,推己为恕。"①"推己及人为恕。"②

可见,忠恕是相互连接的,既可说"恕由忠生"。人们真的做到了忠恕,就达到仁的道德境界,"合忠恕正是仁"。

(二)"父为子纲"——孝

就家庭而言,父是一家之主,居于最高的地位,作为子女的必须遵守"孝"的道德规范。何谓"孝",朱熹将其规定为:一是"善事父母为孝"。如何善事?他说:"父在,子不得自主。"必须听从父亲的安排,同时父母在,不远游,应当跬步不忘亲爱,行每日问安之礼。二是父没,"三年无改于父之道,乃见其孝。不然,则所虽善,亦不得为孝矣"③。此便是善事父母为孝。但朱熹并不主张愚孝。他还指出"父母有过,下气,怡色,柔声以谏也"。④

与孝相联系的是悌。所谓悌,朱熹规定为"善事兄长为弟"就是说做弟弟的要好事兄长,服从兄长。

朱熹讲"父为子纲"的目的,是基于家庭是构成国家的最基本的细胞,"人能孝弟,则其心和顺,少好犯上,必不好作乱也"⑤。

(三)"夫为妻纲"——节

夫为妻纲乃是三纲的重要内容,朱熹认为,做妻子的要服从丈夫,从一而终,不受第三者引诱,遵守"节"的道德要求。朱熹说:"盖闻人之大伦,夫妇居一,三纲之首,理不可废。是以先王之世,男各有分,女各有归,有媒有聘,以相配偶。是以男正乎外,女正乎内,身修家齐,风俗严整,嗣续分明,人心平和,百物顺治。"⑥

总之,朱熹倡导的三纲以及与之相适应的"忠恕"、"孝"、"节"等

---

① 黎靖德编:《朱子语类》卷二七,第 671 页。
② 朱熹:《中庸章句》,朱熹:《四书章句集注》。
③ 朱熹:《论语集注》卷一,《学而》,朱熹:《四书章句集注》。
④ 朱熹:《论语集注》卷二,《里仁》,朱熹:《四书章句集注》。
⑤ 朱熹:《论语集注》卷一,《学而》,朱熹:《四书章句集注》。
⑥ 朱熹:《朱文公文集》卷一〇〇,《劝女道还俗榜》,第 4618 页。

伦理道德关系,是封建宗法社会最基本的伦理道德规范,他把"父子之亲,君臣之义,夫妇之别"作为社会一切人伦关系的核心,并将其纳入"天理"的轨道并予以哲学形而上的论证,其目的,就是说明"纲常千万年,磨灭不得",以维护宗法社会的等级制度的秩序与关系。

二、五常

朱熹不仅宣扬"三纲",而且还倡导"五常",即仁、义、礼、智、信等德目,以此作为人与人之间关系的伦理道德准则,用以调整人与人、人与社会、人与国家之间的关系。

(一)仁

朱熹论仁,最大的特点是把"仁"上升到宇宙本体的角度,将仁的涵义由心性论延伸至宇宙论,且又将仁的宇宙本体论的涵义融入心性道德的诠释中,并对仁的内涵与外延进行了详尽的分析。从仁之内涵分析,朱熹认为仁者乃天地生物之心,仁者乃爱之理,心之德。可见,仁有三方面的意蕴:

一是仁乃天地生物之心,这就从形而上学本体地位上构建了仁学的思想体系。朱熹引用程先生之言:"仁者,天地生物之心。"[1]天地之所以能生养万物,就是因为天地有生养万物之心,万事万物便是这天地生养之心化生显示的结果。他说:"要识仁之意思,是一个浑然温和之气,其气则天地阳春之气,其理则天地生物之心。"[2]朱熹以"生"说"仁",实是说明万物的生气,生理本身就是天地仁爱和至善的体现。这就使"仁"不仅是基于内心情感体验的道德践履,而且使"仁"成为一种普遍的宇宙法则,成为天道之元,是万物资始之端,能发用的本体。因此,它可以作为存在与价值的终极源头,社会生存之"至善"方有了着实处。朱熹的本体论的仁说实为他所处的那个价值混乱与精神迷失的社会重建起了儒家的理想与信仰。

---

① 黎靖德编:《朱子语类》卷五,第 85 页。
② 黎靖德编:《朱子语类》卷六,第 111 页。

二是仁乃爱之理。朱熹说："仁者,爱之理,心之德也。"①所谓"仁者,爱之理",是说"仁"是本质,"爱"是它的表现,即"仁是体,爱是用"的意思。对此,朱熹曾解释说："仁者爱之理。理是根,爱是苗。仁之爱如糖之甜,醋之酸,爱是那滋味。"②在这里,朱熹把"仁"和"爱"统一了起来,把"仁"作为"爱"的性质的规定者,反对离开"仁"而言"爱",从社会意义上说,也就是反对离开了维护封建等级制度这个根本而泛言"爱"。

三是"仁者,心之德"? 这里的德是得之于心的"德",换句话说就是得之于心的爱之理。朱熹认为"理"和"德"是既有联系又有区别的,"存之于中谓理,得之于心谓德","德者,己之所独得"③。所以朱熹说："仁者,只是吾心之正理。"④又说："仁者,本心之全德,若本然天理之良心,存而不失,则所作为,自有序而和。"⑤这就是说,作为"心之德"的"仁",不仅使伦理上达为"天理",而且作为道德"良心"又是人们向善的原动力。人们只要"存而不失",其行为便能合乎封建道德"有序而和"了。

总而言之,朱熹关于"仁"的定义大致是："仁"是人心之根本德性,这种德性是人心固有的"天理",而"天理"的本性是"常流行生生不息"的,故也可称之为"生理"或"天地生物之心"。这种"生理"之实质是"爱",所以又称为"爱之理"。因此,作为人心根本德性的"仁",发而为情,即是"爱"。朱熹对"仁"作出这种新的理论概括,使"仁"不仅在事实上,而且在理论上成了儒家伦理学说的中心。朱熹正是从"仁"是"天地生物之心"出发,说明"义、礼、智都是仁",并认为"五常"

---

① 朱熹:《论语集注》卷一,《学而》,朱熹:《四书章句集注》。
② 黎靖德编:《朱子语类》卷二〇,第 464 页。
③ 黎靖德编:《朱子语类》卷六,第 101 页。
④ 黎靖德编:《朱子语类》卷四五,第 1152 页。
⑤ 黎靖德编:《朱子语类》卷二五,第 606 页。

之中的那个"大大底仁"可以"包得义、礼、智、信"。① 这就是仁之外延。

朱熹对义、礼、智、信也作了规定。

(二)义

"义"是儒家倡导的基本道德规范。朱熹说:"义者,天理之所宜。"② 又指出义为"心之制",他说:"心之制,却说是义之体……事之宜虽若在外,然所以制其义者,则在心也。"③ 可见,"义"首先是做当做的事,做合乎天理的事,而人们之所以能使事"得其宜"关键不在外面而在与人的内心,即在内心体认了仁的基础上按仁的伦理道德规范去做,就适宜,就是义。

(三)礼

"礼"在中国古代泛指一切典章制度和行为规范,朱熹说:"礼者,天理之节文,人事之仪则也。"④ 朱熹认为,礼有两层含义:一是作为天理之节文,即"礼即理也",具有形而上学意义。朱熹说:"礼是那天地自然之理。理会得时,繁文末节皆在其中。'礼仪三百,威仪三千',却只是这个道理。"⑤ 在朱熹看来,"礼"实质是天理的呈现。二是作为人事之仪则,具有伦理道德规范的意义。为此,朱熹主张复礼工夫,"克己复礼",操存持守,笃行践履。

(四)智

"智"是儒家思想的核心范畴之一,朱熹认为,智是天理的内涵,又是一种能力,也是一种境界。朱熹说:"知(智),犹识也。"⑥ 就是认识、知识、智慧。在朱熹看来,"圣人以仁智勇为德。聪明便是智,强

---

① 黎靖德编:《朱子语类》卷六,第 112 页。
② 朱熹:《四书章句集注》,第 73 页。
③ 黎靖德编:《朱子语类》卷五一,第 1219 页。
④ 朱熹:《论语集注》卷一,《学而》,朱熹:《四书章句集注》。
⑤ 黎靖德编:《朱子语类》卷四一,第 1049 页。
⑥ 朱熹:《大学章句》,朱熹:《四书章句集注》。

毅便是勇"①。智是圣的内涵,而要达到智,则必须从孝开始,重视学习,分清是非,亦是说智只能从自己的刻苦学习得到。并且只有明辨了是非,才是真正的智者。

(五)信

"信"在古代最初指祭祀上天和先祖时诚实不欺,后来逐渐摆脱了宗教色彩,成为儒家经世致用的道德规范。在朱熹道德观中,"信"是具有基础性地位的重要道德规范之一。朱熹说:"信便是真个有仁义礼智,不是假,谓之信。"②朱熹曾举"爱亲"为例,说明仁义礼智信的涵义与关系,他说:"以爱亲而言,则为仁之本也;其顺乎亲,则为义之本也;其敬乎亲,则为礼之本也;其知此者,则为知之本也;其诚此者,则为信之本也。"③可见爱亲是仁,顺乎亲是义,敬乎亲是礼,知道爱亲是智,诚实于爱亲是信。在朱熹对信的解释中,常把"信"与"诚"、"忠"连用为"诚信"、"忠信"。朱熹并且把信提升到了信是立人之本,交友之道和为政之道的高度加以认识。总的来讲,朱熹"信"的核心内涵是指"信"是出自内心的一种忠诚、信实,是真实无妄,诚实不欺,其基本要求是指言行不悖,信守诺言。

三、五伦

朱熹基于对上述"三纲五常"基本道德伦理范畴和德目的考察分析,还把与三纲五常相适应的社会的人伦关系,归纳为五伦。朱熹说:"愚谓圣人之言道曰,君臣也,父子也,夫妇也,昆弟也,朋友之交也。"④又说:"父子有亲,君臣有义,夫妇有别,长幼有序,朋友有信,此人之大伦也。"⑤朱熹认为五伦也就是圣人所规定的名位等级。

---

① 黎靖德编:《朱子语类》卷一三四,第 3206 页。
② 黎靖德编:《朱子语类》卷二〇,第 476 页。
③ 朱熹:《论语或问》卷一。
④ 朱熹:《朱文公文集》卷七二,《杂学辨》,第 3471 页。
⑤ 朱熹:《仪礼经传通解》卷九。

"五品:父子、君臣、夫妇、长幼、朋友五者之名位等级也。"①朱熹这里的所谓名位等级,是指人生来就安排好的,人们既不能改变也不能逾越的这种关系到人的"大伦"的名位等级。朱熹说:"自天之生此民……叙之以君臣、父子、兄弟、夫妇、朋友之伦,则天下之理,因已无不具于一人之身矣。"②也就是说,上述五伦的名位等级关系是为天所命,而仁、敬、孝、慈、信等调整五伦之间关系的道德准则,也是为天所命,人生固有的,不是后天的和人为的。

与五伦相应的亲、义、别、序、信,便是五伦之理。朱熹说:"犹君臣、父子、夫妇、长幼、朋友,有此五者,而实理寓焉。"③这里说的"实理",便是父子有亲、君臣有义、夫妇有别、长幼有序、朋友有信,即五伦之理。朱熹还认为:"五者之理,出于人心之本然,非有强而后能者。"④这也就是说此"五伦之理",为人所固有,人心之本然,而非后来所强为之的。

朱熹认为,虽然五伦和五伦之理是天之所命,人心所固有,但由于人的气禀所偏,人欲所昏,这种所固有的伦理,就被蒙蔽了,而显现不出来,因此需要教育人们,启迪其固有的伦理之心。他说:"古先圣王为是之故,立学校以教其民……必使天下之人,皆有以不失其性,不乱其伦而后已焉。"⑤

圣人设官,教育人们,既不使人失掉仁、义、礼、智之性,也使人不乱人伦天理,这也正是朱熹强调道德教化的理论依据。

在朱熹看来,在五伦之中,最根本的是君臣、父子两伦,仁、义二理。"君臣、父子之大伦,天之理,地之义而所谓民彝也。"⑥臣忠于其

① 朱熹:《朱文公文集》卷六五,《杂著·尚书·舜典》,第3170页。
② 朱熹:《朱文公文集》卷一五,《经筵讲义》,第691页。
③ 黎靖德编:《朱子语类》卷九五,第2422页。
④ 朱熹:《朱文公文集》卷六五,《杂著·尚书·舜典》,第3170页。
⑤ 朱熹:《朱文公文集》卷七七,《南剑州尤溪县学记》,第3719页。
⑥ 朱熹:《朱文公文集》卷七五,《戊午谠议序》,第3618页。

君,子孝于其父,这两伦最重要。因此,在五常中,仁、义二常也最重要。朱熹说:"仁莫大于父子,义莫大于君臣,是谓三纲之要,五常之本,人伦天理之至,无所逃于天地之间。"以父子、君臣为三纲之要,仁、义为五常之本。如若违背伦理,"逆理之涡,将使三纲沦,九法斁,子焉而不知有父,臣焉而不知有君,人心僻违,而天地闭塞"。①这就是说,如子不知有父,臣不知有君,则人心乖违,天下就大乱了。总之,朱熹认为,既然天生斯人,就叙以五伦,而五伦为天所命,是人与生俱有的,故人伦天理,不仅具有普遍性,而且还具有永恒性。任何人都无逃于五伦之间,都要服从和听命于五伦之间道德准则的调整。

第四节　朱熹"和"思想及其"仁爱"和谐观

朱熹要求人们处事要以"和"为纲,他说:"喜、怒、哀、乐,情也,其未发,无所偏倚,故谓之中。发皆中节,情之正也,无所乖戾,故谓之和。"②喜怒哀乐的情感还没有发动时,心是平静而无所偏倚的,这叫中;如果情感发出来合乎节度,无过而无不及,合情合理,这叫情正,这叫和。和之于人际关系,就是人际和谐;和之于社会关系,就是社会和谐;和之于人与自然关系,就是人与自然和谐。可见,朱熹"和"思想及其和谐观,是处理人与人、人与社会、人与自然最基本也是最重要的道德规范。

一、朱熹关于"人"的和谐思想

朱熹的"和"思想是我国传统和谐文化的重要组成部分。它在中国封建社会后期为封建统治者赢得民心、稳定社会、巩固政权、发展经济、繁荣文化起了重要作用。朱熹的政治志向是修身、齐家、治国平天下,追求是圣人之人格。为此,他非常注重"和"。朱熹"和"思

---

① 朱熹:《朱文公文集》卷一三,《癸未垂拱奏札二》,第 633 页。
② 朱熹:《朱文公文集》卷七〇,《读两陈谏议遗墨》,第 3383 页。

想,主要着眼于如下几方面:

一是个人身心和谐、人格和谐。朱熹说:"学者大要立志,才学,便要做圣人是也。"信五德,其身心是和谐的,其志趣是纯洁高尚的;圣人和谐人格的最高境界是"中和"。所以,朱熹主张:人人都要以"修身为本",刻苦修炼,努力成圣,"圣人与我同类",使自己的身心和谐、人格和谐。

二是人际关系和谐、群体社会和谐。朱熹说:"和以处众曰群。"又说:"人和,得民心之和。"人们处世要以"和"为纲,"和为贵"。人格和谐是人际关系和谐、群体和谐的最基本的前提和保障,而人际关系和谐又是人与社会健康发展的必要前提,是人类战胜困难与邪恶的保证,是完成理想大业的必须具备的客观环境。朱熹同孔孟先儒一样也主张"和而不同"、"君子不党",倡导"中和"的和谐辩证观,既主张在"不同"的基础上,宽厚待人,求大同存小异,以德服人。

朱熹认为,要人际关系和谐一致,必须"贵德重礼"和"明职分履道义"。"贵德"是重视伦理道德,加强伦理道德的修养,提升人们的道德素养和人格,人人都是有道德的人;"重礼"是重视礼仪、法律、制度,就是用礼仪、法律、制度来规范、统一人们的言行,人人都讲礼仪、守规矩、讲法律、重秩序,人人都是懂法守法有规矩的人。朱熹在《论语集注》中引程子话说"礼胜则离,故礼之用,和为贵,先王之道以斯为美,而小大由之。乐胜则流,故有所不行者,知和而和,不以礼节之,亦不可行",又引范式话说:"凡礼之体主于敬,而其则以和为贵。敬者,礼之所以立也;和者,乐之所由生也。"又说:"敬与和,亦只是一事。敬则和,和则自然敬。"可见,"贵德"与"重礼"的目的都在于促使人们互相尊敬,求大同而存小异,从而使人与人的关系趋于和谐,进而达到群体社会和谐。"明职分履道义",强调人人都要懂得履行自己的职责与义务,以促进人际关系和谐、群体社会和谐。朱熹说:"为人君,止于仁;为人臣,止于敬;为人子,止于孝;为人父,止于慈;与国人交,止于信。"又说:"为君当知为君之道,不可不使臣以礼;为臣当尽臣之道,不可不事君以忠。君臣上下两尽其道,天下其有不治者哉。"

人人都"贵德重礼",都"明职分履道义",那么人人就都具有了君子心诚之德——中庸。朱熹说:"中庸者惟君子惟能体之,小人反过是。……君子之所以为中庸者,以其有君子之德,而又能随时以处中也。小人之所以反中庸者,以其有小人之心,而又无所忌惮也。……君子知其在我,故能戒谨不睹,恐惧不闻,而无时不中。小人不知有此,则肆欲妄行,而无所忌惮。"贵德重礼,诚实无妄,戒谨处中,则为君子;无德无礼,虚伪妄行,肆无忌惮,则为小人。朱熹教人贵德重礼、明职分履道义、心诚处中而做君子,不要反是而做小人。人人都为君子,人与人的关系能不和谐吗? 群体社会能不和谐吗? 朱熹这些思想,与先前儒家的"和为贵"、"君子和而不同,小人同而不和"、"君子矜而不争,群而不党"的和谐辩证观点是一脉相承的。

二、朱熹关于人与自然和谐、天人和谐的思想

在人与自然的关系上,朱熹强调"天人合一"。朱熹说:"天地万物本吾一体。"又说:"天人本只一理"、"天即人,人即天"。朱熹明确指出:"天人万物一体"、"天人万物一理",天人是合一的。什么是"天人万物一体"、"天人万物一理?"朱熹认为,"中"为天下之大本,"和"为天下之大道。大本为"道之本也",达道为"道之用也"。依次而行,便可"极其中而天地为也"。这就是万物一体、万物一理的道理。如此者,便能天地立、万物育,与天地同参。因此,人们的生产活动就必须遵循天地自然规律,"对人法天"、"天者,理势之当然也"、"顺得这势,尽得这道理。"若不顺天而获罪于天,那必被天惩罚。因此,人类不仅要爱护自然,关爱万物,而且还要不断地调整生产生活方式以适应自然规律,不断承担修复人类破坏了的自然环境的任务,以使生态环境得到平衡。

朱熹说:"'赞天地之化育'。人在天地之中间,虽只是一理,然无人所为,各自为分,人做得底,却有天做不得底。如天能生物,而耕种必用人;水能润物,而灌溉必用人;火能焙物,而薪炊必用人。栽长辅

相,须是人做,非赞助而何?"、"至于尽物,则鸟兽虫鱼,草木动植,皆有以处之,使其各得其宜。"人物各自有分,各得其所,各成其宜。人类馆爱自然万物,遵循自然规律,使人类文化与自然保护和谐统一,人类与自然万物共生共荣,这才真正是人类生存的本质。朱熹说:"天地万物本吾一体。吾之心正,则天地之心亦正;吾之气顺,而天地这气亦顺矣。"天人万物一体、天人万物一理,天即人,人即天,人类就要与自然沟通,我之心正,则天地之心亦正,我之气顺,则天地之气顺,就可保持天人平衡、天人和谐,万物也就生长发育,欣欣向荣。朱熹说:"惟天下至诚,为能尽其性;能尽其性,则能尽人之性;能尽人之性,则能尽物之性;能尽物之性,则可以赞天地之化育,则可以与天地参矣。"

三、朱熹关于人类和睦、世界和谐的思想

朱熹说:"仁者爱之理",人有了仁爱之心,就能"立人"、"达人"即"己欲立而立人,己欲达而达人"。有"仁爱"之心的人,就会讲推己及人,向众人施行仁爱,而且还能宽容待人,与人为善。就会做到朱熹在《中庸章句》中所说的那样:"己之所不欲,则勿以施之于人。"这就是"忠恕"之道。朱熹说:"尽己之谓忠,推己之谓恕。或曰:'中心为忠,如心为恕。'于义亦通。"又说:"问'如心为恕'。曰:如此也比自家心推将去。仁之与恕,只争些子。自然底是仁,比而推之便是恕。"忠,尽心尽力,忠实厚道,忠诚坚定,诚信有加;恕,己心如人心,将心比心,推己及人,对人宽恕。施行"忠恕"之道,宽容待人,于人为善,忠于民众,忠于人类,把仁义爱推向天下之人,使人类和睦、世界和谐,天下太平。

朱熹又说:"中庸者,不偏不倚、无过不及而平常之理,乃天命所当然,精微之极致也","然'中庸'之'中',实兼'中和'之义"。"中"是天下一切情感和道理的根本,"和"是天下一切事物的普遍原则。面对事物的矛盾和道德价值的冲突,采取"中庸"、"中和"的方式来处理,即在坚持根本、坚持原则的基础上,进行平等对话,协商讨论,交

换意见，互相理解，互相宽恕，统一认识，达成共识，使事物向和平和谐的方向发展，即向最好的方向发展。朱熹说："乾道变化，各正性命，保合太和，乃利。"在处理国与国关系上，采用"中庸"、"中和"方式来处理，既坚持了原则又化解了矛盾，使人类处于和睦与友谊之中，国与国和平共处、共同发展、世界和谐、天下太平。

综上所述，我们认为，朱熹的"和"思想包含四个层次：一是个人身心和谐，即人自身和谐。朱熹强调要学做圣人，进行道德修养，使个人的身心和谐、人格和谐。二是人际关系和谐，即人与人和谐。朱熹一向把"贵德重礼"、"明职分履道义"作为人们保持人际关系和谐的崇高道德观念。因为"贵德重礼"、"明职分履道义"能使人们具有君子心诚之德——中庸。人人都是君子，人与人的关系就和谐，社会就自然安定、和谐了。三是人与自然，即人与自然的整体和谐。朱熹强调"万物一体"、"万物一理"和仁者"爱物"，还强调"中和"为万物一体之大本、达道，把"中和"的德行升华为天地万物一理的整体和谐的宇宙观。四是人类和睦、世界和谐。朱熹强调推行"忠恕之道"、"中庸之道"，把仁爱推向所有社会成员，使社会成为"天下为公，选贤与能，诚信修睦"、"人不独亲其亲，不独子其子。使老有所养、壮有所用、幼有所长、鳏寡孤独废疾者皆有所养"的"大同"社会、和谐社会，使世界"百姓昭明，协和万邦"。"保和大和……万国咸宁。"人类和睦、世界和睦、天下太平。这也是梁漱溟先生在《中国文化要义》中说的"中国古人却正有见于人类生命之和谐——人自身是和谐的；人与人是和谐的；以人为中心的整个宇宙是和谐的"。这实质上是提倡以"不同"为前提而保持"多元和谐"的"大和"即"太和"——最高境界的和谐社会、和谐世界的多元和谐观。总之，朱熹"和"思想是把《大学》中的"格物致知，诚意正心，修身齐家，治国平天下"具体化、通俗化，以化民成俗，使孩童、成人、老人、妇女、各种阶级阶层、各色人等在日用言行、起居生活都遵守着一定的道德规范，使社会和谐有序、百姓安居乐业、万物欣欣向荣。所以，朱熹"和"思想是儒家一贯提倡的身心和谐、人际和谐、天人和谐、世界和谐的辩证和谐观，是一种积极有为的"仁爱和谐"观。

第五节　朱熹"诚"思想及其道德价值观

儒学的修身之道："古之欲明明德于天下者,先治其国;欲治其国者,先齐其家;欲齐其家者,先修其身;欲修其身者,先正其心;欲正其心者,先诚其意;欲诚其意者,先致其知;致知在格物。物格而后知至,知至而后意诚,意诚而后心正,心正而后身修,身修而后家齐。家齐而后国治,国治而后天下平。"显然,"诚意"是连接"正心"和"致知"的中间环节。在道德修养中,"致知"是为了"诚意",只有"致知"而后才能"诚意","诚意"又是"正心"的前提。没有"诚意"就无从"正心"。由此可见,缺乏"诚意",修身养性的法链就将断裂,就不能成功。朱熹在淳熙三年(1176 年)曾对自己的治学、治己和治世作过一番反思,他决心在"涵养"上再下功夫,以"尊德性"为本。在"道问学"上克服自身存在的弊病,"敬义夹持,明诚两进"。俾诚知双举。他反复领会并践行程颐的两句至理名言:"涵养须用敬,进学则在致知。"在治学上有了重大的突破,逐渐形成以"理气"说为基础的完整的理学体系。可以说,在"诚"上下大功夫、下实功夫,这是朱子成为一代大儒的关键。他总结治学的经验及其切身的体验,对"诚"也就有了许多精辟的论述。

一、朱熹关于"诚"的思想内涵

朱熹在《大学章句》中对"诚意"作了如下诠释:"诚,实也。意者,心之所发也。""诚意"就是"实其心之所发,欲其一于善而无自欺也"。可见,朱子认为,"诚意"便是要以"诚"使"意"变得亦真亦善。他强调为善必须是一心一意而无半点私心杂念。既不自欺,更不欺人。简言之,"诚"就是诚实无欺的意思。关于"自欺"。朱子说:"自欺云者,知为善以去恶,而心之所发有未实也";"所谓自欺者,非为此人本不欲为善去恶。但此意随发,常有一念在内阻隔住,不放教表里如一,便是自欺"。在现代汉语中,我们常把"诚"与"实"并列为"诚实",即人的言行要和他的内心思想一致,也就是朱子所说的"表里如一","表里如一"便是"不自欺","不自欺"便是"诚"了。故而,朱熹把"诚"比作"真情","既是真情,则发见于外者,亦皆可见。如种麻则生麻,种谷则生谷,此谓'诚于中,形于外'"。这也就是真心实意、表里如一的意思。

　　另外,朱熹还把"自欺"与"自慊"相比较来说明这个道理。他说:"自慊则一,自欺则二。自慊者,外面如此,中心也是如此,表里一般。自欺者,外面如此做,中心其实有些子不愿,外面且要人道好。只此便是二心,诚伪之所由分也。"朱熹还专门对小人的不诚、伪善做了入骨三分的描述:"小人阴为不善,而阳欲掩之。则是非不知善之当为与恶之当去也;但不能实用其力以至此耳。然欲掩其恶而卒不可掩,欲诈为善而卒不可诈,则亦何益之有哉! 此君子所以重以为戒,而必谨其独也。"朱熹认为,小人独处的时候,往往暗地里行不善之事,而在众人面前却想掩盖之。并不是小人不知道为人要行善去恶,只是不尽实力罢了。朱子觉得小人这么做没有任何好处,最终都掩盖不了他们自欺虚伪的内心。但如果我们能做到"诚意",则能"富润屋,德润身,心广体胖",何乐不为呢?

　　关于"诚"和"伪",朱熹又说:"一则诚,杂则伪。只是一个心,便是诚;才有两个心,便是自欺。"可见,"诚"又必须是一心一意的,两心三意便不是"诚",便是"自欺"。例如,朱熹曾对中庸的"智、仁、勇""三达"注释说:"一,则诚而已矣","达德虽人所同得,然一有不诚,则人欲间之,而德非其德矣。程子曰:'所谓诚者,止是诚实此三者,三者之外,更别无诚。'"朱熹又说:"一者,诚也。一有不诚,则是九者(修身也,尊贤也,亲亲也,敬大臣也,体群臣也,子庶民也,来百工也,柔远人也,怀诸侯也)皆为虚文矣。此九经之实也。"所以。朱熹有"一者诚也"之说。

　　关于"诚"与"不诚"、"自慊"与"自欺",朱熹认为它们是相对的,但它们之间的转变往往只是一念之差,"只争这些子毫发之间耳"。

"诚"与"不诚"并不是不可逾越的。由"诚"及"自欺",由"自欺"及"诚"可能只是瞬间的变化,故君子必慎其独。我们特别要注意这个"独"字。朱熹指出:"独者,人所不知而己所独知之地也。"这就是说,要在"独"字上下真功夫、硬功夫,在任何时候、任何地方都应做到独善其身,这才是"诚"。

朱熹在《中庸章句》中对"诚"作了阐发:"诚者,真实无妄之谓。天理之本然也。圣人之德,浑然天理,真实无妄,不待思勉,而从容中道,则亦天之道也。"在此,朱熹把"诚"之"真实无妄"上升为"天理"、"天道",也就是儒家的"至善"、"圣人之德"。这又比他在《大学章句》中对"诚"的解释有所展开,用他的理学观念更深入地阐发了"诚意"。他认为,"诚"亦是"实"也,只不过此"实"是圣人之德之实,圣人无人欲之私,精粗隐显无一丝一毫之不实不尽。只有"诚",方能"止于至善",方能"赞天地之化育",方能"与天地参"。所以,朱熹说:"天地之道。可一言而尽,不过曰'诚'而已";"天地之道,诚一不贰,故能各极其盛。而有下文生物之功"。"诚"则天地山川万物、国家社会才能长久而永不间断。朱熹认为,唯有天下至"诚"的人,才能掌握治理天下的大纲,树立天下的根本道德,知晓天地化育万物的道理。天下至诚则能尽天命之性,去克服气质之性,用"道心"去克服"人心"。"诚"乃真知至善之所在。"诚"与"不诚"具有"天道"与"人道"之别。故朱熹有诚意为自修之首的说法,他强调"诚"是道德修养的重要前提,是"诚身之本"。要求君子当以"诚"为贵,以"诚"为本。可以说"诚"在一个人的伦理道德修养中具有重要的地位和价值。

二、关于"诚"与"敬"、"信"关系

关于"诚"与"敬"的关系。朱熹说:"凡人所以立身行己。应事接物,莫大乎诚敬。诚者何?不自欺不妄之谓也。敬者何?不怠慢不放荡之谓也。今欲作一事,若不立诚以致敬,说这事不妨胡乱做了。做不成又付之无可奈何,这便是不能敬。人面前的是一样,背后又是一样;外面做的事,内心却不然:这个皆不诚也。学者之心,大凡当以

诚敬为主。"朱熹的这段话说明了"诚"与"敬"是既有区别又有联系的。"诚"就是"实"而不说谎,不自欺;"敬"就是"畏"而不敢怠慢,毕恭毕敬,敬畏二字常被连用。然而,"诚"与"敬"又是相互统一的。朱熹之"立诚以致敬"说明若"立诚"便能够"致敬",即"诚"则"敬"。朱熹还说:"敬以直内,义以方外,便是立诚。"意思是说,如果敬能充斥内在的道德品质,义又能成为外在行为的道德规范,那么就能够确立"诚"。在我们的日常生活中,"敬"往往是"诚"的表现,但仅仅表现出"敬"并不能说明已做到了"诚",而应当是"敬义夹持",方为"立诚"。故而,朱熹在讲学中经常是以"诚敬"并举的。

关于"诚"与"信"的关系。朱熹说:"诚是自然的实,信是人做的实。"在朱熹看来,"诚"是"实","信"也是"实",所以"诚"即"信","信"即"诚","诚"与"信"并没有本质的区别。"信,谓诚意恻怛而入信之也。"所以,当朱熹在谈及孟子的"仁、义、礼、智""四端"时,说:"四端不言信者,既有诚心为四端,则信在其中矣。"而早在汉代许慎编撰的《说文解字》中就有"信,诚也"、"诚,信也"之说,诚信二字常被连用。"诚"字从字面上来理解可以说是指人言必成。言成即履行了诚实守信的道德原则和规范。那么,"诚敬"是否是最高的道德规范呢?朱熹还指出了"诚敬"与"义"的关系。他说:"敬有死敬,有活敬。若只守着主一之敬,遇事不济之以义,辨其是非,则不活。""方未有事时,只得说'敬以直内'。若事物之来,当辨别一个是非,不成只管敬去。"儒家视"诚"为"进德修业之本"、"立人之道"和"立政之本"。

三、关于"诚意"与"致知"关系

朱熹对"诚意"和"致知"的关系展开了一番论述。他认为,欲诚其意先致其知,致知而后意诚。不致知则无进德之基。因此,探求"诚意"应与"致知"相联系,必须在"致知"上下功夫。程朱理学认为,通过学习是可以把"气质之性"转变为"天命之性"的,即把"不诚"转变为"诚"。"诚意"和"致知"的关系可以扩展为"尊德性"和"道问学"的关系。朱熹认为,二者都是"修德凝道之大端也",二者是"相资"、

"相应"的。他说："涵养、穷索,二者不可废一,如车两轮,如鸟两翼。""学者功夫,唯在居敬、穷理二事。此二事互相发。能穷理,则居敬功夫日益进;能居敬,则穷理功夫日益密。比如人之两足,左足行,则右足止;右足行,则左足止。"意思是说,"诚敬"和"致知"是相辅相成的。然而,"尊德性,所以存心而极乎道体之大也;道问学,所以致知而尽乎道体之细也",二者有大小之分。应该更加强调"尊德性"的重要性,强调"尊德性"才能促进"道问学"。正是从这种观念出发,朱熹说:"盖非存心无以致知,而存心者又不可以不致知。"朱熹以"尊德性"为本,从而使"道问学"有了突破性的进步;同时,"道问学"的进步又促使他成为一代圣贤。我们应该辩证地看待"诚意"和"致知"的关系。

时隔漫长的 8 个世纪,朱子关于"诚"的上述观点基本上具有超时空性,许多"诚"的思想仍然具有生命力,可为我所学、为我所用。我们应当在批判继承的基础上吸取朱子"诚"的思想精华。

第五章

朱熹道德教育思想的
理论基础和基本内容

　　道德教育就是一定社会有目的地对人们施加道德影响的活动，它是指一定社会依据其道德原则和规范，通过显性或隐性等各种渠道，采用多种方式有目的、有计划、有组织地对人们进行系统的教育，以使受教育者接受具体普遍性的道德原则和规范，并把它们内化为自己的道德理想和道德情操等道德品质，并使之成为人们自觉的意识和行为准则。因此，一定社会的道德伦理要在社会生活中起到调节人们行为的作用，离不开对社会成员的道德教育，而离开了道德教育的道德伦理只能是一纸空文。从这一本质意义上说，道德教育或道德教化才是道德的真正存在方式。

　　道德教育是理学教育的核心，作为宋代理学思想集大成者的朱熹也正是围绕道德教育这一核心而构建了其庞大的教育思想体系的。

　　如前所述，我们在论及朱熹的道德伦理中无论是从形而上的哲学本体角度还是从具体的道德规范和德目中，都无一不涉及了其道德教育的有关问题，这是因为道德伦理本身与其教化过程原本就是同一问题的两个不同侧面，一定社会的道德伦理要在社会生活中起到调节人们行为的作用，离不开对社会成员的道德教育，因此，构成朱熹道德伦理思想的哲学基础，如理本体说、理气论、"理一分殊"等，同样也是朱熹道德教育思想的理论基础和哲学依据。

当然,如果从朱熹道德教育思想的哲学逻辑结构上分析,必须有一个将宇宙本体与道德伦理相联结的中间环节,就这是以"秉彝说"为表现形式的人性论。

第一节　理气论和心性论是构成朱熹道德教育思想的哲学依据和理论基础

一、理气论——朱熹道德教育思想的哲学依据

朱熹哲学逻辑结构的最高范畴是"理",理不仅是宇宙万物的本源,也是人类社会最高的道德原则。朱熹在论宇宙万物本体时,必兼言理气,认为"天地之间,有理有气"。任何具体事物的生成,都要有理,也要有气。理和气从定性和定量两个方面对事物进行规定,两者共同构成事物,缺一不可。理是形而上的道,从根本上决定了一物之所以为此物的类性质。气是形而下的器具,是具有局限性的,构成了一物现实存在的物质材料。"人物之生,必禀此理然后有性,必禀此气然后有形。"①可见,理是生物之本,是看不见的本体,气是构成事物的材料,是有形象可循,是形而下的器。

朱熹认为理与气虽可以分开来说,但并非两体对立,而是一体浑成的。如果非要拆开来分个先后,那么应当说理先而气后,理是无始无终,永恒存在的。"未有天地之先,毕竟先有此理。"气是有限的,短暂的存在,事物也随之生灭变化。而就具体事物来说,天下无无理之气,也无无气之理,理气不可分离也没有先后的差别。"理非别为一物,即存乎是气之中,无是气,则是理亦无挂搭处。"②人们不可离气求理。

———

① 朱熹:《朱文公文集》卷五八,第2755页。
② 黎靖德编:《朱子语类》卷一,第3～4页。

朱熹认为："有理，便有气流行，发育万物。"①气化流行是宇宙生物的实质。"才有此理，便有此气，天下万物万化，何者不出于此理。"②朱熹认为气化流行就是阴阳五行之气伴随天理流行，化育万物。在朱熹看来，气能酝酿、凝聚生物，有活力，有作为，而理只是个形而上的，无情意、无计度、无造作。但气的一切活动作为，都受天理限制，是有个范围的。气能生物，但物生必有种，不能乱生，必须遵循天理。理气生成事物后，存在于事物之中，则理气相依。但"理"为天地之性，天地之性万物皆同。

与天理气化流行理论相一致，朱熹主张"理一分殊"。朱熹认为："万物皆有此理，理皆同出一源。……物物各具此理，而物物各异其用，然漠非一理之流行也。"③可见，在朱熹看来，天理只有一个，而天理存在于万物之中，通过分殊万物表现出来。即合天地万物而言，只有一个理，中散于万物之中，使万物又各有一理，犹如月之散见为江河湖海之万月，这便是一理摄万理；万物各自的一理，又都体现了宇宙的一理，犹散见在江河湖海中的万月本乃是天上之一月。这便是万理归于一理。朱熹在《中庸章句》里引程子的一段序说，谓《中庸》"始言一理，中散为万物，未复合为一理。放之则弥六合，卷之则退藏于密"。这里实际也讲了理本身。朱熹所追求的理想境界，便是天理上下同流，如此大道行矣。朱熹的"理一分殊"思想，同样包含了人也是天理的产物的思想，他说："伊川说得好，曰：'理一分殊。'今天地万物而言，只是一个理，及在人，则又各自一个理。"④这从社会方面来说明人的地位、状态，人只不过分了一个理而已。但所分的同一个理，为什么会有善恶之别呢？他又从人个体存在的角度提出了"性同气异"之说，这就是导入了朱熹道德教育思想论的又一个重大理论命

① 黎靖德编：《朱子语类》卷一，第1页。
② 黎靖德编：《朱子语类》卷六五，第1607页。
③ 黎靖德编：《朱子语类》卷一八，第398页。
④ 黎靖德编：《朱子语类》卷一，第2页。

题,既人性二重学说。

总之,朱熹的"理气"论和"理一分殊"的理本论哲学观,为其以"秉彝说"为表现形式的人性二元论奠定了哲学基础,更为"禀气成德"、"变化气质"等道德教育的具体理论命题提供了形而上的哲学依据,是其道德教育思想产生的基石。理本论也是研究朱熹全部道德教育及其模式构造的逻辑起点。

二、心性论——朱熹道德教育思想的理论基础

朱熹将理气一体的宇宙观落实到人生界,提出了心性论,他以"理"、"气"为逻辑起点,以"心统性情"说为纲领,继承、改造和发展了以往的心性之学。对人的心性问题做了深入地探讨,提出了一系列独到的见解、命题和理论,建立起了内容丰富、逻辑严密的心性论思想体系,为其道德教育思想提供了坚实的理论基础。

(一)人性二重学说

"性"是朱熹连接与贯通宇宙界和人生界的核心概念。朱熹的人性论学说,仍然是以其理一元论与理一分殊为理论根据的。朱熹认为理表现在人身上就是性,他说:"性者,人之所得于天之理也。"①朱熹的弟子陈淳解释说:"何以不谓之理而谓之性?盖理,是泛言天地间人物公共之理;性,是在我之理。只这道理,受于天而为我所有,故谓之性,性字从生从心。是人生来具是理于心,方名之曰性。"②可见,是在我之理,就是理在人身上的体现。亦可称之为人性。性这一概念在朱熹哲学中具有二重意义,一是指人物禀受的天地之理,朱熹又称之为天命之性,这里的天命之性乃本原,是人物未生之前的共有本性;二是指人物的气质之性,气质之性乃人出生后每个人生理,身心相结合的具体本性。朱熹认为,天理为人所禀受,安顿在人身上,就是所谓天命之性,其内涵是仁义礼智等道德原则,它是至善的。这

---

① 朱熹:《孟子·告示上》,朱熹:《四书集注》,三秦出版社 1998 年版。
② 陈淳:《北溪先生字义》卷上,《性》。

是就理想状态而言的。但在现实中,每个人因其气(阴阳)质(五行)之异,这种"天命之性"又或多或少受到偏蔽,只能表现为"气质之性"。气质之性则有善也有恶,这就是所谓"人之性皆善。然而有生下来善底,有生下来恶底,此是气禀不同"[①]。"天地间只是一个道理,性便是理。人之所以有善有不善,只缘气质之禀各有清浊……但禀气之清者,为圣为贤,如宝珠在清冷水中;禀气之浊者,为愚为不肖,如珠在浊水中,所谓明明德者,就是浊水中揩拭此珠也。"[②]

朱熹的人性二重学说,亦称为"秉彝"论,即"人有秉彝,本乎天性"。它将天理降落的人性,将宇宙界与人生彻底贯通,从一方面表明人性至善的"天命之性"使人有内在价值和好善的追求,"圣人"是可为的,"人皆可为尧舜",因此道德教育亦是可能的,这也决定了朱熹道德教育是关注人伦和谐、强调主体自觉、倡导生活中德性养成、重视人文情感体验和整体直觉思维等一系列道德教育的理论和方法。从另一方面又表明,人性中理与气杂者为"气质之性",它有清浊之殊,有善有恶,这种"气质之性"使人因"物欲交蔽"失缺本善之性而为恶,只有通过"建学立师"的学校道德教育和自我"穷理修身"才能"乃复其初",恢复先天至善。因此,道德教育和修养又是必要的。在这里,朱熹强调通过道德教育,人可以改变气质,即纠正气质之偏,复其性善之本,实现道德教化之目的。朱熹把人的道德教育与修养这一为学修习过程称之为"禀气而成德"的过程,即所谓:"禀得精英之气,便为圣、为贤,便是得理,得理之正。"可见,朱熹的人性二重学说及其性气关系理论最终是为道德修养作论证的。

很明显,朱熹"天命之性"与"气质之性"的人性二重论既是联结宇宙本体与道德伦理的中间环节,也是道德教育思想的中心命题。

(二)心统性情论

朱熹哲学的心是一个认识论的范畴,兼有善恶的伦理学意义。

---

① 朱熹:《四书章句集注》,第 69 页。
② 黎靖德编:《朱子语类》卷四,第 73 页。

朱熹所论及的知觉思虑之心、主宰之心、道心与人心相分合一的心等心论范畴,都是在认识论及伦理学的意义上论析。朱熹认为,"心"是认识和道德意识的主体,具有认识万物及万物之理的功能和属性。无论是人的知觉思维,还是行为活动,都是在心的支配下实现的。在朱熹看来,一个人要踏上圣贤之路,必须在心上花一番工夫。朱熹在总结和吸取前人的思维成果,与同时代的学者相互交流的基础上,对心情理论和心与性情的关系作了系统的研究与论述,提出了著名的"心统性情"说。朱熹认为:"性者,心之理。情者,性之动。心者,性情之主。"[①]这里说的"心者,性情之主"指的就是"心统性情"。其主要有二层涵义:一是心兼性情,指的是心兼动静,体用,已发未发,即把性情各自的属性都涵摄于心中;二是心主宰性情,即心统御管摄性与情,人的理智之心对于人的本性和人的情感是具有把握和控制能力的。朱熹主张把未发已发,存养与省察结合起来,即通过心和主宰,把性和情统一起来。他说:"未发已发,只是一件功夫,无时不涵养,无时不省察。"[②]强调心主宰性情两端,把平时(静、体、未发)的道德修养与遇事(动、用、已发)按道德原则办事互相沟通,使之均不离心的统御。在这里,朱熹强调必须发挥理智之心的主观能动性,以认识和保持内在的道德理性。

(三)人心与道心

朱熹还从人的知觉之心按其知觉来源和内容不同,把心分为"道心"与"人心"。他说:"只是这一个心,知觉从耳目之欲上去,便是人心;知觉从义理上去,便是道心。"[③]道心,即指以义理为内容的与天理有关的心,仁义礼智之义理为善,道心亦为善;人心,即指源于耳目之欲的心,人生有欲,饥食渴饮,虽圣人不能无人心。"[④]故"人心亦不

---

①　黎靖德编:《朱子语类》卷五,第 89 页。
②　黎靖德编:《朱子语类》卷六二,第 1514 页。
③　黎靖德编:《朱子语类》卷七八,第 2009 页。
④　黎靖德编:《朱子语类》卷七八,第 2011 页。

是全不好底"。而是"可为善,可为不善"①。要使心具众理,必须在人心中发见道心。然道心难明易昧,微而不显,须花一番工夫,于人心中精而察之,求得当与不当之道心,不使其有毫厘之杂,而后持守于道心微妙之本以致其一,顷刻不离。因此,朱熹主张人心需要用道心加以限制,才能避免人欲横流,人之为学的目的就是要使"人心"服从于"道心"。从中,我们也可以看出,朱熹主张心统性情,从某种程度上肯定了教育在人的道德品质形成中的作用,也肯定了人们须发挥理智之心(道心)的主观能动性,以认识和保持内在的道德理性。在为学修德的过程中,人的主观能动性是能发挥正能量的积极作用的,而所有这些,全属心学功夫。

三、朱熹道德教育的功能与价值说

如前所述,朱熹将"性"区分为"天命之性"与"气质之性"。他认为,一切现实的人性已不全是"性之本体",即性的本然状态了。这个受到气禀污染,并对每个人直接发生作用的现实"人性"就是"气质之性"。它反映出既有理的作用,也有气的作用,是道德理性与感性欲求的交错综合。所以,朱熹又提出了"变化气质"的主张,他认为,教育的作用在于改变人的"气质之性",即通过后天的道德修养工夫,把"气质之性"中恶的杂质(如人欲)清除掉,人性的本然状态,即"天命之性"就能完全显现出来。这样,人也就达到了至善的道德境界,实现了最高的理想人格。可见,道德教育的功能(作用)和价值(意义)则是要通过变化"气质之性"这一具体的实践活动过程而体现出来的。"变化气质"的过程也就是"复其性"的过程,也就是实现"圣人"人格的基本手段。因此,朱熹认为,古之圣王设学校以教人,目的在"去其气质之偏,物欲之蔽,以复其性,以尽其伦而后已焉"②。这就明确肯定了道德教育的全部价值在于变化气质。

---

① 黎靖德编:《朱子语类》卷七八,第 2013 页。
② 朱熹:《朱文公文集》卷一五,《经筵讲义》,第 692 页。

朱熹的道德教育思想突出了伦理本位,极重视个人道德修养的完善,并为此提供了系统的明确和方法论。出于其"内圣外王"的政治理想的价值取向,他将这种修养的过程归纳为:"格物、致知、诚意、正心、修身、齐家、治国、平天下"这样一个递进过程,而其中最根本的核心的是修身。这也是朱熹道德教育过程的一个最为显著的特色。他也把个体道德修养称为"禀气而成德"的过程,朱熹认为"性命天定,禀气而成"。从他的"理同气异"论出发,认为人的德性均是通过个体的修养而禀气所致,"禀得精英之气便为圣为贤,便是得理之全,得理之正"。在这一"禀气而成德"的过程中,朱熹高度重视和发挥受教育者的主观能动性,强调的是积极进取,痛加功夫,主动修为,以实现由外在的道德教育到内在的道德自觉的统一,他说:"资禀既偏,又有所蔽,须是痛加功夫,'人一己百,人十己千',然后方能及亚于先知者,及进而不已,则成功一也。"①可见,只要痛加功夫,积极修为,既可"变化气质",实现由下愚变为仅"亚于先知"的贤人。这也是朱熹道德教育思想主体价值所在。

总之,道德教育之价值可谓大矣,朱熹从变化气质的哲学高度肯定了道德教育的价值,自然成为朱熹道德教育思想的核心命题。

第二节　朱熹道德教育思想的 基本内容及展开

朱熹在其道德哲学的基础上,形成了独具特色的道德教育思想。朱熹的道德教育思想是朱熹教育思想的核心内容,虽然朱熹并没有像现代教育家那样撰写出有关教育学或有关道德教育的专著,然而寓创造于注流之中是朱子治学的特点,他往往通过对孔子、子思、孟子、周敦颐、张载、程颢、程颐等思想家、教育家的著作和言论诠释,阐发自己的教育思想。因此,他的教育思想散见于《论语集注》、《孟子

---

① 黎靖德编:《朱子语类》卷四,第66页。

集注》、《大学章句》、《中庸章句》、《易学启蒙》、《周易本义》、《诗集传》、《楚辞集注》、《仪礼经传通解》、《资治通鉴纲目》、《八朝名臣言行录》、《近思录》、《伊修渊源录》、《西铭解义》、《太极图说解》、《通书解》、《孝经刊误》、《小学》等书之中。此外，朱熹在具体教学过程中，往往就门人、弟子有关教育和德育问题的提问作答，阐明自己的教育、德育观点以启迪学子，这类言论大多记录在《朱子语类》中。因此，研究朱熹道德教育思想，必须对朱熹上述著作及《朱子语类》作深入梳理和系统地探索，才能窥见其奥蕴，观其风貌。下面我们将从现代的德育视角对朱熹的道德教育思想的基本内容作一个较为全面的分析：

一、朱熹的道德教育目的观

朱熹的把道德教育的目的定义为"明人伦"，或"明五伦"。他说："先王之学以明人论为本。"他反复阐述"学以明论"的道德教育目的论。或者又称之"明五伦"的道德教育目的。朱熹说：

> 昔者圣王作民君师，设官分职，以长以治，而其教民之目，则曰：父子有亲、君臣有义、夫妇有别、长幼有序、朋友有信五者而已。盖民有身，则必有是五者，而不能以一日离；有是心则必有是五者之理，而不可以一日离散，是以圣王之教，因其固有，还以道之，使不忘乎其初。①

人们每天都不能离开父子、君臣、夫妇、长幼、朋友这五者之关系，因此也不能离开亲、义、别、序、信这五者之理。因此，朱熹主张不论是乡学还是国学，都要以"明五伦"作为道德教育的目的。他在《孟子集注》中也明确提出："父子有亲、君臣有义、夫妇有别、长幼有序、朋友有信，此人之大伦也。庠、序、学、校，皆以明此而已。"在著名的《白鹿洞书院揭示》中，朱熹也开宗明义地提出："父子有亲、君臣有义、夫妇有别、长幼有序、朋友有信"为"五教之目"，明确宣布"学者学

---

① 　朱熹：《朱文公文集》卷七九，《琼州学记》，第 3761 页。

此而已"。① 可见,朱熹是把"明人伦"更具体说是"明五伦"作为道德教育的目的。

朱熹以"明人伦"或"明五伦"为道德教育的目的,其实质的意义在于培养一种理想的人格,即把培养"讲明义理以修其身"的"贤君"、"忠臣"、"孝子"作为道德教育的根本目的。他说:"熹窃观古昔圣贤所以教人为学之意,莫非使之讲明义理以修其身,然后推己及人,非徒欲其务记览,为词章,以钓声名取利禄而已也。"② 又说:"故圣贤教人为学,非是使人缀辑语言、造作文辞、但为科名爵禄之计,须是格物、致知、诚意、正心、修身而推之以至于齐家治国,可以平治天下,方是正当学问。"③ 他认为,教育不是"钓声名取利禄""科名爵禄之计",而是要培养"讲明义理修其身的齐家治国平天下的人才"。所谓"讲明义理以修其身"。从其具体内容看,所谓"义理",是指"三纲五常"之类的纲常名教,即所谓"父子有亲、君臣有义、夫妇有别、长幼有序、朋友有信"这"五伦",也就是朱熹哲学中所说的"天理"的基本内容。所谓"修其身",就是要求人们按照"天理"的要求"迁善改过"。也就是说,朱熹所设计的最高层次的理想人格是所谓"圣人"人格和达到"仁"的道德境界,他具备仁的道德品质。仁的含义是"爱",如朱熹所谓"爱亲仁民爱物,无非仁也",这种爱是对他人,对万物的无私之爱,是一种"廓然大公"的境界,所以朱熹又常常把"仁"与"公"相提并论,如他说:"仁是爱底道理,公是仁底道理。故公则仁,仁则爱。"④ 他认为,只有无私才能做到"仁",有私心就不能做到"仁"。这就是说,要想达到"仁"的境界,就必须清除私欲,因为"仁"的境界就是一种大公无私的境界,一个真正做到大公无私的人也就是一个真正的"圣人"了,就能"讲明义理",当人君就可成为"贤君",当人臣就可成为"忠

---

① 朱熹:《朱文公文集》卷七四,《白鹿洞书院揭示》,第 3586 页。
② 朱熹:《朱文公文集》卷七四,《白鹿洞书院揭示》,第 3587 页。
③ 朱熹:《朱文公文集》卷七四,《王公讲义》,第 3587 页。
④ 黎靖德编:《朱子语类》卷六,第 116 页。

臣"，当人子就可成为"孝子"，"然后推己及人"，就能实现"修身、齐家、治国、平天下"之大道。

二、朱熹道德教育的阶段观

在"明五伦"培养所谓"圣人"人格的道德教育目标的指引下，朱熹施教，主张"学有次序"，因此他十分重视教育阶段的区分。朱熹根据人的年龄、心理及理解能力的不同，将包括道德教育在内的整个教育区分为"启蒙"、"小学"、和"大学"不同阶段，加上朱熹对学龄前儿童早期教育的诸多论述，我们可以看出，朱熹把道德教育分为三个阶段，并且根据各个阶段的不同特点施以不同的教育内容。

（一）八岁以下的学龄前儿童道德教育阶段

朱熹把八岁以下的学龄前儿童教育称之为童蒙教育阶段，他主张童蒙阶段就应当对幼子进行一些简单的礼节教育，而担负起这一教育职责的是幼儿的父母亲、兄长，他曾引《礼记》中的话强调"乳母之教"的要求："必求其宽裕慈惠，温良恭敬、慎而寡言，使为子师。子能食之，教以右手。能言，男唯女俞。六年，教之数与方名。"这里不仅提出了选择乳母，"使为子师"的条件，而且规定了学前教育的一些内容，包括教幼儿怎样吃饭和对答，到教以数目、方名等知识。作为父母亲，兄长在家中教育子弟的守则。朱熹甚至还关注到了"胎教"的问题，朱熹从他的"理气"观出发，强调母亲受胎以后的一举一动、一言一行都必须符合"理"度，以保证胎儿的"气禀正而天理全"。可以说，朱熹是世界教育史上较早重视儿童早期教育的教育家。

（二）八岁到十五岁，小学道德教育阶段

朱熹所用"小学"一词，有两种含义，一是相对于"大学"而言的，指称教育阶段中的初等教育阶段。"古之为教育，有小子之学有大人之学。"①朱熹主张把学校教育划分为小学、大学两个阶段，"人生八

---

① 　朱熹：《朱文公文集》卷一五，《经筵讲义》，第 691 页。

岁，则自王公以下，至于庶人子弟，皆入小学"①。小学教育阶段是打基础的阶段，朱子喻为"打坯模"阶段。二是专指朱子与刘子澄等人编成的教本《小学》，书成于淳熙十四年（1187 年）三月，《小学》共六卷，内篇四卷，分为《立教》《明伦》《敬身》《稽古》，外篇二卷，分为《嘉言》《善行》，这是一部由朱熹亲自编写的"使初学开卷便有受益"的"启蒙之具"②，是朱子为小学阶段教育编写的相应教材。除《小学》外，朱熹还亲自编撰或主持编撰的适应儿童教育的内容通俗化、多样化以达到"学与智长，化与心成"的有《论语训蒙口义》（佚）、《童蒙须知》《易学启蒙》《训蒙诗》等系列教材。

小学学习的主要内容："教人以洒扫、应对、进退之节，爱亲、敬长、隆师、亲友之道，皆所以为修身、齐家、治国、平天下之本。"③朱熹把小学教育比喻成"打坯模"阶段，而要打好圣贤坯模，则是至关重要的。因此，根据长期的教学实践所积累的成功经验，朱熹提出了自己独特的儿童道德教育思想。他认为，在小学这个阶段，道德教育的任务是"教事"，即让儿童在日常生活学习中通过具体的行事懂得基本的伦理道德规范，养成文明的行为习惯。归纳起来主要有以下几点：一是小学阶段以学"眼前事"为主要的教学内容，即八岁至十五岁的儿童，主要是就儿童日常生活接触的"眼前事"去教他们，就教者而言，是"教事"，就孩子而言，是"学其事"。朱熹说："小学是事，如事君、事义、事兄、处友等事，只教他依此规矩做去。""古者初年入小学，只教之以事，如礼乐、射御书数，及孝弟忠信之事。"④二是主张小学阶段必须是培养儿童自觉自律的行为习惯的教育过程。小学阶段的儿童可塑性极大，正是培养良好的行为习惯的最佳时机。因此，朱熹主张先入为主，及早施教，并主张要通过在日常生活中严格地、持续

① 朱熹：《朱文公文集》卷七六，《大学章句序》，第 3761 页。
② 朱熹：《朱文公文集》卷三五，《与刘子澄》书十二，第 1548 页。
③ 朱熹：《朱文公文集》卷七六，《题小学》，第 3671 页。
④ 黎靖德编：《朱子语类》卷七，第 124 页。

地对儿童进行道德行为习惯训练,实现从不自觉到逐步自觉的转化。朱熹在其《童蒙须知》中,对儿童的衣服、冠履、语言步趋、洒扫涓洁、读书写字、杂细事宜等都作了详密的条文式的规定,如要生活礼节方面,要求儿童居处必恭、步立必正、视听必端、言语必谨、容貌必庄、衣冠必整、饮食必节、餐食必清等。以养成良好的行为习惯。三是贯彻寓教于乐的教学方法。朱熹认为儿童具有活泼好动的心理特点,要激发他们的学习兴趣则必须因势利导,使之寓教于乐,在他的《小学》中,他引程颐的话说:"教人未见意趣,必不乐学。"因而主张用历史故事,道德诗歌来教育儿童,并开展"咏歌舞蹈"等文娱活动,以引起学生的兴趣,增加学生学习的自觉性,在朱熹的儿童教育的教材和实际教学中,我们可以看到,既有嘉言、善行,又有故事、诗歌,还有家训、书信等。这些富于变化的教育教学内容,从不同的角度充分展示了古人良好的道德风貌,亦成为朱子小学教育的一大特色。

(三)十五岁以后,为大学道德教育阶段

朱子所用"大学"一语,也有两层含义。一是相对于小学而言,是教育阶段中的高等教育阶段。朱熹说:"及其十有五年,则自天子之元子、众子,以至公卿大夫之子之适子,与凡民之俊秀,皆入大学。而教之以穷理、正心、修己、治人之道。"①可见,小学教育是人人可以接受的基础教育,而大学教育则是贵族子弟及"民之俊秀"能够获得的高等教育,亦即精英教育。二是专指大学阶段所采用的教材,即《礼记》中的《大学》,朱熹将《大学》独立成篇,使之与《论语》、《孟子》及《礼记》中的《中庸》合为"四书"或"四子书",作为大学教育的主要教材。

在"大学"教育阶段,道德教育的主要任务是"教理",也就是"穷理、正心、修己、治人之道"。朱熹关于大学道德教育思想极为丰富,概括地说,主要有三个方面:

一是大学道德教育以明体达用之学,内圣外王之道为宗旨。朱

---

① 　朱熹:《朱文公文集》卷七六,《大学章句序》,第 3671 页。

子说:"大人之学,穷理、修身、齐家、治国、平天下之道也。"①又说:"及其十五成童,学于大学,则其洒扫应对之间,礼乐射御之际,所以涵养践履之者,略已小成,于是不离乎此,而教之以格物以致其知焉。致知之云者,却因所已知者推而致之以及其所未知者,而及其至也,是必至于举天地万物之理而一以贯之,然后为知之至,而所谓诚意、正心、修身、齐家、平天下者,至是而无所不尽其道焉。"②假若"不进于大学,则无以察乎义理,措诸事业"。大学教育就是要以进德修业,明体达用,成德达才,以实现内圣外王的政治理想为宗旨。

二是提倡"四书"之教,尤其重视《大学》在大学教育中举纲目、定方法、立规模、启践履的价值。朱熹说:"读书,且从易先解处去读。如《大学》、《中庸》、《论》、《孟》四书,道理粲然。人只是不去看,若理会得此四书,何书不可读?何理不可究?何事不可处?""先看《大学》,次《语孟》次《中庸》。果然下功夫,句句字字,涵泳切己,看得透彻,一切受用不尽。"③又说:《大学》是为学纲目,先通《大学》,立定纲领,其他经皆杂说在里许。通得《大学》了,去看他经,方见得此是格物、致知事,此是正心、诚意事,此是修身事,此是齐家、治国、平天下事。"④总之,概括地说,朱熹在其《大学章句》中,对《大学》所标明的大学阶段道德教育目的和具体步骤与途径作了很好的归纳,大学阶段道德教育目的即达到"三纲领",即"明明德,亲民,止于至善",这是对儒家思想内容特征及价值取向予以精炼的概括,是儒家内圣得成和外王事功基本思想的集中体现。这也表明朱熹的道德教育模式的内涵:从人性本善的信念与人人都具有自明其善性的能力和内在价值的理论预设出发,先挺立一个道德情性的自我主体,然后通过"三纲五常"的道德规范和以"明明德"内圣与"亲民"外王的两条进路

---

① 朱熹:《朱文公文集》卷一五,《经筵讲义》,第 691 页。
② 朱熹:《朱文公文集》卷四二,《答吴晦叔》书九,第 1914 页。
③ 黎靖德编:《朱子语类》卷一四,第 249 页。
④ 黎靖德编:《朱子语类》卷一四,第 252 页。

为具体操作程序和"为学之方"去扩充人性善的本性,把个体德性与社会伦理统一起来,安伦尽份,达到人伦与人格的和谐与圆满,自强不息,厚德载物,成就一个顶天立地的"大人"的理想道德教育目标。朱熹在《大学章句》中,是把"格物、致知、正心、诚意、修身、齐家、治国、平天下"之"大学"八条目作为实现"三纲领"的具体步骤与途径的。总之,朱熹构建了一个以《大学》为为学纲目的,融《论语》、《孟子》、《中庸》等四书之教为核心,包括了《礼》、《乐》、《诗》、《书》、《春秋》、《易》等六艺在内的大学道德教育教材内容体系。

　　三是朱熹不仅将小学道德教育和大学道德教育看成是统一的教育过程中相互衔接的两个阶段,并且认为道德教育是一个纵贯终生的学习过程。朱熹说:"学之大小,固有不同,然其为道,则一而已。是以方其幼也,不同之于小学,则无以收其放心,养其德性,而为大学之基本。及其长也,不进之于大学,则无察其义理,措之事业而收小学之成功。是则学之大小所以不同,特以少长所习之异宜,而有高下、深浅、先后、缓急之殊。"[1]还说:"小学是事……大学是发明此事之理。"[2]可见,在朱熹看来,大学者,学其小学所学之事之所以,小学的道德教育是大学道德教育的基础,大学道德教育是小学道德教育的扩充和深究。至于大学阶段,朱熹的认为应是以青年时期直到老年时期都可以学习的"大人之学",其终极目标是"止于至善",着眼于学习者生命质量的提升与人格的完善,是纵贯终生之学,至死方休的。

三、朱熹道德教育的为师(教者)与为学(学者)关系说

　　道德教育中的为师(教者)与为学(学者)关系,简而言之即师生关系。在现代教育学中则称其为道德教育的主体与客体关系。

　　道德教育主体是指按照一定社会、阶级的要求,有计划、有目的

① 《小学辑说》。
② 黎靖德编:《朱子语类》卷七,第125页。

地对教育对象的道德教育进行带有控制性质的作用的组织者和教育者。道德教育主体的核心部分是专门从事道德教育的机构和人员,统称为教者。道德教育客体是相对道德教育主体而言的,反映的是在道德教育活动中为道德教育主体所指向和作用的教育对象、即受教育者,亦可称之为学者。在具体的教育过程中,教育者或教师、受教育者或学者恰为教育过程的"两极",研究教育的特征必须考察与反思此"两极"及其关系。与一般的客体相比道德教育的客体具有主体性、层次性和动态性特征。

朱熹论"教者"与"学者"之间的关系,既重视"教者"的主导地位,教育引导、指导及辅导"学者"的作用,又强调"学者"的主动性、自主性和能动性,认为"学"与"习"是"学者"自己的独立的活动,"教者"包办代替不了。"教者"要引导,启迪"学者"学会学习。

朱熹以"引路人"喻"教者"的主导或引导作用。他说:"道,犹引导,谓先之也。"①他还以自己的教育实践为例,阐述了"教者"和"学者"的关系,他说:"某此间讲说时少,践履时多,事事都用你自己去理会,自去体察,自去涵养。书用你自去读,道理用你自去究索。某只是做得个引路底人,做得个证明底人,有凝难处同商量而已。"②在进行道德教育的过程中,教育者的引导、启迪、激励固然重要,但更重要的是唤醒"学者"的自觉心、自信心与自强心,养成"学者"独立地、主动地和创造性地"学"、"习"的态度与习惯。自己去完善自我人格。朱熹的"唤醒"用现代的教育术语来说就是唤醒学习者的主体意识或主体精神。

四、朱熹道德教育的基本原则

朱熹在长期从事道德教育的过程中,总结了几条重要的道德教育原则,即整全教育与注重德育的原则、知行结合的原则、引导与防

---

① 朱熹:《论语集注》卷一,朱熹:《四书章句集注》。
② 黎靖德编:《朱子语类》卷一三,第223页。

禁结合的原则以及循序渐进的原则等。

第一，整全教育与注重德育的原则。朱熹是主张完全人格教育的，他承袭了孔孟等儒家"内圣外王"的思想，认为具备"内圣外王"的人格的人，就是个性全面和谐发展的人，即所谓"整全的人"或称之为"全人"的人。因此他认为要培养"整全的人"，就必须有"整全"的教育。

《论语·宪问》记述：子路问成人，孔曰："若臧武仲之知，公绰之不欲，卞庄子之勇，冉求之艺，文之以礼乐，亦可以为成人矣。"朱熹诠释说："成人，犹言全人，武仲，鲁大夫，名纥。庄子，鲁卞邑大夫。言兼此四子之长，则知足以穷理，廉足以养心，勇足以力行，艺足以泛应。而又节之以礼，和之以乐，使德成于内，而文见乎外，则材全德备，浑然不见一善成名之迹，中正和乐，粹然无复偏倚驳杂之蔽，而其为人也亦成矣。"[1]臧武仲为人多智，孟公绰为人廉洁寡欲，卞庄子则有勇力，冉求则有才艺，四人的个性各有所长，也各有所偏，理想的人格，除兼此"四子之长"外，还要接受礼乐的熏陶，达到"德成于内，而文见乎外"的境界，才能称得上"材全德备"的"全人"。在这里，朱熹以"全人"释"成人"，更在于以"全人"的理念作为立教、施教的宗旨，使个体人格达到"中正和乐"的胜境，这便是朱熹全人教育观念的要义所在。

那么，如何来培养这种"全人"呢？作为一个在教育园地耕耘长达半个世纪的教育家，朱熹特别关注教育的内容、方式、方法、途径等问题。因此，在教育的内容选择，课程的编制，教材的编撰，教育方法、方法的改善等方面，朱熹都倾注了大量心血和精力去探索，使之不断完善，朱子的教育思想最有特色之处，也往往体现于这些方面。

就教育内容或教学内容而言，为了实现其"全人"教育目标，朱熹倡导并力主实施"六艺之教"、"四书之教"和"史传之教"。其教学的课程与教材体系大致为：一是六艺之教包括了"教之以事为主"的小

---

① 朱熹：《论语集注》卷七，朱熹：《四书章句集注》。

学课程有礼、乐、射、御、书、数等教之以事，侧重于技艺、技能的学习与训练。和"教之以理"为主的大学课程有《诗》、《书》、《礼》、《易》、《春秋》等"五经"之学，使学习者由知其然进而知其所以然，侧重于义理的理解与德性的陶冶。二是"四书之教"，其主要教本是《大学》、《中庸》、《论语》、《孟子》合称"四书"，或曰"四子书"。朱熹一生致力于研读四书，笔耕不辍，精益求精，其代表之作《四书章句集注》征引汉以下诸家之说多达五十余人，寓创造了注疏之中，开辟了四书学的新时代，朱熹的治"四书学"与他的"四书之教"相辅相成，可谓之义理与训诂交相明，经学与理学冶一炉，圣意与己见相交融，传统与创新互涵摄，构成了其"四书之教"的博大体系与鲜明特色。三是史传之教，观史之治乱兴亡、论历史人物的善恶正邪，考典章制度的成败得失，不仅是儒家经世致用的学问，而且深含人格教育的价值。朱熹施教，主张学习者穷经观史以求义理，以经为本，治经必及与史。"读史当观大伦理、大机会、大治乱得失。"①他精心编撰《资治通鉴纲目》，创辟新体编《伊洛渊源录》，又撰《八朝名臣言行录》等，其在教学中论及史学思想及史传教育的论述也颇多。《朱子语类》中记载的就有论《本朝》的有七卷，论《历代》有三卷，论《战国汉唐诸子》一卷，还有《论治道》、《论取士》、《论兵》、《论刑》、《论民》、《论财》、《论官》等卷中，都有大量的论史及历史人物的内容。可见，朱熹的史传之教作为其理学教育的辅助部分。亦是其"整全"教育内容的组成部分。

朱熹在主张"整全"教育的同时，又强调把德育作为教育的核心，认为教人之学就是让学生明"义理"，学会做人。主张在诸育中必须把德育放在首要位置。

他说："德行之于人大矣……士诚知用力于此，则不唯可以修身，而推之可以治人，又可以及夫天下国家，莫不以是为先。"朱熹从维护封建社会的统治秩序的目的出发，提出了学校应该把知识传授和品德培养作为其重要任务，必须坚持德育与智育相结合的原则。他严

---

① 　黎靖德编：《朱子语类》卷一一，第196页。

厉抨击当时"功利主义"的学校教育,认为当时学校教育忽视伦理道德教育,诱使学生"怀利去义"、"争名逐利",期望通过"明人伦"的道德教育来达到改变"风俗日蔽,人才日衰"的状况。他说:"秦汉以来,圣学不传,儒者惟知章句训诂之事,而不知复求圣人之意以明夫性命道德之归。"①他认为,学校教育的目的应该是"立学教人",即向学生传授各种知识的同时,更应该注重思想道德教育,朱熹虽未直接提出德育的首位这一命题,但他在表述其"致知之要"中,已明确表明了这一意思,他说:"致知之要,当知善之所在,如父止于慈、子止于孝之类。若不务此,而徒欲泛然以观物之理,则吾恐其如大军之游骑,出太远而无所归也"。② 可见,知识的学习,必须注重道德认识的提高,只有学生有了较高的道德修养,"当知善之所在",学得的知识才能发挥正当的作用,如果不对学生进行道德教育,而只是一味地单纯追求知识,就如"大军之游骑"和脱缰野马,必然会越来越远地偏离方向,甚至迷失方向,"出太远而无所归也。"纵观朱熹"整全"教育施教内容的"六艺之教"、"四书之教"和"史传之教",道德教育始终是一条贯穿其整个教育教学内容的中心线索,其德育首位的问题则是不言而喻的。

第二,知行结合的原则。"知"、"行"问题也就是理论与实践的问题。"知"指道德知识或道德认识,"行"指道德实践。朱熹特别强调在德育方法上,既要提高受教育者的道德认识(即致知),又要引导他们注重道德的实践并对他们进行行为的训练(即力行),做到知与行相结合。这是朱熹道德教育思想及方法论的又一大特点。他说:"大抵学问只有两途,致知力行而已。"③朱熹还说:"致知力行,用功不可偏废,偏过一边,则一边受病。""二者不可废其一,如车两轮,如鸟两

① 朱熹:《朱文公文集》卷七五,《中庸集解序》。
② 《大学或问》卷二。
③ 朱熹:《朱文公文集》卷四八,《答吕子约》书十七,第 2237 页。

翼。"①在知行观上,朱熹提出了非常重要的见解,他认为知与行二者是紧密结合,缺一不可的,并提出了"知行相须"的观点。他说:"知行常相须,如目无足不行,足无目不见。论先后,知为先;论轻重,行为重。"②这就表达了两层意思,一方面即在知行先后问题,朱熹明确主张知之为先,行之为后。他说:"夫泛论知行之理,而就一事之中以观之,则知之为先,行之为后,无可疑者。"③朱熹之所以提出"知之为先,行之为后"的观点,是因为他看到在认识过程中只有先认识到事物的道理,才能按此道德去行,否则所行动必不合于理。另一方面,在知行关系上,朱熹又主张行重知轻,"行其所知"把知落实到行动上。虽然知先行后,但行比知都更为重要。在知的前提下,朱熹十分重视践履,要求行其所知,通过力行来贯彻所知,把行作为提高道德修养的重要手段。总之,不管是"知先行后"说还是"知轻行重"说,都肯定了知行结合即理论与实践结合的问题。在德育过程中,朱熹主张把知行统一起来,仅仅注重道德认识,灌输道德思想,而不注重道德训练,无异于没学,反过来,仅仅注重道德行为训练,而不提高道德认识,则如盲人走路,会迷失方向。正是在这一意义上,朱熹才说:"知与行,工夫须著并列。知之愈明,则行之愈笃;行之愈笃,则知之益明。二者皆不可偏废。如人两足相先后行,便夫渐渐行得到。若一边软了,便一步也进不得。然又须先知得,方行得。"④朱熹的格物致知的认识论除了讲"格物只是穷理","致知便在格物中",以说明格物是为了穷理,通过即物穷理来致吾知外,还强调穷理致知的目的是为了力行,即将天理的原则贯彻落实到践行中去。正如朱熹所说:"故圣贤教人必以穷理为先,而力行以终之"。⑤ 至此,朱熹把道德认

---

① 黎靖德编:《朱子语类》卷九,第 148 页。
② 黎靖德编:《朱子语类》卷九,第 148 页。
③ 朱熹:《朱文公文集》卷四二,《答吴晦叔》书九,第 1914 页。
④ 黎靖德编:《朱子语类》卷一四,第 281 页。
⑤ 朱熹:《朱文公文集》卷五四,《答郭希吕》书四,第 2727 页。

识与道德实践完整的统一起来,从而达到"习与智长,伦与心成"的境界,即将道德观念的教育见之于道德行为,道德行为中体现道德教育。行知相结合是朱熹道德教育观的特点之一,更是朱熹道德教育的一个重要原则。

第三,引导与防禁相结合的原则。朱熹主张在道德教育方法上,既要坚持对受教育者进行正面的引导,以说服教育为主,又要制定必要合理的规章制度,采取必要的强制措施加以约束,将引导与防禁结合起来,使两者相辅相成,相互补充,相得益彰。

一是道德教育要坚持正面引导为主。坚持正面引导,就是通过说服教育,让受教育者明白事理,并将它化为自觉行动,而不是外力强迫他们遵循某些道德规范。朱熹在其制定的《白鹿洞书院揭示》中指出:"苟知其理之当然,而责其身以必然,则夫规矩禁防之具,岂待他人设之而后有所持循哉!"这就是说如果只是生硬地用规章制度去防禁而没有从明理的角度去提高学生的自觉性,那么即使规章制度再严也是防不胜防。他还针对当时学校教育的时弊指出:"学校之政,不患法制之不立,而患理义之不足以悦其心,而区区于法制之未以防之,是犹决湍水注之千仞之壑,而徐爇萧苇以捍其冲流,必不胜矣。"[1]尤其是针对小学道德教育,朱熹说:"小学书要多说那恭敬处,少说那防禁处。"即多积极引导,少消极防禁。

二是在道德行为习惯养成的过程中,积极的防禁也是必要和不可忽视的。朱熹指出:"学者需先置于法度规矩之中,使持于此者足以胜乎彼,则自然有进步处。"[2]他在专门为教育儿童而编写的《童蒙须知》、《训学斋规》中,制定了非常详细的道德规范,从衣服冠履、言语步趋、洒扫涓洁、读书写字等到交朋会友、待人接物等各个方面,都有规可依,有章可循。在他看来,儿童对这些规章制度,"若能遵守不违,自不失为谨愿之士,必又能读圣贤之书,恢大此心,进德修化,入

---

① 　朱熹:《朱文公文集》卷七四,《同安县谕诸职事》,第 3568 页。

② 　朱熹:《朱文公文集》卷四六,《答潘叔昌》书二,第 2141 页。

于大贤君子之域"①。可见,朱熹在道德教育中是主张和坚持引导和防禁相结合的原则的。

第四,循序渐进的原则。循序渐进是儒家传统道德教育和道德修养方法。但首先提出这一概念的却是朱熹。朱熹在注释《论语·宪问》记述:"子曰:'莫我知也夫!'子贡曰:'何为其莫知子也?'子曰:'不怨天,不尤人,下学而上达,知我者其天乎?'"朱熹阐释说:"不及于天而不怨天,不合于人而不尤人,此但知下学而自然上达,此但自言其反己自修,循序渐进耳,无以甚异于人而致其知也。然深味其语意,则见其中自有人不及知而天独知之妙。盖在孔门,惟子贡之智几是以及此,故特语以发之。惜乎其犹有所未达也。"②朱子认为这段对话是孔子启发教育的实例,其要义在于启导子贡领悟治学、修身的功夫,可见,朱熹是把"循序渐进"作为治学与修养的方法加以论述的。

朱熹认为,道德教育的终极目标是"明五伦",但这个目标不是一蹴而就的,必须通过教育"积少成多",让学生"学以渐而至"。朱熹立教、施教与成教,都十分重视"循序渐进"的原则。这一循序渐进原则主要有以下具体的含义:

一是道德教育是一个由浅入深的过程,朱熹论道德教育,特别重视区分其阶段,将根据人的年龄、心理及理解能力不同,将包括道德教育在内的整个教育区分为"童蒙"、"小学"、"大学"不同阶段,构建了一个由浅入深,由低到高,由近及远,由易而难,由事至理,下学而上达的循序渐进的教育内容体系。由于道德教育是一个长期的过程,因此,不同的德育阶段不是孤立的,中断的,而是一个连续的整体,童蒙阶段和小学阶段是基础,大学阶段是小学阶段的扩充和深入,整个道德教育过程则是一个由浅入深的过程。

二是指读书方法(学习的方法)要循序渐进,反对贪多嚼不烂。

---

① 《童蒙须知》。
② 朱熹:《论语集注》卷七,朱熹:《四书章句集注》。

朱熹说:"循序渐进,熟读而精思可也。"何谓循序渐进? 朱熹举读《论语》和《孟子》两书为例。"以二书言之,则先《论》而后《孟》,通一书而后及一书,以二书言之,则其篇章,文句、首尾、次弟、亦各有序、而不可乱也。量力所至,约其课程而谨守之,守求其训、句索其旨,未得手前,则不敢求其后;未通乎此,则不敢志乎彼,循序渐进,则意穷理明而无疏易凌躐之患矣。"①朱熹在这里告诉人们,读书要一本一本地读,一篇一篇地读,务求领会它的意思,不能前面还未搞懂,而去看后面,读书的过程,就是一个循序渐进,由浅入深的过程。

第三节　朱熹的道德修养方法(工夫)论

道德修养方法(工夫)论,是朱熹道德教育思想的一个重要组成部分。朱熹道德教育把"理"(亦称之为"仁")作为道德教育,道德修养的最高境界,因此在实施道德教育的过程中,一方面他高度重视学校和教师的引导作用,对受教育者实施积极的正面的教育;另一方面,朱熹尤其重视激发受教育者道德的自觉性、主动性和创造性,把受教育者自我教育、自我探索、自我控制、自我完善视为道德教育的主要方式。对于后者的这种主体自我修德方法,亦称之为道德修养"工夫"论。

朱熹认为古之圣贤教人就是为了使其"讲明义理,以修其身"。道德修养的最高境界是实现"心与理一",即做到"私欲去尽,天理流行",恢复心性的本然。朱熹以为"惟圣尽伦……固非常人之所及"②。但是,常人只要立志以圣人为楷模,始终不懈地进行自我道德修养,自觉地摒弃物欲的引诱,使自己的一切思想和行为都符合封建的礼法与道德规范,亦可达到或接近这一理想的境界。因此,朱熹在吸收历史上和自己同时代的理论精华,立足于南宋时期的社会背

①　朱熹:《朱文公文集》卷七四,《读书之要》,第 3583 页。
②　朱熹:《朱文公文集》卷三六,《答陈同甫》,第 1588 页。

景,将人伦道德本位与内圣外王的圣人人格严密地结合在一起,提出了一套完备的道德修养不断精进的工夫体系。概括起来,主要有立志、居敬、穷理、存养、省察、力行等多种具体的道德修养方法。

一、居敬

居敬,又称特敬,主敬,其基本内容有三。一是旨在强调把修身看作十分严肃的事,就是要强调个体道德修养的"至真至诚"的态度。朱熹说:"大凡学者,须是领会敬字。敬是立脚处。""敬之一字,真圣门之纲领,存养之要法。"[1]"圣贤之学,彻头彻尾,只是一个敬字。致知者,以敬而致知也,力行者,以敬而行之也。""敬之一字,万善根本,涵养、省察、格物致知,种种功夫皆从此出,方有依据。"[2]那么,敬的含义又是什么?所谓敬,就是主一无适,做到收敛身心,整齐纯一,内无妄思,外无妄动,把心集中于儒家的道德伦理之上。朱熹说:"敬者,主一无适之谓。"[3]又说:"敬有甚物,只是畏字相似。不是块然兀坐,耳无闻,目不见,全不省事之谓。只收敛身心,整齐纯一,不凭地放纵,便是敬。"[4]还说:"所谓敬,又无其他玄妙奇特,止是教人每事习个专一而已。"[5]可见,敬不是佛家的坐禅入定,断绝思虑,亦不是道家的"清净"和"坐忘",敬并非要进入玄虚空无之境,而是和人伦大道,日常行事密切相关的。敬就是要收敛身心,精神专注于一,表里如一,一切都须与封建义理相合,不容违背,这就是敬。

二是"居敬"、"主敬"的前提下,朱熹又往往把"主敬"与"涵养"联用,既所谓"主敬涵养"说,主要由静养动察,敬贯动静思想组成。朱熹认为,心有未动和已动,即未发和已发两种状态。也就是说,心有

---

① 黎靖德编:《朱子语类》卷一二,第210页。
② 朱熹:《朱文公文集》卷五〇,《答潘恭叔》书八,第2313页。
③ 朱熹:《论语集注》卷一,《学而》,朱熹:《四书章句集注》。
④ 黎靖德编:《朱子语类》卷一二,第208页。
⑤ 朱熹:《朱文公文集》卷四八,《答吕子约》,第2238页。

未发之静时,也有已发之动时,故道德教育主要是治心,重在倡导人们的内心自觉,启示人们进行道德品质的自我体察,使人形成道德自觉和自律,做到静时涵养于未发,动时察之于已发,达到"心与理一"的道德修养最高境界。朱熹所谓"涵养"是针对人气之心持敬而养之,其主旨是要涵养出心知理明。他认为,这种未发的主敬修养功夫不仅可以涵养德性,而且可以为格物致知准备充分的主体条件。

三是朱熹还把"居敬"与"持志"联系在一起,认为道德修养除了端正态度,专静纯一外,还必须立志定向,持之以恒。学贵立志,有志者事竟成,所谓"持志"即"立志",就是要求学生加强道德修养,并以古代圣贤为楷模,树立明确高尚的理想。朱熹认为立志在德育中应列于首位,因为立志可以确定一个人的奋斗方向和道德目标。正如他所说的:"书不记,熟读可记。义不精,细思可精。惟有志不立,直是无著力处。而今人贪义禄而不贪道义,要做贵人而不要做好人,皆是志不立之病。"在"持志"这一点上,朱熹既反对空言立志的高谈虚论,也反对胸无大志的庸碌之辈。他说:"今世学者,语高则偏于空寂,卑则滞于形器,中间正当紧要亲切合理会处,却无人留恋,此道之所以不明不行,而邪说暴行所以肆行而莫之禁也。"①因此,他要求学生必须持之以恒,从一事一物做起,一点一滴地积累,"积习既多,自然脱然有贯通处,乃是零零碎碎凑合将来,不知不觉,自然醒悟"②。可见,立志所以是德育活动的重要内容,其意义就在于它能决定一个人的奋斗目标和道德目标,从而激发进取之心。它也属于朱熹"居敬"的道德修养范畴。

二、穷理

在朱熹看来,"敬"虽然重要,但仅仅只是解决了态度的问题,要能够真正做到"明理",还需要下一番"穷理"的苦功夫。朱熹认为,居

---

① 朱熹:《朱文公文集》卷三五,《答刘子澄》,第 1534 页。
② 黎靖德编:《朱子语类》卷一〇,第 394 页。

敬、穷理、存养、省察、力行等多种具体的道德修养方法中,居敬和穷理二者是最为根本的,他说:"涵养须用敬,进学则在致知。两言虽约,其实入德之门无逾于此。"①又说:"学者功夫唯在居敬、穷理二事。"②主敬以立其事,穷理以进其知,使本立和知益明,知精而本益固。可见,居敬、穷理二者是保证人的发展在真善两方面同时并进,成就理想人格的不可缺少的两个基本途径。

所谓穷理,也就是要"穷极事物之理"。"穷理者,欲知事物之所以然与其所当然者而已。知其所以然,故志不惑;知其所当然,故行不谬。"③朱熹认为,只有穷理,才能明白所作所为的准则,行动才不会发生偏误。穷理既是朱熹的认识论,又是道德修养功夫,二者是紧密结合在一起的。作为道德修养功夫,朱熹在这里说的"穷理"主要不在于通过具体的实践活动去认识和掌握客观事物的本质和规律,而在于通过道德践履体验和把握封建伦理道德原则和规范,以此作为衡量、区处事物的道德上的是与非,当与不当。换句话说,穷理就是要"穷天理、明人伦、讲圣言、通世故"④。从本体的高度来提高主体践履封建道德的自觉性。

从内容上看,朱熹所要穷的这个"理"主要包括两个方面。一是物用之理,二是人伦之理。这就是被他称为"天理"的封建道德纲常。朱熹说:"穷理,如性中有仁义礼智,其发动为恻隐、羞恶、辞逊、是非,只此四者,任是世间万事万物,皆不出此四者之内。"⑤所以"穷理",就是要穷尽"仁、义、礼、智"等天理。一个人只有解了认知上的"惑",纠了行为中的"谬",才能使自己的行为达到一种完全自觉的境界。

谈及穷理方法,朱熹认为:

---

① 　朱熹:《朱文公文集》卷三三,《答吕伯恭》,第 1425 页。

② 　黎靖德编:《朱子语类》卷九,第 150 页。

③ 　朱熹:《朱文公文集》卷六四,《答或人》,第 3137 页。

④ 　朱熹:《朱文公文集》卷三九,《答陈齐仲》,第 1756 页。

⑤ 　黎靖德编:《朱子语类》卷九,第 155 页。

第一,穷理务要周全、彻底、达到理之"极至"。朱熹与门人问答,每每以"格物穷理"连用,因为物内有理,通过格物而穷其理,格物之目的是穷理。他说:

> 人心之灵莫不如知,天下之物莫不有理。惟于理有未穷,故其知有不尽也。是以《大学》始教,必使学者即凡天下之物,莫不因其已知之理而益穷之以求至乎其极,至于用力之久,而一旦豁然贯通,则众物之表里,精粗无不到,而吾心之全体大用无不明矣。此谓格物,谓知之至也。①

在这里,朱熹十分明确地把主客观置于认识与被认识的关系,并将"格物"之说由格心引向格客观事物方向,格物之目的是穷理,穷理即"以求至乎其极",要达到理之"极至"。朱熹说:"所谓穷理者,事事物物,各自有个事物的道理,穷之须要周尽,若见得一边,不见一边,便不该通。"又说:"须穷极事物之理到尽处,便有一个是,一个非,是底便行,非底便不行。"②这里所说"尽"、"极"就是周全、彻底,即所谓穷理"须是直穷到底,至纤到悉,十分透彻,无有不尽"之意③。

第二,在格物穷理方法中,读书是最重要和最基本的方法。朱熹认为由于物理无穷,因而穷理亦多端,"如或读书,讲明道义;或论古今人物,而别其是非;或应接事物,而处其当否,皆穷理也"④。其中,读书是最重要、最基本的方法。

首先是博学,朱熹认为,博学是为学的基础,朱熹本人"博极群书","致广大、尽精微,综罗百代"⑤,他也要求学生具备广博的知识,在读书中做到"学之博、问之审、思之谨、辨之明"⑥。朱熹说:"博学,

---

① 朱熹:《大学章句》,朱熹:《四书章句集注》。
② 黎靖德编:《朱子语类》卷一五,第284页。
③ 黎靖德编:《朱子语类》卷三一,第795页。
④ 朱熹:《朱文公文集》卷一五,《经筵讲义》,第707页。
⑤ 黄宗羲:《宋元学案》卷四八,第1495页。
⑥ 《中庸或问》。

谓天地万物之理,修己治人之方,皆所当学。"①"大而天地阴阳,细而昆虫草木,皆当理会。"②朱熹将"博学"与《中庸》的"道问学"结合起来,他认为,要成为一个学问渊博、思想精深的人,单靠"志于学"是不够的,还必须切切实实做到"博学"。他在谈到道问学与尊德性(知识与道德)的关系时说:"为学须是先立大本,其初甚约,中间一节甚广大,到末稍又约……近日学者教约,而不于博求之;不知不求于博,何以考验其约?"③先立大本是指"立志"而言,"志于道"、"志于仁","直截学尧舜"都是"先立大本","志"立之后,存在着一个学的过程,从"未知未能"到"已知已能",中间有个"求知求能"的问题,朱熹所说的博学就属于"求知求能"之中,而学的内容则包括直接知识与间接知识两个方面,从"初甚约"经"中间一节甚广大"再到"末稍又约",朱熹将学习求知的过程视为约—博—约的过程,就是要做到博通专精,由博返约,可见,这种追求博通专精,由博返约的治学精神,也正是朱熹善于综合各家各派之长,在综合中创新,最终成为"致广大、尽精微、综罗百代"集理学之大成的一代宗师求学求知过程的真实写照。

其次,读"圣贤之书"最为重要,它是了解是非善恶的标准,掌握道德行为的具体规范的一条最为便捷的必经之路。"天下之物莫不有理,而其精蕴则已具于圣贤之书,故必由是以求之。然欲其简而易知,约而易守,则莫若《大学》、《论语》、《孟子》、《中庸》之篇也。"④

再次,读书还要和体察相结合,"读书,须要切己体验,不可只作文字看"⑤。朱熹认为要将自己置身书中,结合人生阅历与书对谈,领悟象外之象、韵外之旨,从而对知识做出更理性更深层次的探索。

---

① 张伯行:《朱子语类辑略》,中华书局 1985 年版。
② 黎靖德编:《朱子语类》卷一一七,第 2817 页。
③ 黎靖德编:《朱子语类》卷一一,第 188 页。
④ 朱熹:《朱文公文集》卷五七,《答曹之可》,第 2811 页。
⑤ 黎靖德编:《朱子语类》卷一一,第 181 页。

此外,尚有如"居敬而持志"、"熟读深思而问辨"等方法,前文已述,在此就不一一展开了。

最后,穷理务须循序渐进。朱熹主张,循序渐进,积累而贯通,从切已处开始,逐渐推至疏远处,日积月累,以达到豁然贯通的境地。所谓的从切已处开始,也就是要先穷究一心之理,次及一身之理,再及人伦日用之理,最后才及天地鬼神山川草木以至一厘一息之理。朱熹说:"穷理之学,诚不可顿进,然必穷之以渐。俟其积累之多,而廓然贯通,乃为识大体耳。"由积累而贯通是一个自然而然的过程,格万物之理之所以能够贯通,是因为万理源于一理,所出根源相同,故能通过积习,而豁然贯通万物之理,达到"吾心之全体大用无不明"的境界。联系朱熹"穷天理、明人伦、讲圣言,通世故"的穷理本旨,我们不难看出,朱熹的穷理就是要以封建的道德原则和规范作为穷理的主要目标,着力探究,才是真正的穷理,才能达到豁然贯通的精神境界,对事物的道理,人伦规范就会有一种真切的了解,达到"明善"的目的。

三、存养

所谓的"存养",也就要存心养性,即"收其放心,养其德性"。"收其放心"或曰"求其放心"就是要积极地寻求已经丢弃、失落的道德本心,即保存住先天固有的封建道德观念,不让其丧失掉。朱熹认为,人的本心原是光明正大的,是至善的,有些人之所以丢弃了"善端",除了客观环境影响,更主要的还是在于自身的"自放其心"。所以朱熹的德育思想中对于存心十分重视并每每断言:"圣贤千言万语,只要人不失其本心。""能存得自家个虚灵不昧之心,足以具众理,可以应万事,便是明得自家明德了。"①由此可见,朱熹认为,受教育者养成优良品德的根本途径不是向外探索,而是向内近求,即把那些已经丧失的道德本心找回来,恢复天赋的道德观念,保持对固有善端的自

---

① 　黎靖德编:《朱子语类》卷一四,第 265 页。

觉。朱熹还认为,只要在心之未发之际,能够常存敬畏,使心常提撕警觉,有所收敛,毫不走作,永保惺惺清醒的境地,那么,心便会如明镜止水,一片清静,没有任何思虑云为,所谓的天理本然也就会经常存在,不至动摇,昭著光明,无所不照。

存养不仅是居敬的结果,同时它又和穷理的过程相一致。朱熹说:"持敬是穷理之本,穷得理又是养心之助。"①又说:"存养中便有穷理工夫,穷理中便有存养工夫,穷理便是穷那存得底,存养便是养那穷得底。"②总之,朱熹认为穷得天理,才能加以存养。而存养又有助于穷理;穷得天理,也就达到了真正的存养,可见,朱熹的存养,其实质仍然是要求人们加强对封建道德原则和规范的体认。

四、省察

"省"是反省,"察"是检察。所谓"省察"的工夫,就是要求学生对人欲之私意在"将发之际"和"已发之后"进行反省和检察。朱熹从"性即理"的思想出发,认为道德教育者必须注意把无有不差的"心"存养起来,要收敛其身心,使精神集中在这里,而勿使失忘。因此,一方面对天理来说,他主张立志、主敬、存养;另一方面对人欲来说,他提出"省察的功夫"。如果说,在朱熹那里,存养主要是指静时或未发之时的一种修养功夫,那么,省察则主要是指动时或已发之时的一种修养功夫,按照朱熹的意思,这两种功夫的结合,就是要察认"道心"和"人心"的差别,不使二者有丝毫的混杂,从而坚守本心之正,顷刻不离。直言之,也就是要以天理为标准去观照一切事物行为,分清天理人欲,是与非,善与恶,做到存善去恶。朱熹还认为,省察必须是"无时不省察",在大庭广众面前要省察,独居之时要省察,内心已动而尚未发为动作,未被他人所知之时,即所谓的"即发之际,隐微之时"更要省察,辨别何为天理,何为人欲,

---

① 黎靖德编:《朱子语类》卷九,第 190 页。
② 黎靖德编:《朱子语类》卷六三,第 1539 页。

从而将天理保存起来,对人欲则用力克治,"遏人欲于将萌,而不使其滋长于隐微之中"①。这样,就可以达到"言忠信,行笃敬,惩忿窒欲,迁善改过"的目的。

可见,"省察"功夫,即是"求放心"的功夫,即要求人心随时清醒,谨慎从事,把违反天理的言行压抑掉,而且更要窒息这种思想在人们头脑中任何的萌芽。"省察"本心,揭去昏翳,使心中的"理"永远保持通明,这也是朱熹道德教育的重要任务。

朱熹所主张的"省察"是以穷理致知为前提的,朱熹认为,只有穷得理明,才能察之精微,若是理之未明,专务省察,则必然难以收到好的效果。"譬如灯火要明,只管挑,不添油,便明得也即不好。"②穷理致知就有如添油,若专务"省察"而不以穷理致知为前提,正如似挑灯不添油,想要达到察之精微,显然是不可能的。

朱熹还认为,"居敬"的工夫必须与"省察"的功夫相结合,做到"敬"中有"察",才是"活敬",才能达到"内外透彻","皆无人欲之私"的境界。他说:"敬有死敬,有活敬。若只守着主一之敬,遇事不济之以义,辨其是非,则不活。若熟后敬便义,义便有敬。静则察其敬与不敬,动则察其义与不义……须敬义夹持,循环无端,则内外透彻。"③可见,受教育者能否内省,是其道德自觉性、主动性与独立性是否确立的标志,只要真正做到居敬,穷得天理并力加存养,无时无事不加意省察,做到自隐而见,自微而显,皆无人欲之私,那么省察功夫才会日益严密,敬才会成为"活敬",为敬的目的才能达到。

五、践行

朱熹在重视居敬、穷理、存养、省察等道德修养功夫的同时,还十分强调践行或为力行、笃行。朱熹始终把道德教育的视界瞄定于道

---

① 朱熹:《中庸章句》,朱熹:《四书章句集注》。
② 黎靖德编:《朱子语类》卷一〇一,第2595页。
③ 黎靖德编:《朱子语类》卷一二,第216页。

德的生活实际,并不是一个高居于现实之上的道德理念王国。正如我们在前一节中论及朱熹道德教育的基本原则中已讲明的那样,朱熹强调知行合一,牢牢地把握道德学习融贯于日常生活实践之中,他认为道德修养只有两件事:理会、践行,而"功夫全在行上"。这种"知行合一"的原则,亦成了朱熹道德教育的基本方法与路径。

所谓"践行"或"力行",就是强调在"明理"的基础上,把"理"落实到自己的行动上,扎扎实实地去实行。朱熹对"践行"极其重视,其"践行"思想主要包括了以下两个方面的内容。

一方面,践行是为学和"致知"的全部目的,是检验"知之深不深"、"知之真不真"的标准。朱熹为学,坚持"穷理以致其知,反躬以践其实",他认为,无论是正心修身(内圣)的践行,还是齐家治国(外王)的践行,都是为学的目的所在。如果不能把为学所明的"义理"见诸行动,贯彻到人伦日用之际,动止语然之间,那么就不能成圣成贤,也谈不上治国平天下了。他不仅把践行或力行看做是穷理致知的必然延伸,看成是"致知"的全部目的,而且把它看成是检验"知之深不深"、"知之真不真",即对封建道德是否达到高度自觉的标准。朱熹说:"夫学问岂以他求,不过欲明此理,而力行之耳,故圣贤教人,必以穷理为先,而力行以终之。"①

另一方面,强调"致知"与"力行"是统一的,相辅相成的。朱熹说:"读书穷理,当体之于身。"②读了书必须付诸行,而行又须以义理作指导,朱熹说:"徒明不行,则明无所用,空明而已;徒行不明,则行无所向,妄行而力行,用功不可偏。"③朱熹又说:"知之愈明,则行之愈笃;行之愈笃,则知之愈明。二者不可偏废。"④这就是告诉人们"致知"与"力行"不仅是统一的,而是相辅相成的,也是不可偏废的。

---

① 朱熹:《朱文公文集》卷五四,《答郭希吕》,第 2566~2567 页。
② 黎靖德编:《朱子语类》卷八一,第 2133 页。
③ 黎靖德编:《朱子语类》卷六四,第 1575 页。
④ 黎靖德编:《朱子语类》卷一四,第 281 页。

从中我们也可以看出,朱熹在反对知而不行倾向的同时,也反对不知而行,主张要在知的基础上力行、践行。只有先明了义理,知道了事物的当然准则,才能使行为有所规范而合于义理。否则,就只能如瞎子走路一样,使道德实践陷入盲目性。

第六章

朱熹道德教育思想的
历史地位及传播

　　朱熹的道德教育思想作为其博大精深的理学思想的重要组成部分,十分完备精致,更由于包括其道德教育思想在内的整个朱子理学适应于它产生的那个时代的需要,在维护和巩固封建社会长治久安方面,有其无可取代的重要作用。故在朱熹晚年虽曾遭"庆元党禁"而被定为"伪学"。其理学思想的传播曾一度陷于低谷,但是,在朱熹死后的十几年间,经朱熹的私淑弟子魏了翁、真德秀等朱子后学推广传播,倡导和表彰,朱子理学又逐渐从民间传授走上了官方正统哲学,成为封建社会后期的主流意识形态。与这一进程相一致的是朱熹的道德教育思想自南宋末期以来,亦成为官方占据主导地位的道德教育思想,对中国传统道德教育产生了巨大而深远的影响。这种影响,元明之际,传入东亚和欧美海外各国,并在世界各国传播;明清时期,也从福建传入我国的台湾,成为台湾道德教育的历史渊源。为此,我们有必要对朱熹道德教育思想的历史地位及其传播进行深入的分析,研判其道德教育思想的历史贡献,找寻汲取传统文化营养的路径,使我们当代人将自己的智慧与古代思想家得以对接,为我们当今解决社会道德领域中存在的问题提供有益的借鉴。

第一节　朱熹道德教育思想的评价和历史地位

一、如何正确对待朱熹的道德教育思想

朱熹的道德教育思想从根本上说是为封建统治阶级服务的,但他所取得的一系列积极成果,往往在一定程度上正确反映了人们思想道德认识形成、发展、转化的规律,常常超出创造该成果的时代和阶级的独家需要,而成为具有普遍意义的东西,为各个不同时代和阶级所借鉴。但是正如不论任何思想,只要是历史的产物,就必然背负着时代及环境的制约。没有一种思想能够全然地超越时代和环境而普遍适用于任何时代。包括朱熹道德教育思想在内的朱子理学也一样,它必然受到与它产生的那个时代与环境的制约。因此,开展朱熹道德教育思想研究,要有时代的观点,实事求是的态度,既要看到朱熹道德教育思想对它那个时代所发生的积极作用和意义,也应看到其历史的局限与消极的一面,尤其是在朱熹道德教育思想已成为历史文化遗产的今天,我们如何传承利用好这一历史文化遗产为现代社会服务,更是一个值得我们今天的人们深刻思考的课题。总之,我们既不能否定一切,搞历史虚无主义,抹杀朱熹思想的积极因素和可为现代化提供借鉴的成分,也不能看不到朱熹思想的历史局限性,而肯定一切,搞文化复古主义。正确的态度应该是,以现代化发展和现代社会道德建设的要求为取舍的标准,注意区分朱熹道德思想中的积极因素和消极因素,精华和糟粕,批判清除其流弊,继承创新其合理思想,立足现实,转化传统,使朱熹道德教育思想在现代化和当代社会道德建设中,发挥其应有的作用。

二、朱熹道德教育思想及其道德教育实践活动的积极意义

列宁曾说:"判断历史的功绩,不是根据历史活动家没有提供现

代所要求的东西,而是根据他们比他们的前辈提供了新的东西。"①
朱熹的道德教育思想的确比他的前辈提供了许多新的内容,对此,我
们也要进行梳理、考察,剔除其糟粕,吸取其精华,以便能准确地评价
朱熹道德教育思想的历史功绩。

1.朱熹构建了道德教育思想的完整体系,是儒家学派道德教育
思想的集大成者。朱熹以孔子的道德教育思想为核心,吸取了从先
秦到南宋的教育家道德教育思想的积极成果,总结了自己实施道德
教育的实践经验,形成了"致广大,尽精微,综罗百代"的道德教育理
论,创造性地发展了儒家学派的道德教育理论,在中国古代教育史上
起了承上启下的积极作用。

自孔子以来的儒家先贤们都非常重视道德教育问题,他们从人
性和政治两个方面对道德教育的重要性和必要性有过大量的论述。
先秦时期是儒家传统教育的奠基时期,以孔子、孟子、荀子为代表人
物,他们确定了儒家以仁为中心,以促进个体德性人格的养成和现实
伦理秩序的完善为旨归的道德教育思想体系;两汉隋唐时期,董仲
舒、班固、王符等儒学家们从道德教育的内容,方式方法等方面继承
和发展了传统道德教育思想;朱熹在汲取宋代理学先驱周敦颐、二程
思想并综合宋代各家思想的基础上,对儒家道德教育思想作了新的
概括与提升,创造性地建立了理学道德教育思想体系,构成了一套系
统的、严密的、哲理化的道德教育思想,把中华民族传统的道德教育
推向一个新的阶段。

朱熹在理一元论哲学的前提下,把儒家伦理与宇宙本体统一于
天理,构建了道德伦理的形而上学,让道德伦理观念具有了本体论的
哲学依据;朱熹的人性二元论将人性分为"天命之性"与"气质之性",
人性至善的"天命之性"使人有内在价值和好善追求,所以,"人皆可
为尧舜",道德教育是可能的;人性中理与气杂者为"气质之性",它有
清浊之殊,"气质之性"使人因"物欲交蔽"失缺本善之性而为恶,只有

---

① 《列宁全集》第二卷,人民出版社1984年版,第154页。

通过"建学立师"的学校道德教育和自我"穷理修身"才能"变化气质",才能"乃复其初",恢复先天至善。因此,道德教育又是必要的。这种人性二元论以及由此派生出的"变化气质"说,既是联结宇宙本体与道德伦理的中间环节,也是朱熹道德教育思想的直接理论基础。在此理论基础上,一方面朱熹把西汉董仲舒概括的儒家道德规范之"三纲五纪"纳入"天理"的轨道并予以哲学形而上的论证,赋予了中国封建社会核心价值观念"三纲五纪(常)"以超时空的道德绝对主义性质;另一方面,朱熹把"明五伦"作为道德教育的终极目标,视道德教育过程为知、情、意、行的有机结合,是儒家传统"明明德"的自我修养和"新民"的治人之事的"内圣"与"外王"的统一。可以说,是朱熹最终奠定了中国道德教育关注人伦和谐,强调主体自觉,倡导生活中德性养成,重视人文精神体验和整体直觉思维的民族个性。总之,朱熹是我国历史上第一位完整而深刻、系统又精致地传承而光大了儒家为主流的中国式道德教育理论体系的思想家、教育家,其道德教育理论由于封建朝廷的推崇和长期的道德教育实践,实际已经展示出了一种以儒家文化为核心的中国古代生活化道德教育模式而深植于炎黄子孙民族化的价值理想、伦理规范、社会习俗、文化心态之中,成为了我国传统道德教育宝库中的珍贵历史文化遗产,亦是我们今天开展公民道德建设的源头活水,是当代道德教育创新的重要源泉。

2.朱熹在道德教育实践提出了一系列的道德教育原则和道德修养方法,将儒家的道德教育方法上升为方法论,对后世产生了重大影响。先秦儒家们在长期的道德教育实践中,积累了丰富的教育经验,形成了许多有效的道德教育方法,如孔子提倡育人德为先的理念。朱熹举孔子之说:"弟子入则孝,出则悌,谨而信,泛爱众,而亲仁。行有余力,则以学文。"[①]以教育门生,作为"改过行己之云"。朱熹主张应把道德教育放在首位。先修德行,而后学习文化知识,孔子提出了"学而时习之"、"温故而知新,可以为师矣"。孟子把"志"与"气"结合

---

① 　朱熹:《朱文公文集·别集》卷五,《答云耕叟耒》,第 4924 页。

在一起，提出"持志"、"养气"以立志为基础，养成大丈夫"浩然之气"。孟子还提出了"不教之教"，学贵"自得"，从"博"到"约"等等，这些思想深刻地反映了道德教育的客观规律，故历经数千年而不衰。朱熹在自己长达50年的教育实践，丰富和发展了儒家先贤的道德教育方法，并将其上升为方法论，构建了一整套道德教育的原则、方法和途径。概括起来，朱熹的道德教育基本原则有：全人教育与注重德育的原则、知行结合的原则、引导与防禁结合的原则以及循序渐进的原则等，其道德教育方法（功夫）概括起来主要有立志、居敬、穷理、存养、省察、力行等，可以说，朱熹也是我国教育史上第一个把儒家道德教育方法上升为方法论的思想家、教育家。总之，朱熹以追求儒家"通道之学"为旨归，其"为人之道"的修养学或工夫论构成整个儒者之学的核心，故其道德教育方法论是十分丰厚与深刻的，并对后世亦产生了重大影响。朱熹道德教育思想强调以儒家道德理性为主导，强调把道德修养与遇事按道德原则办事相结合，重视主体思维认知功能和主观能动性的发挥，尤其是朱熹强调把孔孟的仁爱思想贯彻到道德践履中去，由此影响了后世，加强了中华民族重道德践履、重理性、重内在自觉、节制感性欲望的自律精神。中华民族之所以历经磨难，长期发展而不为乱世所中绝，其中的一个重要原因就在于道德理性终究能够主导感性欲望，而这种社会整体道德理性的塑造，根源于社会个体的道德修养之凝聚。可见，朱熹道德教育思想及其道德教育方法论中的积极因素和正面影响已融入中华民族优秀伦理传统之中，作为中华民族精神的组成部分，在历史上和现实生活中发挥着积极的作用。

3. 朱熹区分小学与大学教育阶段，首次系统明确地论证了学校阶段划分理论，构造了不同阶段学校教育，尤其是道德教育的内容体系，为近代学校的学级制度提供了雏形。朱熹根据人的年龄、心理以及理解能力的不同阶段，主张把学校教育分为童蒙、小学和大学三个阶段并根据两类不同的阶段进行不同的教育，尤其是道德教育。朱熹认为，"小学"是教育的基础阶段，道德教育的主要任务是"教事"即让儿童在日常生活学习中通过具体的行事懂得基本的伦理道德规范，养成文明的行为习惯。大学阶段的道德教育主要任务在于"教理"，也就是"穷理、正心、修己、治人之道"。其终极目标是"止于至善"。可以说，在朱熹之前，我国古代学校虽有"小子之学"和"大人之学"之分，主要是按年龄及学习内容的难易做的自然区分，并无系统的有关大学、小学制建纲领、教材等方面的明文论述，界限也比较模糊。朱熹在总结古代教育经验的基础上，把学校教育明确划分为童蒙、小学和大学三个阶段，并规定了大小学各自的入学年龄、教材目标、教学内容及修业年限等，在中国教育史上，朱熹是第一个系统明确地论证了学校阶段划分理论的教育家，从而也为近代学校的学级制提供了雏形。朱熹还为不同的学校制定了学规，其中最有影响的首推《白鹿洞书院揭示》。这是朱熹为培养人才而制定的大学教育方针和大学教育守则，它将道德教育置于首位，规定了书院师生必须遵守的基本章程，提出了教育目标、内容、办学程度、修身、处事和接物等一系列的纲领，很快就成为南宋书院的统一学规，也成为元明清各朝书院学规的范本，并影响到各级各类官学。朱熹十分重视道德教育教材的审定和编写，根据不同的阶段选配不同的教材。作为小学阶段的读物，朱熹先后编写了《训蒙绝句》五卷、《童蒙须知》一卷和《小学》六卷；作为大学阶段的教材，朱熹花了一生精力，呕心沥血地集注了《大学》、《中庸》、《论语》、《孟子》四书，并认为《四书》是化入圣贤之学的门户。此外，朱熹还曾增损吕氏《乡约》、注《弟子职》、修《家礼》、写《训子帖》、提《敬斋箴》、作《训蒙诗百首》、有《沧州谕学者》，记《论定董陈学则》、校《孝经刊误》、编《仪礼经传通解》、《近思录》、《周易本义》、《易学启蒙》、《经筵讲义》等，朱熹撰写的教材都对当时整个伦理社会产生了重大的影响，其中不少论著还流传到了国外，对朝鲜、日本及东南亚等地区的教育产生了深远的影响。

三、朱熹道德教育思想的历史局限和批判

朱熹道德教育思想作为特定历史时代的产物，虽有其适应当时

时代发展、为社会所需的一面,但也不可避免地具有与当时的时代特征相联系,在今天看来是消极落后的一面,更由于后世的人们把朱熹思想中的某些倾向强调得过头,因而产生了流弊。其末流之弊虽不能和朱熹本身的思想完全画等号,但也不能完全脱离干系,而是具有一定联系的。对于朱熹道德教育思想中消极落后的因素及其流弊对中国社会产生的消极影响,尤其是其中不适应当前中国社会道德建设的成分,应认真加以批判与清除,以促进和推动我国社会的道德与文化建设。

1. 朱熹的性理合一的道德本体论具有明显的客观唯心论性质,而将封建伦理纲常本体化则旨在为封建伦理纲常的普遍性、绝对性和永恒性作辩护的。在朱熹那里,道德教育所要明的这个"理",不仅来自于个体身心之外,而且还是一种先验的存在,所以他说:"未有天地之先,毕竟也只是理。有此理,便有此天地;若无此理,便也无天地,无人无物,都无该载了! 有理,便有气流行,发育万物。"① 可见,在朱熹看来,"理"在宇宙万物都还没有产生之时就已经存在了,而且正是这个"理"孕育了宇宙万物。人禀"理"而为人性,人性中至善的"天命之性"是以仁、义、礼、智为内容的天地之性。这就为道德教育的开展作了前提性预设,即存在一个超越现实的经济关系与阶级利益而独立存在的"天命之性"。既然如此,道德教育主要任务在于帮助和引导人们进行个体修身,而个体修身所需要做的和能够做的就只在于去认真体验和秉承这个早已存在的人禀"理"而为的"天命之性",而逐渐也化外"理"为内"德"了。这是典型的客观唯心主义的思维。朱熹的道德教育思想也深深打上了阶级的烙印,作为封建地主阶级士大夫的思想代表,朱熹在南宋当时社会的政治、经济和思想文化大变动的时期,站在维护封建统治阶级利益的立场上,以宣传和维护封建伦理道德为己任,他的纲常伦理思想及为此而展开的整个道德教育,就是强调要善于用伦理道德来调整人们之间的关系,以维护

---

① 黎靖德编:《朱子语类》卷一,第 1 页。

封建社会"君君、臣臣、父父、子子"的等级制度,朱熹主张学校道德教育的目的在于"明人伦"。这里所指的"人伦"实质上就是封建社会三纲五常的伦理道德,其道德教育的阶级性也是十分明显的。封建统治是用等级制和宗法制来维持的,朱熹从"天理"的高度,把"三纲五常"确立为维护封建宗法等级制度和秩序的根本支柱,其目的是把封建等级制度神圣化和绝对化。

2.以培养"圣人"理想人格为目标,突显了理想人格与现实人格的矛盾,导致了虚伪人格的产生。朱熹的道德教育以培养理想人格——"圣人"作为最高目标。所谓"圣人",朱熹认为就是与天理合一的人,即"圣人与理为一"①。圣人就是人格化了的天理,是做人的最高境界。朱熹的这种圣人的理想人格是一种至善的象征,在真善美人格三要素中,朱熹把善提高到了至高无上的地位,并由善来统摄真和美,而真和美被善所涵盖,由此也就丧失了独立的价值和地位。在朱熹的道德教育理论中,确实存在着只重视德性提升与养成而忽视了对自然规律和自然美的认识和探求,对科学技术的学习和掌握等"真"和"美"的追求。因此,朱熹的理想人格设计显然不是一种全面型的人格。朱熹这一理想人格的设计也反映出了他过分夸大道德作用的观点,他主张依靠道德重建来解决当时的社会问题,他说:"古先圣王所以制御夷狄之道,其本不在乎威强而在乎德业,其任不在乎边境而在乎朝廷,其具不在乎兵食而在乎纲纪,盖决然矣。"②这句话虽然说是对当时金强宋弱形势下的无奈之语,但也反映出了朱熹对道德的作用是摆到了关乎国家兴亡的至高无上的地位了。在朱熹的教育实践中,他始终要求学生读儒家经典,与弟子讲论最多的也是"四书"、"五经",而忽视自然知识、科技知识和实际的技能、谋略的学习,这对中国后期的教育产生了消极的作用和影响。

我们还可看到,朱熹对"圣人"理想人格的设计也确有悬之过高,

① 黎靖德编:《朱子语类》卷八,第145页。
② 朱熹:《朱文公文集》卷一三,《癸未垂拱奏札三》,第636页。

脱离现实之弊,我们认为,理想人格固然有超越现实人性的一面,但这种超越并不意味着完全脱离现实人性,而是必须以现实人性为依据,这样的理想人格才易于被大众所接受,否则,过高的理想人格设计而无法实现反而会造成伪善人格的产生。

3.天理与人欲的对立,造成了现实道德领域中理欲关系的绝对化和极端化。朱熹在道德教育中,一再强调"存天理,灭人欲"是实现理想人格的基本手段。朱熹继承了二程"灭私欲则天理明"的思想,倡天理与私欲的对立,强调存理去欲,以公私、是非来区分理欲,要求克私立公"革尽人欲,复尽天理"。在朱熹那里,人的欲望变成了天理的对立面,变成了万恶之源,朱熹对人欲是持一种蔑视和否定的态度的,这无疑是犯了极端化和绝对化的毛病。实际上,人的欲望是中性的东西,它非善非恶又可善可恶,关键是看如何引导它,善恶在于满足它的手段。对待人欲的正确态度应该是合理地进行节制而非百般压抑或严加禁绝。对人欲的百般压抑会严重削弱人的进取动力,而对人欲的严加禁绝则会造成生命力的枯萎。

4.朱熹道德教育思想中的某些倾向被后世的人们强调得过头,因而产生流弊。如前所述,朱熹思想中具有重道德轻利益的倾向,后世进一步发展演化成空谈道德性命,忽视事功和客观物质利益的空虚无用之风,形成空谈心性,鄙下实事,坐而论道的流弊,故对其空虚无用之末流弊端应加以批判清除。又如后世理学末流把朱熹思想中"天理人欲,不容并立"的抑制人欲的倾向进一步强化,产生不近人情,压抑人性的流弊,理应予以批判清除。我们在分析朱熹理学思想时,应注意把理学的流弊与理学本身区别开来,而不能把二者混同,同时也应注意,我们在克服朱熹重义轻利观念中的消极因素时,但也不能因此而走向"见利忘义"不义而富贵的另一个极端。

5.朱熹道德教育思想与现代化的冲突。朱熹的道德教育思想同整个朱子学一样是历史的产物,虽然它的产生适应了它那个时期中国社会发展的需要,有其存在的理由和价值。但时代发展了,其某些落后于时代的内容便与现代化发生了冲突,也因此妨碍了社会的进一步发展。这主要表现在以下诸方面：

一是重视道德价值，注重道德精神培养而轻视物质财富的创造和物质利益的满足，重视教化，强调道德标准而忽视功利和客观效果，这与现代社会发展生产力，讲求社会经济效益的要求是不相适应。

二是朱熹倡导德治，把国家大事的治理系之于统治者个人及各级官吏的品德和素质上，而不是建立在法律制度保障和法律监督的可靠基础上，这是一种以人治为主，轻视法治的倾向，这与现代社会法制建设的要求亦形成冲突。

三是朱熹的价值观中社会的价值是远远高于个人价值的，这种以社会为本位的价值观会引致轻个人、限制个性发展的倾向，这与现代社会强调发挥个人首创精神，发展人的个性自由观念也有一定程度的冲突。

总之，朱熹教育思想中与现代化的冲突主要是由于时代不同的历史差异造成的，我们要创新发展新时期的道德教育，对朱熹道德教育思想中那些不适应现代化社会的东西就必须加以批判并抛弃。去取其糟粕而吸取其精华。但我们今人对待朱熹的上述这些思想，也不能简单地要么肯定，要么否定，如朱熹道德思想中以社会为本位的观念，既有压抑个性与个性自由，而不利于通过促进个人的全面发展以带动整个社会的发展，但又有利于集体主义、爱国主义精神的弘扬，以关心和维护国家、民族的利益。这也告诉我们，对朱熹道德教育思想应采取实事求是的科学态度，紧密结合当前社会道德建设的实际，认真加以科学的分析，作出辩证的批判与扬弃。

第二节　朱熹道德教育思想的传承与发展

由于朱熹以传统儒家伦理为宇宙万物本源，提倡"三纲五常"、"存理去欲"，重视道德修养等一系列道德教育的主张，很好地适应了南宋社会推行道德教化，重树封建伦理纲常、维护封建统治的需要，因而在朱熹死后,包括道德教育思想在内的整个朱子理学思想的理论价值愈来愈被人们所认识,也愈来愈被尊崇。自南宋晚期理宗赵昀开始,由于统治者和朱子后学对朱子学的表彰和宣扬,朱熹历史地位得以确立,朱子理学上升为封建社会后期的主流意识形态,其道德教育思想亦成为社会正统的占据主导地位的道德教育思想而得到广泛的传承与发展。

一、南宋朱子后学和南宋后期统治者对朱子理学的推崇和表彰,推动了理学教育的官学化

(一)南宋末期朱子门人对朱熹道德教育思想的传播和官学化所做的贡献

朱熹在世时,朱子学已形成了比较严密的学术派别。朱熹及其门人多创立精舍、书院,登台论讲,学徒众多。在现存资料中,最早记录朱熹门人的是明代戴铣的著作《朱子实记》,其中第八卷列出朱子门人 319 人,而号称高弟并著述者 68 人,录有问答者 71 人,仅有姓字邑爵者 180 人。据今人陈荣捷先生在《朱子门人》中考证,仅就有籍贯的登门求教,明言奉侍,自称弟子者,即所谓正式门人,就有 488 人,分别属于福建、浙江、江西、湖南、安徽、江苏、四川、山东等,可谓来自全国。其中福建籍的有 164 人,占总人数 1/3,且多为朱子学的中坚骨干。[1] 清人张伯行说:"昔孔子之徒三千,而斯道赖以昭著。朱子门下知名之士如黄(榦)、陈(淳),蔡(元定、沈)、刘(爚)辈,亦不下数十人。故其著述最富,问答最多,而理学因之大明。"[2]

在朱子学的发展史上,有"朱子传之蔡西山(元定)、九峰(沈),黄勉斋(榦)、陈北溪(淳),李果斋(方子)诸先生,而浦城真西山(德秀)又朱门之私淑也,有宋闽儒甲于天下"[3]之称。在朱子学创立过程

---

① 陈荣捷:《朱子门人》,台湾学生书局 1982 年版,第 1～5 页。

② 张伯行:《正谊堂文集·续集》卷五,《答冉永先检讨》。

③ 蓝鼎元:《鹿洲全集·初集》卷六,《送谢古梅太史还闽序》,厦门大学出版社 1995 年版。

中,朱熹和门人对一些问题反复商讨,使其成熟。朱子门人对朱子学创立做出了重大贡献。在"庆元党禁"时期和朱熹死后,朱子门人大都返回原籍,在全国各地传播朱子学,推动了朱子学的广泛传播,影响了民间大众,并促使统治者认识到其社会价值,将其定为官方统治思想。

(二)朱熹私淑弟子魏了翁、真德秀对朱子理学的宣扬和推动

在朱子学的传播史上,南宋魏了翁、真德秀做出了积极的贡献。魏了翁和真德秀是在朱子理学被定为"伪学"处于低潮时期从事政治和学术活动的。魏、真二人在当时不仅具有高度的理学素养,而且有较高的政治地位。理学经魏、真二人的表彰和充实,最终得到了统治者的确认,使理学向官学化目标迈进了一大步。

朱子私淑弟子魏了翁(1178—1237),南宋著名理学家、教育家,曾创办鹤山书院,讲授义理之学。以魏了翁为代表的理学人物在朱熹理学遭到"庆元党禁"后的十几年,开展了一场积极宣扬和表彰理学及其代表人物,为理学争社会地位的活动。嘉定九年(1216年),魏了翁上疏宋宁宗,表彰周敦颐和程颢、程颐,请为周、程三人定谥号。在此之前,南宋朝廷已于嘉定二年(1209年)赐朱熹谥号曰"文",于嘉定八年(1215年)赐张栻谥号曰"宣",魏了翁表彰周程,是为了把周、程、朱、张等两宋理学家联为一体,作为一代学术思想的代表人物来看待和表彰。在魏了翁等人的一再奏请下,宋宁宗根据当时政治和形势的需要,于嘉定十三年(1220年)赐周敦颐谥号曰"元",赐程颢谥号曰"纯",赐程颐谥号曰"正",这在理学发展史上是一个重要转折点,它为程朱理学成为南宋后期的官方哲学,并一直为后世的统治者所尊崇,起了先导的作用。魏了翁作为统治阶级中的有识之士,看到了南宋社会由于金、蒙贵族入侵、农民起义、地主阶级统治思想的涣散和全民思想失向所引起的危机。提出了"开阐正学",以理学(新儒学)来代替过去旧儒学,企图通过对理学的宣传和提倡来阐明新儒学的"义理",以端正当时的"人心"。他认为当务之急是"敷求硕儒,开阐正学,使人人知其有礼义廉耻之实,知有君臣父

子之亲"①。即把理学定于一尊,在意识形态领域以理学的义理思想为标准来整顿人心。可见,随着南宋末期理学正统地位的确立,以朱熹为代表的理学道德教育思想亦成为官方的道德教育主张而占据了统治地位。

与魏了翁积极提倡和表彰理学相响应,朱熹的另一私淑弟子真德秀(1178—1235)的宣讲传播理学起了推波助澜的作用。真德秀一生历任太学正、江东转运副使,知泉州、隆兴、潭州、福州、礼部侍郎、户部尚书、参知正事、资政殿学士等近二十种官职。《宋史》载:"德秀晚出,独慨然以斯文自任,讲习而服行之。党禁既开,而正学遂明于天下后世,多其力也。"②一方面,他潜心著述,身体力行,推进朱子理学向民间普及,他支持学校,不厌其烦地以"衍义"、"注释"、"教化"的方式作《大学衍义》、《四书集编》、《读书记》、《文章正宗》、《心经》等,灌输朱学的价值观和道德教育思想,把朱子学通俗化、世俗化;另一方面,他利用各种机会讲习理学道德、传播理学,进而推进朱学的官学化。他一生立朝不满十年,三度入朝二度做经筵侍讲,他充分利用这一机会,给宋理宗灌输朱子学说,劝理宗留心义理之学,存心养心,去欲达仁,给君主传授正心修身之要,这对理学正宗地位的确立做出了积极的贡献。真德秀重视教育,崇尚教化,对朱熹的道德教育思想传承和发展做了长期而又艰苦卓绝的努力。首先,在官学的课程设置和教学内容上,强调要把周、程、朱、张等理学家的著作作为经史教材,要"课以经史",反对学校"或虽供课,而所习不过举止,未尝诵习经史"的做法,主张要以如"南轩之论《孟说》……晦庵之《大学章句》"等为课目,教导"学校庠塾之士"要"博求周、程以来诸所论著","当参考而并观焉","譬之菽粟布帛不容以一日去者也"。其次,在教育原则上,真德秀主张内圣经世的教育观,强调对理学家心性义理的学习

---

① 魏了翁:《鹤山集》卷一六,《论敷求硕儒开阐正学》。
② 脱脱等:《宋史》卷四三七,《真德秀传》,第12964页。

和践行,即"培养义理之源,务求有用之实"。[①]

(三)南宋末期统治者对朱子理学的推崇表彰,初步奠定了朱熹道德教育思想的官学地位

正是在朱熹门人和魏了翁、真德秀等朱子后学及其他朝臣的努力下,使朱子学的影响日益扩大,这也给理学的官学化进程扫清了障碍。嘉泰二年(1202 年)二月,宋宁宗解除学禁,理学得以复苏。宁宗嘉定元年(1208 年)十月,皇帝下诏为朱熹议谥,嘉定二年(1209年)十二月,谥朱熹为"文",尊称"朱文公"。嘉定五年(1212 年),根据李道传、刘爚等人的奏请,将朱熹的《论语集注》、《孟子集注》立于官学,成为官方法定读本,这也标志理学著作正式进入官学。嘉定十七年(1124 年),宋宁宗去世,理宗即位。理宗即位以前,曾长期受到了理学思想的熏陶,并在即位后的政治统治中,认识到了理学对于巩固封建统治的重要性,因而理宗在位的 40 年,推崇理学坚持不懈,他将理学列为"正学之宗",将朱熹的《四书集注》确定为儒生的必读课本。理宗于淳祐元年(1241 年)视察太学时,还亲笔手书朱熹的《白鹿洞书院揭示》赐给太学生,并颁行天下学校,由此可见,伴随着最能体现朱熹道德教育思想和道德教育内容体系的《四书集注》和《白鹿洞书院揭示》进入官学法定的教学体系,包括朱熹道德教育思想在内的朱子理学已占据了意识形态的主流地位。

二、元、明、清朱子理学的流行及朱熹道德教育思想的发展

(一)元代朱子理学正式演变为官学,朱熹所注"四书"被列为科场试士的程式

元灭南宋,元统治者为建立与汉地经济文化发展水平相适应的政治意识形态,采取了尊孔重儒、提倡理学、推行汉法等措施,逐步完成了蒙古民族的封建化。理学就是在元统治者的推崇、倡导下完成

---

① 真德秀:《西山文集》卷四〇,《劝学文》。

了官学化进程,成为封建社会后期统治思想的。

元世祖忽必烈早在征伐南宋的过程中,就接受姚枢等人的建议,改屠城为攻心,保护了大量的南方理学儒士,为理学的传播创造了良好条件,蒙元政权统一全国后,忽必烈认识到理学对治国平天下的意义,采取了以程朱理学为主的儒家思想为治国的指导思想。他欣赏并重视朱子的《四书》等经典,他说:"不治经讲孔孟之道而为词赋,何关修身,何益治国。"①忽必烈在元初即设国子学、国子监,还设路学、府学和县学,诏理学大师许衡为国子祭酒,以许衡、王洵、吴澄等理学儒士任教授、学正等职,教学内容也以理学为主。他还重视书院这一理学家讲学论道的场所建设,并派理学人士担任书院山长。正是在这种官学与书院的双重推动下,朱子理学才得到了进一步的普及与发展,而与官学和书院教育有关的朱熹道德教育思想,自然也成了官学与书院教育的指导思想。

在元代,于程朱理学官学地位的确立甚有功劳的当属元仁宗,皇庆二年(1313 年)仁宗下诏实行科举,规定每三年举行一次,分为乡试、会试、殿试三道,科目以"四书五经"为主。还规定经问从《大学》、《论语》、《孟子》、《中庸》设问出题,并用朱熹的《四书章句集注》注疏为准;经义规定的《诗经》、《尚书》、《周易》等,均以朱熹、二程和其他理学家的注疏为主。可见,至仁宗起,元朝的科举制度就正式建立起来了,科举的制度化,推动了理学在全国的传播与普及,在理学发展史上,元代理学被视为宋、明理学的过渡环节。

(二)明代朱子理学独尊地位的确立,儒学新形态之阳明心学的兴起和传播

明初,为了建立稳定的社会秩序,巩固和加强君主专制统治,朱元璋把崇尚儒学及朱子理学作为一项基本的治国之策。朱元璋强调,要"申明我中国先王之旧章,务必父子有亲、夫妇有别、长幼有序、朋友有信",朱元璋还颁定"四书"、"五经"等儒家经典为士子的必读

---

① 苏天爵:《元名臣事略》卷一四,《枢密董正献公》,四库全书本。

书,科举考试必须以"四书"、"五经"的文句命题,国家取士,说经者也以宋儒传注为宗,行文上必用八股体。明太祖洪武三年(1369年)朱元璋命礼部传谕规定:"国家明经取士,说经者以宋儒传注为宗,行文者以典实纯正为主。今后务需颁降'四书'、'五经'、《性理》、《通鉴纲目》、《大学衍义》、《历代名臣奏议》、《文章正宗》及历代诰律、典制等书。"①这些书基本上都是朱熹、真德秀等朱子学者的经典注疏。永乐年间,明成祖朱棣又命胡广、杨荣等人偏修《五经大全》、《四书大全》和《性理大全》,并亲自作序,颁行天下。至此,朱子理学不仅成为国家的统治学说,而且取得了彻底的独尊地位。

明中期,朱学因官学化而日益僵化。这时,出现了王阳明的心学并得到了广泛传播。心学的出现,在学风上是承袭了元代"和会朱陆"的风气,即兼取朱学的致知、笃实的"下学"工夫和陆学反求本心的"易"简工夫,促进朱、陆合流。遥承南宋陆学,其主要论题是心即理,知行合一,致良知,反对以孔子之是非为是非,认为应以个人良知为是非标准,特点在于强调人在道德实践上的主体性和能动性。阳明心学的崛起与广泛传播,不仅标志着宋明理学理论架构的最终完成,而且是对业已僵化的官方统治学说"朱学"的革新。

在道德教育思想上,王阳明提出了"致良知"、"复其心体之同然"的道德教育思想,他从"心"一元论出发,主张性一元论。他认为,心之体就是性,"性之本体,原是无善无恶的,发用上也原是可以为善,可以为不善的;其流弊也原是一定善一定恶的。"②在他看来,绝对至善是一种本体善,不受现实善恶的影响。但从"发用上"看,则可以表现出善恶两种性向。因此,道德教育须在"意之动"时着力,以本然之良知知善知恶,在实际行动中为善去恶。因此,他认为教育要以德育为本,"学校之中,惟以成德为事"。在教育方法上,王阳明概括了一句话,就是"致良知",他根据其性一元论,认为"良知"是人的至善本

---

① 佚名:《松下杂钞》卷下。
② 王守仁:《王文成公全书》卷三,《传习录下》。

性,"良知者,心之本体""愚夫愚妇与圣人同,但惟圣人能致其良知,而愚夫愚妇不能致,此圣愚之所由分也。"①可见,在王阳明看来,良知人人皆有,圣愚之分就在于能不能"致良知"。拥有良知,只提供了成圣的可能性,而要转化为现实性,则必须"致良知"。他认为除了圣人,常人的"良知"是会被私欲所蔽,"但在常人,多为物欲牵蔽,不能循得良知"②所以他主张"致良知",也就是"存理灭欲"、"复其本体(本性)"。道德教育的目标就是通过"致良知"以复其心体之同然,即恢复心体的原来面目。总之,王阳明的道德教育思想是从属于其心学本体论的,同时他认为人人具有"良知",揭示了人人接受道德教育的可能性,又认为"其心本无昧也,而欲为之蔽,习为之害"③。论证了道德教育的必要性,从而把传统的儒家道德教育思想向前推进了一步,这对当时乃至以后中国道德教育理论与实践的发展都产生了较大的影响。

(三)清代朱子学的再度昌盛和儒学传统道德教育思想的"实学"转化

明朝后期,朱子理学尽管高踞官方意识形态的宝座,但真正占据着主导位置的却是阳明心学。但王阳明死后,其学说就渐次分化、衰微了。到清初,当时的王学早已流入狂禅的虚诞和空疏,为世人所深恶痛绝。相比较而言,朱子理学的弊端则稍轻一些,其正纲常之道,严君臣之别的封建等级观念以及道统观和大一统思想,迎合了清初统治者的需要。于是从顺治至乾隆,无一不重视理学,正是在皇帝的支持下,明中叶以后渐趋衰微的朱子理学又重新昌盛了起来,重新登上了统治学说的正统地位,并被悬为科举功令,成为占统治地位的思想意识形态,直到辛亥革命推翻帝制始才终结。

清初学者基于明亡的历史教训,着力于统治思想与学说的重新

① 王守仁:《王文成公全书》卷二,《传习录中·答顾东桥书》。
② 王守仁:《王文成公全书》卷三,《传习录下》。
③ 王守仁:《王文成公全书》卷七,《别黄宗贤归天台序》。

构建,力图对传承了几个世纪的理学思想进行重新整理和认识,为解决现实问题提供必要的理论依据。他们在批判宋明理学空疏之弊的基础上,从文化学术的各个领域,全面由虚返实,因而就当时的学术思想特点而言,似乎可以用"实学"一词加以概括。这一由虚返实的过程,正是和明末清初朱子学的发展由内圣成德而外王事功,中国社会由古代孕育着近代这一过程相同步的。这里需要特别说明的是孔子之后的中国古代思想发展到朱熹,其内圣成德达到了成熟的综合点,其后则是以此为新的起点往前发展,即向外王事功,治国平天下的近代化方向发展。最后出现了明清之际三大启蒙思想家顾炎武、黄宗羲、王夫之。而这个时期,西方社会也正开始近代化,出现"文艺复兴"。这就是说,中国社会由古代进入近代是与西方同步的,或者说早于西方,但是中国社会的近代文明进程晚于西方社会,其根本原因在于对明末清初出现的这股"实学"之风,没有很好的抓住,这一历史契机被清朝的民族军事统治给堵了回去。由于清朝两百余年的统治,文化由封闭而趋向僵滞,使整个民族元气日趋衰竭,从而造成了中国近代社会落后挨打的局面。

在明末清初的三大启蒙思想家顾炎武、黄宗羲、王夫之中,王夫之的"顺正养性"的道德教育思想是具有代表性的。

王夫之的道德教育思想基本上是承袭儒家的,然而他对先秦儒学尤其是宋明理学都有所批判,并依据他个人对时代的认识,形成了较为完整的具有唯物主义性质的道德教育思想体系。王夫之道德教育思想概括地说,主要有以下方面的内容:

第一,性教原自一贯。和朱熹一样,王夫之也将道德教育建立在人性论的基础上,提出了"性教原自一贯"的命题。他说:"性教原自一贯,才言性则固有其教,凡言教则无不率于性。事之合者固有其分,则'自诚明谓之性',而因性自然者,为功于天;'自明诚谓之教',则待教而成者,为功于人。"①王夫之不是像朱熹那样是从气质之性

---

①　王夫之:《读四书大全说》卷三。

有恶引申出道德教育的必要性,而是认为人性本善。这种本善的人性只是具有天生向善的潜能,后天的道德完善实际上取决于道德教育,要使天生向善的人性成为现实的人性之善,就必须对人们进行道德教育和引导。既故曰"待教而成。"

王夫之继承发展北宋张载和明朝罗钦顺、王延相等人的气本论哲学,认为人的道德完善过程就是人与天地之气相往来,与万物之气相交换的过程。在此过程中,取纯用粹则善,取驳用杂则恶,关键在人们能否作出正确的选择,即所谓"权"。而人们能否作为正确选择,则需要自身的道德修养和外部的道德灌输。并且要"养其习于童蒙",方能做到"习成而性(指恶性)终不成"。总之,在王夫之看来,人性是道德教育的基础,但人的自然素质并不决定道德品质的形成与完善,而只提供发展的可能。环境的影响,道德的灌输都对道德品质的形成有着重要影响,而其中道德教育则起到主导的作用。因此,他认为,道德教育是立身立国之本,"牧民之道,教善合而成用"。"国之人安于政,必先顺其教……教立,则一家之中,亲疏贤愚皆齐整,以从吾之匡正,而后教可达于国也,则政亦可行于国也。"①

第二,"学"就是"觉","学之理"即"教之道"。王夫之认为,启发受教育者的自觉,发挥其主体能动性,使其致知、进善是道德教育的重要任务,亦是道德教育的根本方法。他说:"善教者必有善学者,而后其教益大。教者但能示范以所进之善,而进之之功,在人之自悟。"②教育者的作用在于给受教育者提供一种价值观念和进德目标,指出什么是"善"以及"知善"、"进善"之路。而受教育者要接受教育内容,则必须变被动为主动,进行积极自觉的选择与认同。因此,他不同意将"学"解释为"效",而是主张"学"就是"觉"。换句话说,道德教育的根本目的在于转化,"此言教者在养人以善,使之自得,而不

---

① 王夫之:《四书训义》卷一。
② 王夫之:《四书训义》卷五。

在详说"①。道德教育只有靠受教育者自觉能动的努力才能收到良好的效果。

　　第三,形成并提出了一系列的道德教育原则与方法。为了使受教育者的主观能动性得以充分发挥,使其"所未知者而求觉焉,所未能者而求效焉",逐渐达到道德自觉,王夫之提出三主三辅的道德教育原则:即以正面教育为主"蒙以养其正",而辅之以砥砺惩罚;以"壅培"塑造为主,辅以"斤削"改造;以自觉教育为主,辅之以强制规约。在道德教育的方法上,王夫之总结归纳出了:审才顺性,注重启发的方法,即施行教育必须顺就人的性情,积极调动受教育者的主动性,启发、引导并挖掘人们固有的道德潜能,使尽其才"志学其正而引之以达"②,做到"循情"、"顺性"、"自悟"。他认为,道德教育应注重培根固本,增强自身对恶习侵蚀的免疫力,要注意防微杜渐,把不良的习气和品性消灭在未萌和刚刚出现之时。他说:"显故诗书礼乐以敦其教,纲常秩序以峻其防,功不预拟于将来,事必先崇于今日。"③注重发挥社会舆论和奖惩导向机制的作用。王夫之认为,道德教育不能仅停留在理论宣传和空洞的说教上,必须化为社会实际遵循的行为准则和评价机制,"奖忠孝而进之,抑不忠不孝而绝之,不纳叛人,不恤逆子,不怀其惠,不歆其利,伸大义以昭示天下臣子"。这样道德教育所倡导的原则和价值观念就会化为巨大的社会舆论,并通过舆论的力量把外在的道德原则转化为人们内在的道德意识,"殆其好也,非其令也,宜可以正于家、施于国、推于天下而消其悖逆矣"④。

　　综上所述,朱子学于南宋末和元初盛行于全国并成为整个国家正宗思想后,它是根据朱子理学理论自身的规律和社会经济政治的需要进行衍化的,基于朱熹集大成的思想体系,它包含了中国古代思

①　王夫之:《张子正蒙注》卷四。
②　王夫之:《张子正蒙注》卷四。
③　王夫之:《周易外传》卷六。
④　王夫之:《读通鉴论》卷一九。

想的各个方面,因而也具有内在的不可克服的矛盾,这些矛盾在其漫长的发展过程中也自然会充分显露出来,其理论本身的发展必然会解体和分化,同时其庞大的思想体系也非是某个后继者所能全面继承和发展的,因而朱子后学中出现了不同学派,走向不同的学术道路亦是朱子学发展演变和分化的正常现象和历史的必然。反过来也恰恰证明了朱熹这一"致广大、尽精微,综罗百代"的理学思想具有旺盛的生命力。从南宋至明朝末年,朱熹思想向两个方向分化和发展:一是经由南宋末年和元初的真德秀、魏了翁、元朝的许衡、吴澄,明朝的吴与弼、陈献章等人,演变为以明朝王阳明为代表的心学;一是经由南宋末年的黄震、文天祥,元、明朝的刘因、薛瑄等人,演变为以明朝罗钦顺、王廷相等人为代表的气学。明朝罗钦顺与王阳明的论争,就是这两种方向发展的结果。最后出现明清之际的三大思想家顾炎武、黄宗羲、王夫之。以陈献章、王阳明为代表的心学和以罗钦顺、王廷相、王夫之等为代表的气学,都是从朱熹思想体系中分化和发展起来的。

这里需要指出的是,在我国封建时代,教育和儒学是体和用、表和里的关系,教育的核心所在,就是让人们受到儒学道德伦理思想的熏陶和教化。道德教育思想是朱熹的教育思想乃至于整个理学思想体系的真正重心所在。因此,朱熹道德教育思想总体而言是伴随着其理学思想的传播和衍化而传播和衍化的。对朱熹道德教育思想的传播和衍化的研究,必须把它放在朱子理学的传播衍化进程中来加以把握,这不仅是研究工作的需要,更是还原历史本来面目的必需。

三、朱熹道德教育思想在台湾的传播与发展

自古以来,台湾与大陆文化同源。明清时期,闽台人员的三次大交流,汉化教育移植台湾,特别是郑成功父子在台湾立圣庙、建学校,掀开了台湾汉化教育新篇章。清统一台湾后,又建起与大陆相适应的教育体系,并从大陆特别是福建调派大批学人到台湾儒学、义学、孔学、书院担任教职,传统儒学和朱子文化传入台湾,成为台湾两百

多年来的主流文化。

（一）郑氏移植汉化教育，朱子教育始盛于台湾

明末清初的台湾，文化教育远远落后于大陆。郑成功入台湾之前，荷兰殖民者占领台湾，"乃派牧师布教，以崇信基督"①。但台湾少数民族地区仍处于原始粗耕阶段，台湾社会生活处于无序的状态。永历十五年（顺治十八年，公元 1661 年），郑成功收复台湾，"士大夫之东渡盖八百人"②其中知名的有沈光文、徐孚远、王忠孝、张煌言、曹从龙，陈士京等，这一大批传播儒学和朱子文化的饱学之士到台湾后，即在台湾传播儒家和朱子文化，使岛内的意识形态逐步地统一于中华传统文化。如他们中的沈光文，系明太仆少卿，他入台后在目加溜湾设教授学，"兼以医药济人"③，被称为台湾文教的肇始人，有"全郡风气开自太仆"、"海东文献初祖"之说。目加溜湾因此成为全台传播汉学最早的地方。又如徐孚远，随郑成功到台后，在台湾"以忠义为镞厉，延平听之，娓娓竟夕。凡有大事，咨而后行"。他也是全力推行儒学教育的重要人物。故清代新竹王石鹏编著的《台湾三字经》对台湾的教育用四句话作了概括"开风气，自光文；继之者，有徐君；建书院，立学堂；至今日，大改良。"前两句，说的就是台湾汉化教育的肇始人沈光文和继之者徐孚远。郑成功去世后，世子郑经袭位，在谘议参军陈永华的建议下于永历二十年（1666 年）建成台南孔庙（圣庙），随后，又令各社设立学校，延请大陆通儒教授弟子，规定一般 8 岁儿童都要入小学，教以经史文章。又命天兴、万年两州及承天府立学。同年三月，设学院，以陈永华为主持，建太学，以叶亨为国子助教，并规定全台三年一试，州试有名者参加府试，府试有名者院试，院试录取者入太学。至此，开创了台湾文教史的第一页。可见，台湾的汉化

---

① 连横：《台湾通史》，众文图书股份有限公司 2004 年版。

② 连横：《台湾通史》，第 745 页。

③ 蒋毓英：《台湾府志》卷三九，《人物》，《台湾府志三种》，中华书局 1985 年版，第 224 页。

教育,实乃肇基于郑氏父子。郑成功是一位有着扎实儒学功底的政治家、军事家。明隆武二年(1646年)正月,郑成功又率兵到朱子理学发祥地的闽北抗清,树立起了忠君爱国的思想,更重要的是他有一支包括朱子理学发祥地闽北的文人学子在内的传播朱子理学的中坚力量,这也是他收复台湾后能在较短时间内将汉化教育移植到台湾,将儒学和朱子理学教育在台湾广为传播的重要原因。当然更为重要的原因则是将朱子文化等儒学思想在岛内传播,以此建立起统一于中华传统文化的社会意识形态,既是郑氏治理台湾的要求,也是台湾社会的客观需要。

(二)清初官府力倡朱子理学,朱子文化融入治台方略

清代是朱子理学在台湾传播与发展的鼎盛时期,从清初陈瑸、蓝鼎元力倡朱子文化到后来自上而下,府、厅、县、三级儒学教育机构的设立,以及义学、社学、书院各类学校的发展,朱子文化在台湾的传播经历了从认知肤浅到认识深刻的过程。

陈瑸于康熙四十一年(1702年)调任台湾知县,在任五年"清操绝俗,慈惠利民,暇即行诸生考课,以立品敦伦为先"[①]。针对清初台湾"士子鲜知正学"在他的大力倡导下康熙五十一年建起了岛内第一座朱子祠,意在推崇朱子学的正统地位即"示诸生以正学"。陈瑸之后力倡朱子学的是被誉为"筹台之宗匠"的蓝鼎元。康熙六十年(1721年)四月,朱一贵事变,蓝鼎元随其族兄、南澳总兵蓝廷珍入台,并参与治理台湾。平定朱一贵事件之初,蓝鼎元就给担任征剿主帅中的福建水师提督施世骠写《与施提军论止杀书》,请求施世骠的部队勿滥杀,体现了蓝鼎元的仁爱德政之心。蓝鼎元把朱子文化融入到治理台湾的各项政策之中,提出了信赏罚,惩讼师,除草窃,治客民,禁恶俗,儆吏胥,革规例,崇节俭,正婚嫁,兴学校,修武备,严守御,教树畜,宽租赋,行垦田,复官庄,恤澎民,抚土番,招生番等19条

---

① 范咸:《重修台湾府志》卷三,《职官》,《台湾府志三种》,第1504页。陈瑸:《清建朱文公专祠》,黄典权:《台湾南部碑文集成》,台湾文献丛刊第218种。

文治措施。

蓝鼎元参与治理台湾并提出治台方略的文治措施中最根本的一条和取得的最大功绩是兴办教育。在乡村普遍创办义学,在百姓中开展《圣谕十六条》教育,用孝悌忠信礼义廉耻来转移士习民风。《圣谕十六条》是康熙九年(1670年)朝廷颁发天下的一项重要文教政策,内容包括人伦孝悌、敦亲睦族、重农务本、止息争讼、崇尚正学、端正士习、遵守法律等,它是以朱熹道德教育思想为核心的,蓝鼎元认为并强调只要在士民中贯彻儒家和朱子倡导的"五常"、"八德"思想,就能风俗纯厚,社会安定,实现富裕。乾隆帝对蓝鼎元治台方略高度赞赏,并亲下手谕:"阅蓝鼎元《东征集》所言,大有可采。"[1]皇帝的肯定使蓝鼎元的治台方略成为后之治台者多以为法的效仿的榜样。从康熙五十一年到六十年(1712—1721)的十年间朱子学在渡台官员陈瑸和蓝鼎元的倡导和力推下,得到了广泛传播,并成为了台湾社会的"正学"和治台的指导思想和理论依据。

(三)清廷官府主导推动,朱子"正学"教育全面展开

清代朱子理学及其道德教育思想在台湾广泛传播的主要途径应首推由官府主导的在台湾设立的儒学、义学、社学、书院等各类学校的以儒学和朱子理学为核心教育内容的"正学"教育。朱熹的道德教育思想正是在这一规模宏大,体系完备的由儒学、义学、社学和书院构成的学校教育体系中得以传播和发扬光大的。

一是儒学传播。这里的儒学是以传播儒家思想为主要内容的教育机构。清代台湾儒学采取自上而下的发展模式,从府学开始向厅、县延伸,构成了三级官学体系。自康熙二十三年(1684年),台厦道周昌和首任台湾知府蒋毓英将郑氏旧址改为台湾府学(清代台湾最高学府)以来,其后每增添一县一厅即增设县学或厅学。清代台湾由于师资缺乏,各类学校所需教师多从大陆,尤其是福建选派。据《钦定大清会典事例》载,乾隆三十九年(1774年)清廷议准:"至台湾府

---

① 《福建省志·人物》,中国社会科学出版社2003年版。

学训导及台湾，凤山、诸罗、彰化等四县各教谕、训导，遇有缺出，先尽漳、泉七学调缺教职内拣调；倘或不敷或人地未宜，仍于通省教职内一体拣选调补"。实际上，早在此项政策之前，福建已有大批深谙朱子学的教职入台任教，朱子的理学思想也随着教育的开展而日益深入士人人心。据台湾贡生陈文达《台湾学博陆公去思碑记》对当时台湾县学教谕陆登选传授朱子学事迹的记载："其教人以德为先，不事浮华；日惟集诸生阐明程、朱奥义及先正作文关键，月课品题。凡抠衣来前者，咸各得其意而去。……今台属四庠之士，绝去奇邪文体，一归于正者，夫子力也。"①从这一记载中，我们由此可见到，当时的台湾府、厅、县学的教学内容和作风品格。"以德行为先"就是要把儒家的道德伦理教育摆在首位，并注重对学子道德行为的养成教育，这是朱熹道德教育思想始终强调的核心，而"程、朱奥义"就是程朱理学精义，从碑记中我们可以看出"阐明程、朱奥义"是当时教学的主要内容。不仅如此，陆登选还给学生传授先儒先贤的作文方法，每月定期考核学习情况，详论优劣，定其高下。在他的教育下，台湾士人"学崇经术、行遵先民"而四所儒学学生的文体也"一归于正"。说明包括府学在内的台湾、凤山、诸罗四所儒学都采用了陆氏的教学内容和方法。

二是社学义学传播。社学、义学是台湾初级教育的基本设施，多设在乡村和少数民族地区。其中社学主要是设在少数民族聚居地的学校，多为渡台官员设立，是比儒学机构更简便也更普遍的针对少数民族儿童开设的以学习中文和中华传统文化的学校。自康熙二十三年(1684年)首任台湾知府蒋毓英率先设立3所社学起，到康熙五十四年(1715年)，有新港、麻豆、目加溜湾、肖垄、诸罗山、打狸、哆啰咽、大武垄等社学八所。蓝鼎元提出发展乡村教育后，设立社学的地区不断扩大，到乾隆初台湾有社学47所；义学也称义塾，是官方或富绅创办为孤寒子弟和番社子弟提供的教育机构，仅康熙朝年间，著名

---

① 王礼、陈文达：《台湾县志·艺文志十》，台湾文献丛刊第103种。

的义塾就有奉天人杨文泰调任台湾镇总兵创立的义塾、山东莱阳人宋永清知凤山县事重修学官创办的义塾等，社学、义学根据生童年龄分阶段进行教学，除有儒家经典外，多数以朱子《小学》和朱熹所注著作为教材，在教学过程中，亦遵循朱熹循序渐进由浅到深、由做事到循理的方法，先教《三字经》、《千字文》和朱子《小学》，继读《论语》、《孟子》、《大学》、《中庸》，在此基础上学习朱熹注释的各种理学著作，为科举作准备。

三是书院传播。传播理学是宋以来书院的一个主要功能。台湾书院最主要的发展时期是在康熙统一台湾之后。康熙二十二年（1683 年）六月，福建水师提督施琅平定台湾，为弥补台湾本岛无书院的缺憾，当年即在台南创西定坊书院，由此拉开了台湾兴建书院的序幕。在其后的 20 多年中，相继有台湾知府蒋毓英、吴国柱、台湾知县王兆升、分巡台厦兵备道高拱乾、常光裕、王之麟、王敏政等先后建镇北坊、弥陀室、竹溪、西定坊、东安坊等八所书院。康熙四十三年（1704 年），由台湾知府卫台揆创建的崇文书院，被认为是"真正意义上的台湾最早设立的书院"。到光绪十九年（1893 年），除 4 所为矫正闽、粤乡音奉文所设的书院外，台湾共有涉及朱子理学的书院应为 49 所，其中相当部分由官方出资或官绅合建。这里需要指出的是，由于清政府的高度重视，以及福建省政司的全力支持，台湾书院建设和运作的参与者，大多是来自福建的官员和学者，他们中的许多人，有的已经积累了在福建从事书院教育的丰富经验，有的则比较了解书院教育的运作方式。这就使台湾书院从其诞生之日起，基本参照和模仿大陆，主要是福建书院的运作和教学模式来构建并很快就达到大陆其他地区同期学院教育的相应水平。更由于在台湾举办书院的这些官员和学者，大多都是精通朱子理学的饱学之士，在他们的书院教育和讲学中，无不贯彻了朱子理学教育思想，尤其是道德教育的思想。这从他们为书院制定的学规以及书院的讲学、藏书刻书和祭祀等三大基本功能都能充分体现出来：

一是书院学规蕴涵朱子文化，体现了朱子的道德教育思想。学规是以简要文字概括书院的教学宗旨、内容、任务、目标的规范性文件。朱熹制订的《白鹿洞书院揭示》为其后的许多书院仿而效之,并称之为学规。清代,渡台官员在创办书院的同时也为其书院制订了许多学规,其中重要的有刘良璧的《海东书院学规》、觉罗四明勘定的《海东书院学规》、胡建伟的《澎湖文石书院学约》、林豪修订的文石书院《续拟学约》等,这些学规、学约蕴涵着深厚的朱子理学思想,尤其是朱熹的道德教育思想。

以《海东学院学规》为例,该学规由乾隆二年(1737 年)任台湾知府的刘良璧手订,共六条①:一曰明大义,二曰端学则,三曰务实学,四曰崇经史,五曰正文体,六曰慎交游。学规的第一条就以君臣之义作为达道之首,强调"圣贤立教,不外纲常",要求读书人尊君亲上,谨守法度,体国奉公,这与儒学、朱子学伦理思想一脉相承。在"端学则"中,他引用了朱熹曾推荐的并加跋作为各类学校守则的《程董二先生学则》:"凡学于此者,必严朔望之仪,谨晨昏之令。居处必恭,步立必正,视听必端,言语必谨,容貌必庄,衣冠必整,饮食必节,出入必省,读书必专。"把学生的起居饮食到行为举止都规定得具体而详尽,意在希望塑造学生的儒者形象;在"务实学"中,强调要求实体达用之学;在"崇经史"中,强调读经史的重要性;而在"正文体"中,强调"而理必程朱,法则先正,不能易也",要求学生"取法宜正",才能"立言无陂",这也正是儒家文以贯道、文以载道、文以明道传统的继承;在"慎交游"中,强调交友的重要性,认为"读书之士,敬业乐群,原以讲究诗书,切磋有益",所以君子应"以文会友,以友辅仁"。如果"少年聚会,不以道义相规,而以媟亵相从,德何以进,业何以修?"他提醒学生"稂莠害嘉禾,不可不察。诸生洗心涤虑,毋蹈前习"。

再如胡建伟的《澎湖文石书院学约》有十条,即重人伦、端志向、

---

① 谢金銮、郑兼才:《续修台湾县志》卷三,《学志》,台湾文献丛刊第140 种。

辨理欲、励躬行、尊师友、定课程、读经史、正文体、惜光阴、戒好讼。①
这十条"学规"全面而详细地阐发了朱子的教育，尤其是道德教育
思想。

　　二是讲经论道，授义解惑，通过书院的讲学宣扬理学思想。讲学
是书院的最大功能。清代台湾主政官员的"职掌"之一就是"兴养立
教"，台湾书院的创设始于官方，故讲学也由官方或官员开始。他们
继承朱子讲学之风，每到一处，以兴学为务，与诸生讲学。开学院讲
学先河的是台湾知府卫台揆，康熙四十三年（1704 年），他首创崇文
书院，就"月延诸生，分席讲艺"②。与卫台揆同时代的凤山知县宋永
清，"公余之暇……每与邑人士讲学，文教以兴"③。之后这种风气在
台湾书院持续传播，更为普遍的是一大批大陆尤其是福建学有所成
的儒学之士被台湾书院聘为主讲、掌教、讲席、或以儒学教职的身份
在书院兼职，他们大力宣扬闽台理学渊源，传播朱子理学，讲经论道，
授业解惑，逐渐使朱子理学思想深入台湾各地，使台湾社会"家孔孟
户程朱"蔚然成风。朱子文化成为台湾地区的主流文化。

　　三是书院藏书充栋，学子研读有章。藏书是书院的功能之一，台
湾书院是传播朱子理学的重要场所，加之渡台官员笃信理学，自然广
泛收集程朱理学著作供士子研读。连横《雅言》说，海东书院"藏书甚
富，多官局之版，历任巡道每有购置"。蒋师辙《台游日记》说："闻学
海书院藏书颇富，历朝颁发学宫典籍亦当具存。"又如彰化鹿仔港文
开书院创立之后也多有藏书，到同治八年，藏书多达 30 万册。道光
六年（1826 年），福建巡抚孙文准赵台巡视时，就从福州鳌峰书院的
藏书中调拨理学要籍给台湾仰山书院，数量多达 45 种 166 部。

　　四是慎终追远，不忘学宗，通过书院祭祀推动士子和民众认同朱
子学和中华传统文化。祭祀也是书院的功能之一，朱熹于绍熙三年

①　林豪：《澎湖厅志》卷四，《文事》，台湾文献丛刊第 164 种。
②　范咸：《重修台湾府志》卷三，《职官》，《台湾府志三种》，第 1570 页。
③　连横：《台湾通史》，第 940 页。

(1192 年)在考亭创建沧州精舍时,把在南康军信州州学的祠制引入书院,成为闽台书院祭祀的圭臬。朱熹死后,人们在书院设祠祭祀,形式有两种:其一,朱子专祠,以朱熹为主祀,以其弟子或当地先贤为配祀。其二,合祠,即把朱熹与其他先师先儒并列为主祀,不设配祀。台湾书院也全盘移植这种祠制。如台厦总兵备道兼理学政陈璸所建的朱子专祠,以朱熹为主祀,配祀有黄榦、刘爚、蔡沈、真德秀,体现了台湾书院的朱子学渊源。而彰化鹿仔港文开书院,主祀朱熹,配祀有沈光文、徐孚远、卢若腾、王忠孝、沈佺期、辜朝荐、郭贞一、蓝鼎元等明末清初寓贤 8 人,宋儒与寓台先贤同祀一祠,表明中华文化源远流长。通过书院的祭祀活动,在台湾形成了"紫阳儒宗,海隅仰止"的浓厚氛围,产生了"仿而依之"的效果。

综上所述,儒学、义学、社学、书院并驾齐驱,促进了台湾教育事业的发展,为朱熹道德教育思想在台湾的传播与实践提供了坚实的平台。

第三节　朱熹道德教育思想在海外的传播

朱子学自 12 世纪中后叶创建以来,不仅极大地影响了中华民族的思想文化,而且在 13 世纪 20 年代开始传入与中国邻近的日本、朝鲜、越南等国,由于当时这几个国家当时的社会结构与中国基本相似,因此朱子学在传入不久便融入了当地文化,并逐步发展成为占据主导地位的"官方"哲学。此外,朱子学亦对泰国、马来西亚、印尼、老挝、柬埔寨、菲律宾等国产生了重大影响,成为"地道的东亚文明的体现"①。欧洲人知道朱熹是从 16 世纪开始的,其影响主要是在知识界。17—18 世纪,朱子学在法国思想界引起了强烈反响,同时朱子学对 18 世纪德国哲学家亦产生了重大的影响,美国在 18 世纪由来

---

① 杜维明:《儒家哲学与现代化》,中国文化研究院编:《论中国传统文化》,北京三联书店 1988 年版,第 97 页。

华传教士传入朱子学。但 20 世纪以来,美国对朱子学的研究却出现了热潮,当今西方朱子学的研究中心在美国。

随着朱子学在海外的传播并与它国文化相交融,朱熹的道德伦理观和道德教育思想不仅成为东亚国家和社会的意识形态,国家教育的指导思想及其道德教育模式,而且其影响也远远超出了东方国家而成为一种世界性的道德教育学说,对人类的道德文明建设产生了积极而重大的促进作用。

一、朱熹道德教育思想在日本的传播及其演化

早在我国的东晋初年,中国儒学通过朝鲜半岛上的百济国已传到了日本,到了隋唐时代,随着中日经济、文化交流的频繁,特别是日本直接派留学生到中国学习和佛家僧侣的往来,中国儒家的主要经典基本上都传到了日本,并对日本社会的经济、政治、文化各个领域产生了巨大影响。由于中国的儒学适应于日本的社会需要,所以当中国新儒学(理学)朱子学形成后即向日本传播。南宋时期入宋日僧很多,知名者就有 120 多人,据日本《五山寺僧传》载,日本入宋求法者就有 37 人,他们回国后既传禅学也讲朱子学,并带回了朱熹的《大学或问》、《中庸或问》、《论语精义》、《孟子精义》、《五先生语录》等数千种儒书。同时,东渡日本的南宋、元代僧人道隆、普宁、正念、祖元、一宁等也在日本弘扬朱子学。可见,朱子学于 13 世纪中叶(即日本镰仓时代)是由留学中国的日本僧人以及去日本的中国僧人传入日本的。大约经过吉野时代(1331—1392 年)至室町时代(1392—1602 年)将近 400 年的传播和发展,在江户时期(1603—1867 年)进入兴盛,江户时代的德川幕府为了维护其封建统治,坚决抛弃了佛禅,改革了文化教育,并把朱子学奉为"官学"。从此,朱子学在日本进入了鼎盛时期,朱子学不仅作为自身齐家的理论,而成为治国平天下的武器。

在德川时代前期(1603—1735 年)日本朱子学形成了许多派别,主要有以藤原惺窝为首的京师朱子学派,以安东省庵为首的大阪主

气为主朱子学派,以谷时中、山崎闇斋为代表的主理学派等等,各朱子学派之间虽有一定差别,但基本点却是一致的。藤原惺窝首先举起排"异端"的旗帜,使朱子学取代佛教的主导地位。但是,他又对佛学、阳明学和日本固有思想武士道、神道等兼包并用,主张神儒佛调和使中国朱子学日本化,并建立了自己独特的日本朱子学思想体系。

惺窝有林罗山、那波活所、菅得庵、松永尺五、堀杏庵等五大弟子,其中林罗山的朱子学更具有把神道和儒道相结合的特点,他说:"或问神道和儒道如何别之? 曰:自我观之,理一而已矣,其看异耳?"①而在理气、心性等问题上,他主张理气合一,心统性情和性情一境。他说:"理气一而二,二而一,是宋儒之意也。然阳明弟子曰:理者,气之条理;气者,理之运用'由之思焉,则彼有支离之弊。……心统性情,元是一心也,若果是四端发自理,七情发自气,还是二心也欤?"②可见,林罗山认为,人心只有一个,性、情同时包容于心中。如果认为四端发自理,七情发自气,就会导致承认人心有两个的与事实不相符合的问题。

这一时期,除了惺窝为首的京师朱子学派外,其他朱子学派可分为主气和主理两大派。主理派主要以海南朱子学派的谷时中、山崎闇斋及其门人浅见絧斋、三宅尚斋、佐藤直方为代表。谷时中严守朱子学的性理之说,特别重视朱子学的"存养践履之实行,笃学缜密,厚重拘束,一身动静周旋,平常尤瑾"③。山崎闇斋对朱熹道德教育思想有过修正与进步的阐述,他是从礼教伦理、道德践履方面修正朱子学的,把仁、敬看成是礼教的最高目标,道德的最完善准则,他认为中国明代朱子学虽主张由敬至仁,但只是在心上做工夫,只讲穷理,而忘记了在日常生活中去做去行,由此,他提出"敬义内外"说。"敬内"即修身(己),而不是养心;"义外"即以义来治国家天下,就是治人,他

---

① 《罗山文集》卷六六,第 3 页。

② 《罗山文集》卷六八,第 12、13 页。

③ 《先哲丛谈后编》卷一,第 2 页。

说"敬以直内，义以方外"的功夫使人一生受用不尽，朱子之说不我欺也。《论语》中的"君子修己以敬"，就是"敬以直内"的工夫，而"修己以安人，以安百姓就是义以方外的功夫"①。以谷时中、山崎闇斋为代表的日本理派朱子学，能给人以坚强的信仰和毅力，因而成为德川幕府教育国民忠君爱国、仁勇信诚、自强不息的思想武器。

主气者主要以海西朱子学派的安东省奄、贝原益轩和大阪朱子学派的五井持轩、中井履轩等为代表。安东省奄的朱子学不排斥陆王，在理气观方面倾向于明儒罗钦顺"气一元论"。日本主气派朱子学注重格物笃实，具有经世致用和求实的特色。

也正是在德川幕府时代，朱熹道德教育思想中以"仁"为核心的仁、义、礼、智、信等儒家传统伦理道德准则和德目与日本原有的神道相结合并经过日本式的改造，发展成为以"忠"为核心的礼仪、勇敢、节俭、信义，形成了以武士道文化为核心的道德教育观。统治者大肆宣扬并灌输武士道精神，要求武士忠于主君、崇尚武勇、重恩义、轻生死，甘愿为主君和本家族的利益而捐躯，并把这一武士道精神作为国学或学校的必修课程，这一时期道德教育的目标就是为封建统治培养对将军绝对服从与忠诚的知晓"上下尊卑"秩序的顺民和武夫。

江户幕府末期日本是一个闭关自守的封建国家，国内危机重重、动荡不安，1886年倒幕派发动了宫廷政变，推翻了德川幕府的封建统治，建立了明治新政权。日本进入了明治维新时代，继而实施了一系列资产阶级性质的改革。明治政府意识到要建设现代化国家并与西方列强相抗衡，就需要引进西方先进科学技术和教育理念，并尽快把教育搞上去。因此，确立了科技立国、教育先行的方针。1880年颁布的《修订教育令》，使日本成为亚洲最早实行六年制义务教育的国家，在教育改革的指导思想上，日本确定了"和魂洋才"的基本精神，"和魂"是指大和民族的精神，既主张保持日本固有的文化传统，"洋才"意喻西方科学技术人才，二者结合，表明教育的目的在于培养

----

① 《朱笔抄略后记》。

既具有东方道德素养，又具有西方先进科学技术的人才。为此，学校道德教育也展开了漫长的以"尊卑"、"效忠"为核心的"本土化"与"平等"、"自由"为核心的"西洋化"道德教育目的之间的相互斗争，相互融合的纷争局面。

明治维新开始后的一段时期，日本学校道德教育由于受西方资本主义思潮影响，较注意引进功利、实用的观点，仿效法国设立德育课——修身课，为实现新的大一统统治服务。但由于许多照搬外国的做法，并不符合日本当时的国情，与原有国民意识相悖，一时出现了"礼崩乐坏"之势。随着近代天皇制度的确立和中央集权国家的形成，西方技术与皇道国粹相互结合，促使复古主义和国家主义抬头，强调恢复天皇崇拜和以皇室为中心的传统思想又逐渐占了上风。到了1890年10月，明治政府颁布了《教育敕语》，以天皇直接命令的形式，钦定国家教育主旨，确立了极端军国主义道德教育指导思想和道德教育目标，表面上虽然重新确立了以儒家德育为主要内容的国民道德教育方针，即强调以忠孝、义务、信义、守法等"忠君爱国"精神的培养为学校道德教育目标，但实质上是重申了日本教育的主旨是培养天皇忠顺的臣民。这实际上已超出了朱子学的范围，已不是真正的朱子学了。次年颁布的《小学校教则大纲》，强化修身科的皇道观念。20世纪后，日本学校在所有课程中都渗透着"皇道"、"神道"、"大和魂"、"东亚共荣圈"和"武士道精神"。军国主义教育得到不断强化，终于在"二战"期间达到了极点。从而使教育纳入战争轨道，结果是给日本人民和世界人民都带来了深重灾难。

第二次世界大战结束后，日本军国主义势力不仅在军事上被彻底地打垮了，而且在学校道德教育上也受到毁灭性的打击。在美国占领军的监督下，日本对旧的教育制度进行改革，于1947年3月公布了《基本教育法》和《学校教育法》，明确宣布教育的目的："以培养完美的人格为目的，应当培养热爱真理与正义，尊重个人价值，注重劳动与责任，富有自主精神，身心健康的国民，使其成为和平国家与社会的建设者。"这也标志着日本学校道德教育在目标的设定上完成了由战前的军国主义教育目标向追求个性自由，培养人格完美的社会成员等西方资产阶级道德教育目标的转轨。但是，二战结束以来，尤其是冷战结束以来，日本右翼势力企图复活军国主义的活动一直不断，这必须引起国际社会的高度警惕与关注。

二、朱熹道德教育思想在韩国的传播和发展

朱子学大约在 13 世纪末 14 世纪初开始传入朝鲜，经过高丽王朝 100 多年的引进、传播和发展，到 14 世纪末成为朝鲜李朝的建国理念（即官方哲学）。15 世纪初，朱子学成为朝鲜正统的官方思想，并在 16 世纪中叶出现了朝鲜化的朱子学——退溪学，对以后 500 余年间朝鲜社会生活的各个方面都产生了广泛和深远的影响。

朱子学及其道德教育思想传入朝鲜半岛大约经历了三个发展阶段，现分而述之。

（一）朱子学初传阶段（13 世纪末到 14 世纪上半期）

也是朱熹道德教育思想在民间传播并引起统治者重视的时期。南宋嘉定十七年（1124 年）春，朱熹曾孙朱潜弃官"袖家谱携二男一女，与门人叶公济、赵昶、陈祖舜、周世显、刘应奎、杜行香、陶成河七学士浮海而东"[①]。在高丽全罗道锦城建书院讲学，为朝鲜朱子学始祖，但这仅是民间私学传播。

中国元朝建立后，随着朱子学的北传并在全国确立了正宗地位，为朱子学全面入丽提供了客观条件，更由于当时的高丽王朝虽然是独立国家，但是其在许多方面与元朝有隶属关系，因而在思想文化上更加受元朝和中国传统文化的左右和影响。而元朝统治者还在负责管理高丽和中国东北地方事务的征东行省中专设"儒学提举司"以推进高丽朱子学教育事业发展。1286 年出使元朝的高丽儒学提举安珦在元大都首次读到《朱子全书》，并认为它是儒学之正脉，学儒学不如先学朱子学，于是广寻理学书籍、手抄《朱子全书》、携带《四书集

---

①　《新安朱氏世谱总卷·清溪公实纪》，忠孝亳 1902 年刻本。

注》、临摹朱熹画像而归。他归国后任宰相,大力整顿教育,亲自在太学讲授朱子学,朱熹以道德教育思想为主要内容的理学教育在朝鲜半岛才得以勃兴。

安珦的弟子白颐正是高丽忠宣王的侍臣,1298 年随忠宣王到元大都燕京,居留十多年,专事程朱理学研究,回国时又带回大量理学书籍,设馆授徒,培养出了李齐贤、朴忠佐等高徒。安珦的另一名弟子权溥则以毕生精力翻刻《四书集注》和其他朱子学著作。可见,正是由于安珦、白颐正等先驱者把朱子学引进高丽,开启了高丽朱子学先河。但是由于历史条件的限制,这一时期朱子学的传播规模尚局限于高丽上层极狭小的范围内,在教育思想上,佛教仍占据了主导地位,同时,我们也要看到,正是朱子理学在中国产生时,汲取了儒、佛、道三家的思想资料,因而在传入朝鲜后,也适应了朝鲜这一时期三教并存的历史与三教合流的趋势相适应,因而也为其移植朝鲜提供了适合的土壤。

(二)朱子学的广泛传播阶段(14 世纪下半期)

进入 14 世纪下半期,由于朱子学适应了当时的社会需要,在朝鲜半岛得到了广泛传播,并为李朝开国后朱子学正式确立统治地位,奠定了基础。这一时期,对推动朱子学广泛传播做出重要贡献的代表人物主要有李穑、郑梦周、郑道传、权近等。

李穑青年时受学于高丽朝著名朱子学家李齐贤,后曾以高丽朝使节书状官身份入元大都,在国子监学习三年并应试登进士弟,回国后官至宰相。他在高丽恭愍五十六年(1367 年)重营成均馆并担任大司成(教育监督官)期间,移植元朝教育方式,以朱子学为教育内容,对朱熹《小学》进行谚解,普及朱子学,他上疏恭愍王,提出加强儒学教育,谓"国学乃风化之源,人才是政教之本"①。他还站在朱子学道统观的立场上,揭露和批判佛教的相异性,揭露和批判佛教非人伦观和非现实主义。

---

① 《新儒学在朝鲜的兴起》,《东方哲学研究》1985 年第 1 期。

郑梦周,既是李穑的弟子亦是同李穑齐名的高丽大儒兼重臣。他在宰相任内,对推行朱子学不遗余力,主张并积极推行在中央建五部学堂,在地方设乡校,大力普及朱子理学教育。他还力倡仿朱子家礼立家庙奉先祀,行冠婚丧祭,以取代佛教仪式,以朱子家礼易既往千年间流行之佛教的生活仪式。此外,尚有郑道传、权近等人,其中郑道传被认为是李朝开国思想理论基础的奠基人,他"发挥天人性命之渊源,倡鸣孔孟程朱之道,辟浮屠(佛学)百代之诳诱,开三朝千古之迷惑,斥异端邪说,明天理正人心吾东方真儒一人而已"[①]。而权近,著有《五经浅见录》、《入学图说》等。《五经浅见录》是继其父权溥倡议出版《朱子四书集注》后,按照朱子学观点阐释五经的重要理学著作。《入学图说》则是朝鲜最早的一部理解朱子学观点的入门向导书,其影响更是远及日本。总之,这一时期的高丽朱子学,正是经过李穑、郑梦周、郑道远及权近等的大力推动,加之适应了当时改朝换代的社会需要,因此,它被要求改革的新进文武两班官僚(指一至九品的文官和武官官僚)所利用,成为改朝换代的思想武器。

(三)朱子学成为朝鲜正统官方思想及朱子学朝鲜化阶段(14 世纪末到 15 世纪初)

1392 年,武将李成桂利用新兴儒学派除去佛教权门势学,推翻了高丽王朝,建立了新政,即朝鲜李朝。这一时期,中国社会也已进入明朝了。李朝建立后,更加倡导朱子学,采取了独尊儒术的政策,大力推行朱子学教育,卿大夫、士、庶人学其道以修其身,诸侯学其道以治其国,天子学其道以平天下;编纂《朝鲜经国大典》、提倡儒教理想政治,用朱子学推行社会改革,以加强中央集权,朱子学在意识形态领域占据了绝对统治地位而成了正统官方思想。到了 16 世纪中期,出现了朱子学集大成的思想体系,即朝鲜化的朱子学——退溪学。

退溪学的代表人物李滉(1501—1570),字景浩,号退溪,是朝鲜

---

① 《高丽史·列传》卷三三。

朱子学的主要代表人物。李退溪生活的年代,由于反对外戚和权臣干政,统治集团内部勋旧派和士林派的斗争更为激烈,以至"士祸"迭起,使许多读书人惨遭杀害。因而当时国内政治上的要求就是用朱子学指导统治阶级内部的竞争,为王朝的安定和发展提供理论武器。就朱子学在朝鲜发展趋势来说,到了李退溪生活的年代,也需要对以往朱子学的观点进行综合,使中国的朱子学朝鲜化,创立朝鲜朱子学思想体系,从而把它推向完整的成熟形态。这就是说,朝鲜朱子学既往的思想成果呼唤着新的集大成思想体系的出现。李退溪正是集当时朝鲜朱子学之大成,把作为东方文化表征的朱子学推向更加完整的成熟形态,并为朱子学的进一步发展开辟了道路,成为朱熹之后朱子学的最大代表者。

李退溪终身笃信朱熹的思想和学问。被尊为"海东之考亭","东方百世之师"。在哲学上,李退溪直宗朱熹,坚持"理一元论"观点,强调世界万物产生于"理","凡事皆能然必然者,理在理先"。在理气关系上,他主张"理为气之帅,气为理之卒","理有动静,故气有动静,若理无动静,气何自而动静乎"。在认识论上,他主张"先知后行",强调"性"有纯善无恶的"本然之性"和善恶不定的"气质之性"之区别,提出"四端理之发","七情气之发"的"理气互发"说,解决了朱熹性情说所存在的矛盾,对朱子学有重大发展。可以说"四端七情心性论",是退溪学的精髓。

在道德教育思想上,李退溪继承了儒家内圣外王的传统,倡导"为己之学",他说:"为己之学,以道理为吾人之所当知,德行为吾人之所当行。近里着工,期在心得而躬行者是也。为人之学,则不务心得躬行,而稀虚徇外,以求名取誉是也。"①在李退溪看来,"近里着工"即谓深入本质,把握细微处,"期在心得而躬行"即谓真正有所体会并付诸践履。这就是要把理论和实践两个方面结合起来。它与粉饰虚伪、专务向外"求名取誉"的"为人之学"是根本不同的。李退溪

---

① 《言行通录·学问》,《增补退溪全书》第4册,第32页。

和朱熹一样,都把"仁"作为人所追求的最高精神境界和终生奋斗的最高目标,其所谓"为己之学",也就是孔子所说的"为仁由己"。那么如何才能达到"为己之学"的境界呢? 李退溪强调,首要的是以"规矩准绳"严于律己。李退溪曾制《修身十训》,提出立志、敬身、治心、读书、发言、制行、居家、接人、处事、应举等十个方面的准则,作为学者修身的基本规范。其《修身十训》曰:

> 立志当以圣贤自期,不可存毫发退托之念;敬身当以九容自持,不可有期须放倒之容;治心当务清明和静,不可坠昏沉散乱之境;读书当务研究议理,不可为言语文字之学;发言必祥审精简当理,而有益于人;制行必方言正直守道,而无污于俗;居家克孝克悌正伦理,而笃恩爱;接人克忠克信泛爱众,而亲贤士;处事深明义理之辨,惩忿窒欲;应学勿牵得失之念,居易俟命。①

这样"内植其志,壁立万仞"②,外行其志,道德醇正,就达到修己的目的。由此可见,李退溪对人生价值的取向,首先是强调自我价值的完满实现,他用儒家提出的立德、立功、圣言"三不朽"的人格标准为准绳,突出了现实人生,由个体到群体,逐渐实现道德人格的价值和理想。正是基于这一"为己之学"的认识,李退溪提出了"言传身教,以德感化"的道德教育原则。他认为,只有修己才能化人,化人并不是强加于人,而是因为自己已经修正了,对人起潜移默化的作用,用自身感化别人。他说:"当致吾诚意,使之感悟。"③"喜怒不形于色……待人甚恕,苟无大故者未尝绝之,皆容而教之,冀其迁改而自新焉。"④

李退溪针对当时地方上官学乡校"有科举法令之拘,不若书院可

---

① 《陶山全书》第 4 册,第 321 页。
② 《言行通录·郑惟〈言行通述〉》,《增补退溪全书》第 4 册,第 16 页。
③ 《增补退溪全书》第 4 册,第 329 页。
④ 《言行通录·交际》,《增补退溪全书》第 4 册,第 199 页。

专于尊贤讲道之美意"①的事实,沿着朱熹倡导的书院、学堂教育方向,创办了伊山书院、陶山书堂(后为陶山书院)等。他明确提出办书院的目的,是为了"尊贤讲道"而设立,试图想以没有"学令"拘隘和没有科举弊端的书院来实施其教育活动。他认为教育仅是为科举是俗学,非儒者所为,书院应成为纯粹尊贤讲道的教育场所"唯有书院之教盛兴于今日,则庶可救学政之缺,学者有所依归,士气从而不变,习俗日美而王化可成,其于圣治非小补也。"②可见,李退溪倡导与兴办书院教育,是力图克服当时浅薄的教学风气,塑造士的新形象,在李退溪看来,书院教育关系到士气、习俗、王化的盛衰,是至为重要的。李退溪将朱熹的《白鹿洞书院学规》作为书院教育基本的理论根据,极为推崇,并结合朝鲜当时的具体情况,制订了《伊山院规》成为朝鲜书院教育史上的典范。李退溪在晚年 68 岁时向李朝宣祖进献了包括"白鹿洞规图"在内的十个图及其解说,即所谓《圣学十图》,为人们完整地展示了成圣之学的十个重要环节和心法,是其教育思想尤其是道德教育思想的集中体现。十图主要是指太极图、西铭图(上下)、小学图、大学图、白鹿洞规图、心统性情图(上中下)、仁说图、心学图、敬斋箴图、夙兴夜寐箴图。这十个图,就是李退溪所说的"圣学有大端,心法有至要,揭之以为图,指之以为说,所示人入道之门,积德之基"③。《圣学十图》熔铸宋明理学之精髓,其核心是人,是学做圣人的纲领条目、修养方法、程序节次、标准规范、行为践履、情感意志等,全面系统又渐次深入地论述了为圣的目的和方法。其规模之宏大,逻辑之严密,构思之深蕴,操履之功用,在东方文化史上是罕见的。《圣学十图》是李退溪晚年成熟思想的综合,是退溪学的结晶,其中充分汲取了周敦颐、张载、朱熹等理学家的思想精华,也是对宋明理学道德教育思想的极大丰富和发展。

---

① 《增补退溪全书》第 1 册,第 341 页。

② 《增补退溪全书》第 1 册,第 108 页。

③ 《进圣学十图札》,《增补退溪全书》第 1 册,第 195、196 页。

总之，朱子学于高丽朝传入朝鲜半岛后，得到了初步的传播和发展，进入朝鲜李朝后，由于朱子学适应了当时改朝换代推行社会改革，加强中央集权的需要，很快就成为朝鲜李朝的建国理念。到 16世纪中期，朝鲜出现了朱子学集大成的思想体系——退溪学。而朱熹的道德教育思想作为其理学思想体系的重要组成部分，它既随着朱子理学思想的传播而不断深入朝鲜的官方和民间，反过来，随着以理学教育为主要内容的经筵、书院和乡学等各种教育途径的传播，包括朱熹道德教育思想在内的理学思想也日益根植于朝鲜社会，支配朝鲜的政治、教育、学术达 500 年之久，朝鲜成为中国之外的朱子学道统的阐发中心，其理学思想之发展和道德教育思想之发达亦可与中国并驾齐驱。

三、朱熹道德教育思想在东南亚的传播及发展

历史上，东南亚国家就与中国在经济、文化中有着悠久的交往史，东南亚国家也是华人移民最早和侨胞最多的地区之一，这些移民到东南亚各国的侨胞，他们人在海外，心却思念家乡祖国，他们努力保存并发扬华人的道德理性，在其生活的国家，按照中国传统思想文化组织家庭和处理各种社会问题，并创办各类中文学校，从而把包括朱子学在内的中国传统思想文化传播到所在国家和地区。朱子学思想文化影响和传播于东南亚国家最深者有越南、新加坡、泰国等。

（一）朱子学及朱熹道德教育思想在越南的传播

越南从古代起与中国有密切的关系。约于 10 世纪形成封建国家。1226 年，越南陈朝建立，陈氏政权建立之初，急需一种适应封建专制制度发展的意识形态，而朱子学正具有在这一鲜明的特点。陈太宗元丰三年（南宋宝祐元年，1253 年）诏谕天下儒生到国学院讲习"四书"、"五经"，向全国儒士介绍朱子学。陈太宗还仿效中国以朱熹《四书集注》为科场程式和取士标准，全面推广科举选官，推动了朱子学在越南的传播。这一做法，为以后历代王朝所沿袭，由于陈朝统治者的全力推动，在越南出现了非朱熹之书不读，非朱熹之言不讲的局

面,朱子理学成为越南官方的意识形态。

明朝成祖永乐五年(1406年),明成祖朱棣应越南故王陈日奎三弟陈天平之请,平定了陈朝外戚胡秀犁的叛乱,改安南为交趾(安南,交趾都是越南的古称)并于1407年在越南设交趾布政司,广开学校,颁赐《五经大全》,《四书大全》、《性理大全》等书给各府州县学校作为教材。据记载,当时越南在全国共有学校161所,其中府学14所,州学34所,县学113所。1427年,明朝军队撤退,安南复国。明朝在越南的短暂统治,加速了朱子学在越南的传播。[①]

1428年,黎利灏即帝位,建立了黎朝,朱子学得到发展,黎朝历代帝王都尊孔崇朱,选择朱子学作为统治思想,大力推行道德教育,依朱熹思想制定通俗化的教化条例,用行政手段推向民间,以朱子学伦理道德来化民成俗。如黎圣宗把朱熹伦理道德发挥成齐家治国的政治思想,把孝亲敬老慈幼视为一种传统美德,倡导忠孝节义,规定父子、夫妻、婆媳、男女、师徒、乡党、军民等各方面关系,用儒家伦理确定家庭、乡里乃至整个社会的等级尊卑关系,诏谕全国官军民等一律奉行,违者重治。[②] 黎圣宗还大兴科举,推行以朱子理学为内容的科举选官制度,他在位38年,开科12次,取士511人,科举的兴盛,进一步推动了朱子学教育的发展,也使朱熹著作在越南广为流传。这一时期越南统治者用朱熹的伦理纲常名教规范人们的行为,先后颁布了《洪德法典》(1483年颁布)和《教化四七条》(1663年颁布)就是根据朱熹《四书集注》的道德伦理关系撰写的。这也构成了从教育入手并有国家法律确保实施的道德规范制度体系。

1802年阮朝建立。阮朝初,阮福映帝遣使者向清朝纳贡请封,当时清朝仁宗皇帝封阮福映为国王,命用"越南"为国名,当时清朝极为崇尚朱子学。阮朝统治者也在治国中独尊朱子学并明确宣布"唯

---

① 《南安志原·学校篇》。

② 《钦定越史通鉴纲目》正编卷二四。

儒一家，别无他教"①。明命帝（1820—1840 年在位）时规定：越南儿童八岁上学，先读《小学》《忠经》《孝经》、"四书"，然后再读"五经"。明命十五年（1834 年）明命帝颁布了条训十条：敦人伦，正心术，务本业，尚节俭，厚风俗，训子弟，崇正学，戒淫恶，慎法守，广善行，用朱熹道德教育思想教化民俗，并于明命十六年（1835 年）诏谕将《小学集注》《四书大全》《五经大全》《四书人物备要》《通鉴辑览》等书大量印行，并允许民间印刷销售，从而达到广泛传播朱子学之目的。

阮朝从嘉隆到嗣德年间（1802—1883 年），是越南朱子学发展的全盛时期。1885 年，中法签订《越南条约》，越南沦为法国殖民地，越南朱子学开始衰落。朱子学在越南社会起主导作用有 600 多年的历史，其影响是深远的。儒家的道德价值观念已深植于越南传统文化的土壤之中，对今天越南人的思想观念的形成仍然起到重要作用。

（二）朱熹道德教育思想在新加坡的传播

朱子学传入新加坡在 1819 年开埠之后，由粤、闽等到新加坡谋生的华人传入。华人在新加坡开办华文学校，在学校里开设"四书"、"五经"课程，以朱熹《四书集注》为教材，教导学生"读孔孟之书，究洛闽之奥"②。中国清末维新变法失败后，康有为、吴桐林、丘逢甲、王晓沧等维新派人士来到新加坡，提出"以开民智而兴文教"主张，帮助华侨兴办学堂，推动儒学运动兴起。于是养正、广肇等学堂和应新、道南等学校先后建立，新加坡士子丘菽园、林文庆、张克诚等更以传播朱子学为己任，编出既含朱子学精义又浅显易懂的童蒙读本《浅易千字文》《新出千字文》，写出尊孔崇朱的《孔教七纲》《儒家伦理基础》《儒家孝道的成法》等，朱熹道德教育思想及儒家道德教育在新加坡广泛流行与开展。为新加坡在独立后推行"文化再新运动"奠定了坚实基础。

1965 年新加坡独立后，由于工业化的成功，人民生活有很大提

① 何长山：《越南科举三教考试初探》，《东南亚纵横》1993 年第 2 期。
② 《兴建崇文阁碑记》。

高,逐步赶上发达的国家。由此,西方文化也随之在新加坡泛滥。个人主义、物质享乐主义普遍流行。人际关系紧张、家庭结构解体,出现社会的不稳定。在物质文明发达的同时,也带来了人的精神危机。于是到了20世纪70年代,政府组织对国家的教育进行全面检讨,并提出要重振传统文化,恢复忠孝纲常,即重新发挥东方道德,抗拒西方颓废思想的侵蚀。20世纪80年代初以后,新加坡朝野同倡儒学,如从1980年开始改小学生活教育和中学公民科为道德科,并强调将德育贯穿于学校全部工作中。这时期,为了配合李光耀总理倡导抵制西方消极文化,弘扬东方文明,建立有秩序的、有礼貌的文明国家,儒家伦理课得以专门设立。为此,政府还组织人力编写《儒家伦理》课本,培训伦理课程师资,对全国中小学生进行以朱熹伦理思想为核心的儒家伦理教育。1988年新加坡第一副总理吴作栋提出要把儒家的基本价值观"升华成为一套国家意识……成为我们的生活方式"。成为"各个种族和所有信仰的新加坡人都赞同并赖以生存的共同价值观"①。1991年新加坡政府公布了《共同价值观白皮书》提出五项共同价值观:国家至上,社会为先;家庭为根,社会为本;关怀扶持,同舟共济(后改为社会关怀,尊重个人);求同存异,协商共识(后改为求同存异,避免冲突);种族和睦,宗教宽容。这五项共同价值观,是新加坡公民共同的道德准绳,它全面融汇了朱熹道德伦理思想的精华。

目前,新加坡新一代的学校教育目标就是要培养学生成为有国家意识、有社会责任感和正确价值观念即"能及时对自己、家庭、邻居、社会和国家尽自己义务的"能明辨是非的良好而有用的公民。道德教育主要是以开设"好公民"课为主渠道,同时辅之以各类有益的课外活动进行的。儒家朱子思想在道德教育中占据主导地位,其教育过程是根据各级各学校学生的不同年龄和智力层次,由低向高,

---

① 引自何成轩等:《儒学与现代化》,沈阳出版社2001年版,第385页;冯志刚:《新加坡道路及其发展模式》,时事出版社1996年版,第403页。

从个人—家庭—学校—社会—国家及世界，放射式地向外扩展。总之，在当今东南亚各国学校道德教育中，受朱熹道德教育思想影响最深的当首推新加坡。此外，新加坡政府还在全社会开展了诸如"敬老运动"、"文明礼貌运动"、"华语运动"等弘扬朱子学中有益价值观的一系列精神文明建设活动，以培育高素质公民和新社会风气，为现代化建设创造了良好的内部社会环境。

（三）朱熹道德教育思想在泰国等国的传播

泰国以佛教为国教，但是中国儒家文化在泰国得到华人的认同，在泰国华人社团会馆所创办的各类学校，儒家朱子文化教育则是其主要的内容。18世纪时，泰国华侨在大城阁凉区创办第一所华文学校，传播朱子理学。19世纪初至20世纪30年代，泰国华人社团会馆创办各类学校，如华益学堂和新民、大同、南英、进德、明达、培源等学校及育民公学等。1938年，泰国华文学校达293家。这些学校组织学生学习《千字文》、《三字经》、"四书"、"五经"等，宣扬儒家文化，传播朱子学。朱熹的道德伦理思想还被泰国人吸纳融汇到泰国的文化中，如朱熹以"仁"为核心的处世准则被泰国人接受并融入佛教教义中以"与人为善"为行事根本；理学家倡导的"天人合一"，"自然法则"，泰国人吸纳之并化为佛理而相信"因果报应"；儒家主张与人交往要"和为贵"，"己所不欲，勿施于人"，泰国人则吸取之而讲"宽恕"；朱子学君君臣臣、父父子子之关系，在泰国则强调实行父——子家长式统治，长幼有序，等级分明。20世纪80年代以来，泰国一些著名学者呼吁复兴儒学。泰国华人领袖郑午楼博士说："我们海外华人，在保持中华文化传统占有重要地位。事实上，儒家思想早已通过历史塑造出华人特有的心态和生活方式。……我们必须在投身于一个工商社会以求生存发展的同时，努力保存并发扬华人的道德理性，实践东西文化共同冶于一炉的中庸之道。"①中泰建交后，泰国汉语教育，汉学研究迅速发展。1980年诗琳通公主开始学习中文，她的行

---

① 郑彝元:《儒家思想导论序言》，曼谷时中出版社1984年版，第2页。

动激发了泰国人民学习中文和中华文化的热情,在泰国兴起了前所未有的汉学热潮。与此同时,儒学朱子学为主流的中华传统文化的研究也迅速发展,儒典"四书"、"五经"和朱熹著作被大量翻译出版,进入 21 世纪后,儒学朱子学在泰国的传播得到更快发展。

马来西亚是个多民族的国家。全国人口有 2000 多万,其中华人占四分之一。19 世纪 40 年代,大批华人移居马来西亚,于是,他们就组织社团,创办报刊,兴办学校,用《三字经》、《百家姓》、《千字文》、"四书"、"五经"等作为蒙学和学校教育的教材,让华人子弟接受包括朱子学在内的儒学熏陶。19 世纪末 20 世纪初,林文庆、丘菽园等发起"儒学复兴运动",丘逢甲、王晓沧、吴桐林等也从中国内地赶来协助指导,儒学朱子学得到了进一步传播,其中张克诚的《孔教撮要》和《白话孔教撮要》被作为童蒙教育的教材而在马来西亚广为流传。1963 年马来西亚大学设立中文系,开设儒学朱子学课程,使朱子学的传播与研究走进了大学殿堂。自 1984 年起,马来西亚华人社团轮流主办每年的华社文化节,弘扬包括朱子学在内的中国传统文化。1993 年,华人社团对华族文化发展方向做出新的总结:"创造大马华族文化的独特性,提升华族文化内涵⋯⋯致力使华族文化为国人所接受及认同,并引以为荣。"①20 世纪末 21 世纪初,马来西亚相继成立了以朱祥南为会长的"砂拉越美里紫阳学会"和以朱光铭先生为会长的"马来西亚朱熹学术研究会",他们创办会刊,出版《朱熹文选集》,召开《朱子全书》及《朱熹研究文选集》新书推介会,举办国际朱子学术研讨会等,大力宣传朱子文化,推动了朱子学的研究和发展。

印度尼西亚也是一个华人移民众多的国家。早在 1729 年,印尼华人就建立了明诚书院。1875 年,印尼华人在苏瓜哇洒水创建了"文庙"。1900 年,印尼中华会馆成立,其宗旨是尊崇儒教,弘扬儒学朱子学。该会馆成立后,即组织翻译出版儒学典籍《大学》、《中庸》和《孝经》,以及朱子学著作,使《四书》在华人中广为流传。据 1919 年

① 《南洋商报》1993 年 4 月 5 日。

统计,中华会馆在印尼创办华文学校有 200 多所,使大批华人子弟受到了以儒学为主要内容的中华文化传统教育。

此外,在老挝、柬埔寨、文莱、菲律宾等东南亚国家,儒家文化都构成了当地华族文化发展的共同基础,华人社团、华文学校和华文报刊都有一定的实力和影响。他们在所在国极力倡导以朱子为主要内容儒家文化,有力地推动了华人的文化认同,并促进了儒家文化在其国的传播和发展。

综上所述,朱子学形成以后,不仅影响中国,而且流传海外,对东方各国,特别是汉字文化圈几乎带有普遍性的意义,故在一定意义上朱子学在东方形成了中世纪世界主义,被视为东方文化的代表。朱熹的道德教育思想亦随着儒学教育和华文教育在东亚和东南亚各国广泛传播,并为世界上越来越多的人所理解和接受。

四、朱熹道德教育思想在西方国家的影响与传播

西方人知道朱熹是从 16 世纪开始的。当时,西方传教士如利马窦(意大利人,1581 年来中国,1612 年卒),龙华民(意大利人,1597年来中国,1654 年卒)、白晋(法国人,1687 年来中国,1730 年卒)等相继来华传教,他们或用儒学附会天主教义,将其天主教义与儒学结合展开研究与传教,或将儒家经典翻译带回国内,向欧洲全方位地介绍儒家思想,促进了朱子学在欧洲的传播。这一时期来华的传教士中,利马窦的《天主实义》是他融合儒家思想与天主教义与一炉的重要著作,也是他最早将"四书"译成拉丁文并加上注释,把儒家经典"四书"和二程、朱熹等理学家对"四书"的精辟见解比较详尽地介绍给欧洲。龙华民著《论中国人的宗教》一书,大量引用"四书"、《性理大全》等书中的篇章,从中引出朱子学所涉及的太极、理、气、心、性等,并与西方哲学中的上帝、灵魂、实体等相比较,引发了欧洲知识界对中国哲学的兴趣。值得一提的是 1634—1742 年间,在欧洲发生了耶稣会士与非耶稣会士之间关于中国礼仪的争论,从而使欧洲学者对包括朱子学在内的中国传统思想文化进行了比较深入的研究,成

为朱子学西传的大好机会。在这场争论中，法国哲学家尼古拉·马勒伯朗士(1638—1715年)撰写了《一个基督教哲学家与一个中国哲学家的对话——论上帝的存在和本性》，马勒伯朗士集中地论述了中国程朱哲学的"理"和西方基督教的"上帝"的异同。认为中国哲学以"理"为依存物质，朱熹说"天下未有无理之气，亦未有无气之理"，因此理不是永恒不变的实体。在这个意义上，马勒伯朗士认为中国哲学是无神论的。[①] 回应了当时法国巴黎外方传教会派到中国并居住20多年的大主教阿丢斯·利翁(中文名为梁宏仁)认为只有纠正中国儒家学者对上帝本性的错误观念，西方基督教才能得到顺利地传播的说法，虽然他们研究中国朱子学乃至中国传统文化的目的是为探寻一种让西方基督教得以在中国传教的途径，但这也在客观上促进了朱子学在西方的传播。

17—18世纪，朱子学在法国引起了强烈的反响。当时的笛卡尔、伏尔泰、魁奈等许多启蒙思想家都曾研究过朱子学，并从朱熹思想中吸取营养以建构其思想体系。朱熹的"道"、"理"理性原则和"仁"为核心的伦理道德思想，是17世纪法国著名思想家笛卡尔倡导的理性主义的思想来源之一。伏尔泰、狄德罗、霍尔巴赫、魁奈等思想巨子都主张弘扬朱熹"天理道德"、"以德治国"和无神论思想，指出朱子学是"理性宗教"的楷模，力主用"理性宗教"代替宗教神学。狄德罗曾高度评价朱子学"只须以理性或真理，便可治国平天下"。[②] 伏尔泰认为朱熹完善了伦理学，"伦理学是首要的科学"，指出：中国人无论如何都是"世界上最公正、最人道"的民族。[③] 为他提供了人

---

① 焦树安：《谈马勒伯朗士论中国哲学》，《中国哲学史研究》1982年第2期。

② 转引自沈福伟：《中西文化交流史》，上海人民出版社1985年版，第452页。

③ 见[法]艾田蒲：《中国之欧洲》下册，许均、钱林森译，河南人民出版社1994年版，第277～278页。

道主义价值观:"自由、平等、博爱。欧洲政府必须以中国为模范。"魁
奈认为朱熹"天理"论和道德格言"胜过希腊七圣之语",他根据朱熹
的"以农立国"和"务农重谷"是"自然之理"思想,勾画了法国在开明
专制制度下以农为本发展经济、改变法国经济状况的蓝图。他还认
为朱熹的"天理论"是他自然法则"思想的根本"。魁奈的思想起源于
中国①,这是他给自己所下的定义。

　　而朱子学对18世纪德国哲学家的影响则更为突出,德国哲学家
莱布尼茨(1646—1716)通过白晋、龙华民等传教士对中国哲学发生
了极大兴趣,莱布尼茨称程朱理学是"自然神学"②,吸收并阐述了朱
子学"理"、"道"、"太极"的概念和宇宙及其各部分互相联系,运动变
化、和谐发展的思想,在此基础上,提出了著名的"唯理论"学说,并发
表了关于"道"的《单子论》,从而开创了德国古典思辨哲学。他还把
《易经》原理应用到数或代数的证明中去,惊喜地发现他的二进制算
术与《易经》卦爻的二进制完全一致,著《二进制计算的阐述》论文,为
现代数理逻辑和计算机科学的形成与发展奠定了最初的理论。"莱
布尼茨在西方开创了对儒学进行认真的学术研究的先河,并且他所
做的确实可以说是他那个时代可能做到的典范。"③康德、叔本华也
同样深受朱熹思想的熏陶,尤其是康德,他在《宇宙发展概论》中提出
的天体起源假说,与朱熹的宇宙哲学中"阴阳二气的宇宙演化论"的
观点十分相似。因此他被称为"歌尼斯堡的伟大的中国人。"叔本华
十分肯定朱熹哲学的价值,在其著作中,多处引用朱熹的语录,他的
自然意志论和朱熹的"宇宙之间,一理而已。天得之而为天,地得之
而为地","理则就其事事物物各有其则者言之"等说法极为相似。歌

　　① [法]魁奈:《中华帝国的专制制度》,谈敏译,商务印书馆1992年版,第
57页。

　　② [德]莱布尼茨:《致德蒙留的信:论中国哲学》,庞景仁译,《中国哲史研
究》1981年第3、4期和1982年第1期。

　　③ 张立文等:《中外儒学比较研究》,东方出版社1998年版,第287页。

德读过"四书"的拉丁文译本和传教士撰写的介绍孔子思想和朱子学的书籍,称赞孔子朱熹是"务实的哲学家",认为孔子朱熹关于修身以促进自身善美发展的见解同自己的见解极为相近,他撰诗赞美朱子学"天人合一"思想,表达他向往中国伦理的宁静稳定和崇敬自然的心情,他在一首诗中高呼:"东西两大洲,不能再分离,谁是多识的人们呀,理应明白此!两世界互相研究,即是我的希望,东西互相连联,也是我的希望。"①歌德由于对中国文化的热爱和推广而获得"魏玛的孔子"称号。

朱子学 16 世纪末通过耶稣会士传到英国,17 世纪至 18 世纪中叶,"五经"、"四书"和朱熹《四书集注》、《资治通鉴纲目》等被译成英文传入英国,从而使儒学朱子学在英国传播日广。在 17—18 世纪的欧洲与英国的启蒙运动中,朱子学曾是"格外重要"的"中国思想","许多重要的启蒙思想家对'理性方式'的偏爱皆来自于中国"。② 英国启蒙思想家汲取儒学朱子学,既兴起了启蒙运动,也传播了儒学朱子学。这一时期儒学朱子学传播的特点是被启蒙思想家用来构建"全球意识"、"世界公民"学说。威廉·坦布尔在《英雄的道德》中宣传孔子朱熹人品和思想,说他们是"真的爱国者和爱人类者",他还称赞朱子学"是一部伦理学,讲的是私人道德、公众道德、经济道德、政治道德,都是修身、持家、治国、平天下之道。"儒学朱子学能够帮助人们完善充实"全球意识"和"世界公民"学说。奥立佛·哥尔德斯密以儒学为指导撰写出名作《世界公民》即《中国人信札》,宣扬孔子周游列国实施自己匡正天下的理想和朱熹修身、齐家、治国、平天下的奋斗精神,阐述自己全球意识的"世界公民"学说。此外,朱熹的"格物致知"说还得到了弗兰西斯·培根和约翰·洛克等启蒙思想家的肯

---

① 引自卫礼贤:《歌德与中国文化》,《歌德研究》,中华书局 1936 年版,第 259～260 页。

② [英]约翰·霍布森:《西方文明的东方起源》,孙建光译,山东画报出版社 2009 年版,第 174～175 页。

定,认为朱熹认知方法是理性与经验相结合的科学研究方法。

美国到 18 世纪才由来华传教士传入朱子学,同时传入的还有欧洲启蒙思想家关于中国的著作。美国启蒙思想家本杰明·富兰克林、托马斯·潘恩、托马斯·杰斐逊等,也受到过朱子学的影响。本杰明·富兰克林曾在其创办的《宾夕法尼亚公报》上发表《孔子的伦理》文章,共录《大学》中的砥砺自身道德的原则和方法,对儒家道德伦理进行评论,称道孔子、朱熹是道德思想家。强调"每个人都应该追求至善,通过至善达到安详宁静"①。主张朱熹道德教诲和中国"以德治国"可以为美国提供最佳的借鉴。托马斯·潘恩认为朱子学是符合理性的自然宗教,他为《展望》杂志撰文和撰著《常识》宣传朱熹理性主义精神,主张以朱子学理性道德观取代基督教神性道德观,强调遵循自然规律行事和充满理性主义精神的朱子学可以为美国提供最好的借鉴。托马斯·杰斐逊推崇朱熹"窃惟民生之本在食,足食之本在农,此自然之理也"②。的重农思想,认为以农立国是遵循"自然法",中国按照"自然法"建国而有灿烂的农业文明,中国是美国效仿的农业楷模。

进入 20 世纪以来,美国对朱子学的研究出现了热潮,使美国成为当今西方朱子学的研究中心,出现狄百瑞、陈荣捷、成中英、杜维明、田浩、史华慈、安乐哲等一批研究朱子学和中国哲学的专家及著作,美国大多数学者对朱子学持肯定态度,他们认为美国的民主政治也间接地受到朱子学的影响,今后还要继续加以研究。

总之,朱子学能在海外流传,并成为一些国家和社会的意识形态,自然有其生存的价值。作为朱子学重要组成部分和核心内容的道德教育思想在海外的传播过程中并与它国文化相交融,由此又构成了许多新的形态和形式,这既说明了朱熹的道德教育思想具有强

---

① 参见何茅川:《中外文化交流史》下卷,国际文化出版公司 2008 年版,第995～996 页。

② 朱熹:《朱文公文集》卷九九,《劝农文》,第 4598 页。

大的生命力与社会张力,又要求我们对其在海外的影响演化要做深入细致的分析与研究。当今,以朱熹为代表的新儒学已发展成为世界性的学说,许多国家的学者通过对朱子学的研究,试图从朱子学,尤其是朱熹道德伦理思想这一东方文化智慧中找出适合西方社会的部分,从而为人类文明进步作出更大的努力。

第七章

朱熹道德教育思想的当代价值

朱熹继承并发展了传统儒家伦理道德思想并形成了一套完备的道德教育思想体系,该思想和体系命题范畴精深,思想内容深刻,博大而精深,因而对后来的学者产生了深远的影响。蔡元培先生曾说过:"宋之有晦庵,犹周之有孔子,皆吾族道德之集成者也。"[①]不仅如此,由于封建统治者的不断倡导,朱熹的理学思想在元明清三个朝代都成为官方主流意识形态,并不断地发展、演变,支配了中国封建社会后期意识形态达 700 年之久,其道德伦理思想、道德教育理论与方法也深深扎根于广袤的民族文化沃土中,成为中华传统人格观、价值观的重要内容,成为中华民族精神的重要组成部分,成为传统的伦理道德教育的金科玉律。

尽管朱熹所处的时代与我们不同,其思想学说有其时代的局限性,但他提出的不少主张和重要理论对于我们今天的思想道德建设仍具有重要的借鉴作用和启迪意义,我们要采取历史唯物主义的科学态度,实事求是地分辨其精华和糟粕,并进行不断创新,这样就能使朱熹的道德教育思想成为当前我国社会主义道德思想建设,尤其是成为青少年思想道德教育创新的重要源泉,以凸显朱熹道德教育思想的当代价值。

---

① 　蔡元培:《中国伦理学史》,东方出版社 1996 年版,第 103 页。

第一节　当前我国道德领域中存在的突出问题及成因分析

一、改革开放以来中国社会主义道德建设的发展态势

改革开放三十多年来,中国社会发生了翻天覆地的变化,党和国家在发展社会主义市场经济的同时,也加强了社会主义道德建设。从改革开放初期(20 世纪 70 年代末 80 年代初)在全国范围内开展的讲文明、讲礼貌、讲卫生、讲秩序、讲道德和心灵美、语言美、行为美、环境美以及热爱祖国、热爱社会主义、热爱共产党,即五讲四美三热爱活动,到 1996 年 10 月党的十四届六中全会审议并通过了《中共中央关于加强社会主义精神文明建设若干重要问题的决议》,提出要"加强思想道德建设,发展教育科学文化,以科学的理论武装人,以正确的舆论引导人,以高尚的精神塑造人,以优秀的作品鼓舞人,培育有理想、有道德、有文化、有纪律的社会主义公民,提高全民族的思想道德素质和科学文化素质"①。进一步突出了社会主义道德建设,提出加强社会公德、职业道德和家庭美德"三德"建设,着力构建社会主义道德规范体系。我国社会的道德建设经历了一个由与计划经济相适应的运动化道德建设模式向形成规范化的道德教育体系的转变过程。

随着社会主义市场经济体制在我国的建立和发展,极大地促进了我国经济与社会的发展,为道德教育事业创造了良好的物质条件;但另一方面,市场经济对人们的价值观念和思想道德又产生着消极影响,从而引发了价值追求扭曲、社会道德水平滑坡等现象。进入 21 世纪,党和国家对道德建设加强重视。2001 年 9 月,中共中央颁

---

① 《中共中央关于加强社会主义精神文明建设若干重要问题的决议》,人民出版社 1996 年版,第 7 页。

布了《公民道德建设实施纲要》，第一次提出了"公民道德"概念，第一次制定了我国新时期公民基本道德规范，即"爱国守法、明礼诚信、团结友善、勤俭自强、敬业奉献"，并在全社会倡导与实施。公民道德建设从我国历史和现实的国情出发，坚持以为人民服务为核心，以集体主义为原则，以爱祖国、爱人民、爱劳动、爱科学、爱社会主义为基本要求，以社会公德、职业道德、家庭美德为着力点。随着公民道德建设的不断深化和拓展，逐步形成与发展社会主义市场经济相适应的社会主义道德体系。《公民道德建设实施纲要》的实施表明，我国的社会主义道德教育不仅有了明确的内容和要求，而且是将道德教育纳入了制度规范性的轨道，成为一种常态化、制度化的社会功能。

　　2006 年 3 月，胡锦涛提出"以热爱祖国为荣、以危害祖国为耻；以服务人民为荣、以背离人民为耻；以崇尚科学为荣、以愚昧无知为耻；以辛勤劳动为荣、以好逸恶劳为耻；以团结互助为荣、以损人利己为耻；以诚实守信为荣、以见利忘义为耻；以遵纪守法为荣、以违法乱纪为耻；以艰苦奋斗为荣、以骄奢淫逸为耻"的"八荣八耻"的社会主义荣辱观，精辟阐明了社会主义荣辱观的深刻内涵，丰富了社会主义基本道德的内容，也为道德教育塑造具有崇高道德修养的社会主义公民和促进良好社会风气的形成指明了方向。2006 年 10 月，党的十六届六中全会明确提出要建设社会主义核心价值体系。社会主义核心价值体系的基本内容包括四个方面，即马克思主义指导思想、中国特色社会主义共同理想、以爱国主义为核心的民族精神和以改革创新为核心的时代精神、以"八荣八耻"为主要内容的社会主义荣辱观。其中，马克思主义指导思想是社会主义核心价值体系的灵魂，在社会主义核心价值体系中，马克思主义提供的是科学的世界观，是认识世界和改造世界的立场、观点和方法为建设社会主义的核心价值体系指明了正确的方向。中国特色社会主义共同理想是社会主义核心价值体系的主题和内核，是保证全体人民在政治上、道义上、精神上团结一致，凝聚智慧和力量，克服任何困难、创造美好未来的强大精神纽带和动力。以爱国主义为核心的民族精神和以改革开放为核心的时代精神是社会主义核心价值体系的精髓和主旋律，是马克思主义与时俱进的思想和思想源泉，是推进中国特色社会主义伟大事业的精神动力。以"八荣八耻"为主要内容的社会主义荣辱观是社会主义核心价值体系的基础，在社会主义市场经济条件下为全体社会成员判断行为得失，作出道德选择、确定价值取向，提供了基本的价值准则和行为规范。社会主义核心价值观四个方面的基本内容是相互联系、相互贯通、有机统一的。党的十七大不仅重申了社会主义核心价值体系的重要性，提出社会主义核心价值体系是社会主义意识形态的本质体现，而且强调要把社会主义核心价值体系融入国民教育和精神文明建设全过程，转化为人民的自觉追求需要，积极探索用社会主义核心价值体系引领社会思潮的有效途径，增强社会主义意识形态的吸引力和凝聚力。这也使全民的道德教育更加规范化。中共十七届六中全会提出加强社会公德、职业道德、家庭美德、个人品德教育、深化政风行风建设、开展道德领域突出问题专项教育和治理，我国的社会主义道德建设又有了新的发展。

党的十八大报告从扎实推进社会主义文化强国的战略高度，对加强社会主义核心价值体系建设提出了新的更高要求。强调指出社会主义核心价值体系是兴国之魂，决定着中国特色社会主义发展方向。要深入开展社会主义核心价值体系学习教育，用社会主义核心价值体系引领社会思潮，凝聚社会共识。党的十八大报告还从建设社会主义文化强国的全局出发，对全面提高公民道德作出部署，强调这是社会主义道德建设的基本任务，提出要坚持依法治国与以德治国相结合，深入实施公民道德建设工程，加强社会公德、职业道德、家庭美德、个人品德教育，要深入开展道德领域突出问题专项教育和治理，加强政务诚信、商务诚信、社会诚信和司法公信建设。要加强和改进思想政治工作，注重人文关怀和心理疏导，培育自尊自信、理性平和，积极向上的社会心态。要深化群众性精神文明创建活动，广泛开展志愿服务，推动学雷锋活动，学习宣传道德模范常态化。总之，党的十八大对加强社会主义核心价值体系建设和公民道德建设的进一步提出，我们能够感受到中央对道德提升，诚信构筑的决心，它不但在国人心里奏响了"道德建设"的最强音，还使"以德治国"更具操作性，使我国的社会主义道德建设进一步走上了规范化、制度化的轨道。

二、当前我国公民思想道德的总体分析

从上述过程分析可见，改革开放以来，尤其是社会主义市场经济体制在我国的建立和发展以来，党中央高度重视道德建设，并将其作为关系全局、关系长远的战略任务，摆在重要位置，作出了一系列重大部署。各地各部门认真落实中央精神，采取扎实有效措施，推动道德建设并取得了显著成效，有力促进了公民道德素质的提升，巩固发展了积极健康向上的思想道德主流。一是紧紧围绕巩固全党全国人民团结奋斗的共同思想道德基础，坚持把弘扬社会主义核心价值体系作为公民道德建设的主线，融入国民教育和精神文明建设全过程，使之转化为全社会的价值导向和全体人民的精神追求，进一步增强了广大干部群众坚持中国特色社会主义的道路自信，理论自信和制度自信；二是紧紧围绕建党、建国等重大纪念日，举办北京奥运、上海世博等重大活动，应对汶川地震、玉树地震和抗击冰雪、泥石流等重大自然灾害，大力宣传团结一心、攻坚克难的伟大实践和丰功伟绩，中华民族的自尊心、自信心、自豪感进一步增强，民族精神、时代精神广为弘扬，凝聚起实现中华民族伟大复兴的强大精神力量；三是紧紧围绕提高公民道德素质和社会文明程度，大力学习、宣传、践行社会主义荣辱观，精心组织了全国道德模范评选表彰和学习宣传、广泛开展志愿服务活动，深入推进文明城市、文明村镇、文明单位创建活动和"讲文明树新风"活动等，社会环境、公共秩序、城乡面貌有了明显改观，爱国、敬业、诚信、友善等道德规范深入人心，全社会的文明程度和公民道德水平不断提升。总之，改革开放以来，尤其是实行了社会主义市场经济以来，我国经济社会发展和社会主义和精神文明建设，公民道德水平的提升出现了良性互动，不断提升的局面。

三、当前我国道德领域存在的突出问题及成因分析

在充分肯定我国道德建设主流的同时,我们也必须清醒地看到,当前我国社会道德领域还存在不少亟待解决的突出问题。

一些领域道德失范、诚信缺失,一些社会成员人生观、价值观扭曲,是非、善恶、美丑界限混淆,拜金主义、享乐主义、极端个人主义有所滋长,见利忘义、损人利己行为时有发生,以权谋私、腐化堕落现象一定程度存在。在一段时间里,一些地方发生了道德冷漠、丧失良知的现象,一些领域出现了见利忘义、制假售假的事件,一次次冲击道德底线,挑战公众良知,造成了十分恶劣的影响,对此人民群众的意见很大。这些问题与社会主义核心价值体系背道而驰,也与中华民族传统美德格格不入。造成我国当前道德领域中存在的这些突出问题和现象的原因是多方面的,其主要原因有:

1. 市场经济的双重效应,引发了人们价值观念的变异,导致了功利主义、拜金主义、以权谋私等道德滑坡现象的产生。改革开放以来,国家经济增长的需要与社会致富心态推动了经济改革,而经济改革的深入必然导致社会主义市场经济的建立与发展。市场经济的两面性表现在:一方面是促进人们树立了自我意识、平等意识和竞争意识,并逐步确立了创新、开拓、进取的道德与价值取向。但是,从另一方面来看,市场调节的自发性、盲目性、滞后性和调节功能的有限性以及市场竞争中的排他性、急功近利的片面性等因素的存在,也引发了唯利是图、损人利己、投机钻营等不良动机与行为,这些就是市场经济带来的双重性。同时,随着改革伴生的经济成分和经济利益的多样化、社会生活方式的多样化、影响人们思想的信息渠道多样化导致了人们思想观念、价值取向的多样化,其结局是多样化的道德格局的出现。多样化的道德格局必然带来多样化的道德标准,使人们在道德价值与道德选择方面出现了困惑,其负面的影响主要表现在:"一切向钱看"的极端个人主义与享乐主义、拜金主义的泛滥。在一些领域和一部分人中出现了思想道德滑坡的同时也造成了人际关系

的冷漠。在经济领域则表现为经济伦理的严重错位,导致了一部分人见利忘义,为了经济效益而不顾社会效益,如市场活动中以次充好,欺行霸市,假冒伪劣等时常可见;在政治生活领域则表现为部分领导干部"权力观"错位,权力道德严重滑坡现象。一些领导干部以权谋私,在经济上搞钱权交易,在作风上搞自由主义,在生活上搞享乐主义,在用人上任人唯亲等,这些腐败现象,严重损害了党群关系和党的形象,对思想道德建设带来严重的负面影响和冲击。

2.道德建设相对于市场经济发展的明显滞后性特点,导致了我国当前部分领域伦理和道德的"真空"状态的出现。道德作为上层建筑,其相对于市场经济的发展明显具有滞后性,这是由于经济基础和上层建筑的不同性质所决定的,同时,新的道德文化及精神生态的建立是个长期的过程,尤其是适应我国社会主义市场经济的道德体系建立更是需要一个较长的过程。我国从计划经济向市场经济制度的过渡转轨的时间不长,一方面,市场经济制度本身就在完善之中,另一方面滞后性的道德体系建设也有待时日。这就出现了一种原有的与计划经济相适应的伦理秩序业已失序而新的与市场经济相应的伦理秩序尚未完全确立的伦理与道德的"真空"状态。

当前我国道德建设中存在一定程度的道德信仰的缺失正是以社会转型、社会变革为背景的。当前一些道德问题的突出,虽然不能完全归因于市场经济的建立和发展,但却与市场经济的发展有着无法否认的内在关系。在计划经济制度中,由于它消除了个体利益的对立,个人没有较为独立的地位,人们都是为了完成国家计划和实现国家意志而存在,集体主义道德(甚至是极端的集体主义)也就成为当时社会发展的必然和现实要求。我国改革开放前,整个经济制度都以集体主义作为设计理念,并在实践中得到自上而下的弘扬和遵循,人们的利益高度一致,以"集体主义"为核心的"革命道德"和道德理想主义占据了社会道德的主导地位,但是由于计划经济制度超越了当时社会生产力发展阶段,影响了经济的长期持久发展和社会生产率的提高,由计划经济制度向市场经济制度的转轨势在必行。随着市场经济体制及相关制度的建立打破了束缚生产力发展的枷锁，极大地提升了社会生产率的发展，"市场"与"道德"的二律背反问题也随之而来了。因为市场经济制度是市场在资源配置中起基础性作用的经济活动方式，它是以承认市场主体的和人利益差别为前提，追求的是个人利益的最大化，竞争性与功利性是它的主要特征，等价交换为基础的价值规律是它统摄与调节一切经济活动的原则与尺度。这种竞争性与功利性的市场制度以及等价交换原则一旦渗透到人们的全部社会生活中，就难免诱发出人们恶劣的贪欲膨胀，引发整个社会行为的短期化和功利化。这就使集体主义原则首当其冲地受到挑战，而与之相伴随的大公无私，公而忘私等美德也被物质主义的现实所消散。更有甚者，一些主体在片面追逐利润的最大化而将所有的道德仁义抛之脑后，甚至漠视人民群众的生命安全，诸如"毒奶粉"、"地沟油"、"瘦肉精"、"工业盐腌鸭蛋"等事件的发生说明了一些经济主体为了追求个体利润的最大化已达到不择手段、无恶不作的畸形程度。从中我们也应该看到，不论是"以家为国"的我国古代宗法血缘伦理文化传统还是新中国成立以来建立起来的与计划经济相适应的道德传统，在许多方面都很难适应社会主义市场经济条件下改革开放的社会伦理生活与人们不断变化着的道德心理和道德认知行为的实际需要。正是在这一社会转型和变革的背景下，出现了原有的伦理秩序业已失序而新的伦理秩序尚未完全确立的"真空"状态的出现，各种腐朽、没落的甚至反动的道德残余也会沉渣泛起，那些伴随着市场经济而产生的在当代发达资本主义国家已经进行了修正和改革并已失去其存在价值的道德问题，诸如失信行为等在我国由于社会征信制度尚未完全建立或完善，失信行为未因此而付出较大成本而仍有其存在的市场。可见，建设适应市场经济和中国现代转型的新的伦理秩序，重树人们的道德信仰，这不仅需要我们引进人类各种道德文化传统的优秀养分，更需要传统道德的实现自身的创造性转化，需要社会道德生活经验的积累和伦理精神的积淀，以及伦理学理论自身的理论创新和建构。对此，我们任重而道远。

3.非马克思主义思潮泛起,因而反映在思想道德领域的矛盾和斗争更加错综复杂。应该看到,我国当前形态的形势是严峻的。改革开放以来,我国的经济结构发生了很大变化,随着经济多元化,在思想意识领域也出现了多元化的趋势。加上对外开放,西方资产阶级理论、学说也涌进国门,对我国的意识形态产生了很大的冲击,而在我们的一些地方和部门,尤其是一些领导干部,忽视了思想意识这个上层建筑领域的重要问题,从而在发展社会主义市场经济过程中,把搞生产、发展经济看成是硬任务,而把搞好思想意识形态的工作看成是"软指标",可抓可不抓甚至不抓,存在着"一手硬,一手软"的问题,从而导致了在一些地方,西方学说甚至占了主流地位,马克思主义被边缘化了。在这种情况下,意识形态领域出现了复杂的形势,各种反马克思主义思潮轮番登场,新自由主义、民主社会主义、历史虚无主义、"普世价值"、宪政民主、公民社会等等,一波又一波地发起攻势,虽然经过斗争这些思潮并未在社会完全蔓延开来,但往往是一波未平,另一波又起。改革开放30多年来,马克思主义与反马克思主义思潮的斗争始终没有停息过,而且还有越来越激烈的趋势。对此,我们必须保持高度的警惕。非马克思主义思潮的泛起,反映在道德领域,首先,就是要否定马克思主义在道德领域的指导地位,他们借助道德领域出现多元化趋势,鼓吹在道德建设指导思想上搞多元化,要求允许资产阶级世界观、方法论在党内合法存在,并同马克思主义"自由竞争"。这种看法是错误的,在我国当前国际国内的环境下,意识形态领域和道德领域出现多元化趋势是很难避免的,但是指导思想必须是一元的,绝不能实行多元化。我们理应旗帜鲜明地宣布马克思主义是我们的指导思想,坚决捍卫马克思主义的指导地位。其次,是把社会主义市场经济与社会主义、共产主义道德看成是完全对立、相互排斥、水火不相容的两个事物的观点,主张中国搞市场经济就必须实行资本主义制度,在道德领域就必须奉行资产阶级那一套价值观与道德规范体系。即在思想上、观念上、行动上必须全盘西化。如果不澄清并清除这些错误认识,那么对于整个社会主义道德建设也将是极其有害的。再次,由于思想教育方法手段滞后等问题,使得一些人理想、信念丧失,各种宗教,甚至邪教等反科学、反道德、反文明的唯心主义和封建迷信沉渣泛起,向共产主义理想信念、社会主义思想观念发起猖狂进攻,因而反映在思想道德领域的矛盾和斗争更加错综复杂,这也给我们敲响了警钟。

第二节　朱熹道德教育思想对我国社会思想道德建设的当代价值

朱熹的道德教育思想,是对先秦、两汉及隋唐儒家道德教育思想的继承和发展,亦是宋代理学先驱周敦颐、张载、二程道德教育思想的折中与弘扬,他把儒学改造为理学(亦称之为新儒学),创造性地建立了理学道德教育思想体系,为儒家的道德教化理论展开了新的哲学论证,对宋直至清代的七百多年我国的教育产生了直接而又极为深远的影响。朱熹的道德教育思想作为整个传统文化的一部分,在中华民族的文明发展史上起着重要的作用,对铸造中国人特有的道德品质和民族精神产生了深远的影响。进入 21 世纪的中国,正在以生机勃勃的进取精神投入全面建设小康社会的进程中,在加强物质文明建设的同时,正日益认识到在新的历史条件下正确弘扬中华民族优秀道德传统,建设新型的民族道德建设的紧迫性,认识到汲取我国古代道德教育的成功经验,加强道德教育的重要性。毫无疑问,我国新的社会主义道德规范和道德教育体系,应当建立在中华民族几千年积累起来的道德文明基础之上,而已成为中华传统价值观和道德伦理教育思想的朱熹道德教育思想,是可以为我们今天提供丰厚的道德智慧的。对朱熹道德教育思想的当代价值,我们可以从下面几个方面来认识和把握:

一、传承朱熹重视道德伦理和道德教育理论重构的创新精神，彰显理想信念教育的时代主旋律

为适应北宋以来中国封建社会后期加强思想政治统治和进一步巩固宋王朝中央集权制的需要，同时也为了使儒学能够应付佛、道两家的挑战，以朱熹为代表的理学家们在批判了佛、道有悖于儒家纲常伦理的思想的基础上，对儒家所倡导的纲常伦理思想及道德教化理论展开了创新性的重构，创造性地建立了理学道德教育思想体系。朱熹通过对道德伦理的宇宙本体证明，将标示世界万物之所以然和所当然的"理"确立为最高价值原则和行为准则，并将儒家所倡导的仁义礼智等伦理道德统一于天理，在其理一元论哲学的前提下，构建了道德伦理的形而上学，让道德伦理观念具有了本体论的依据。从而为道德认识和道德践行等道德教育活力提供了一个高位的、超越的、客观的标准，使人们的道德认识和道德践行等道德教育活动不至于陷入道德的相对主义、实用主义和任何的主观随意性。朱熹的道德本体论及其具体的封建伦理纲常内容虽不尽可取，但他的上述探索思路对我国当前社会主义道德建设理论的创新和以社会主义核心价值观为主要内容的道德规范体系的构建是有启示意义和当代价值的。

如前所述，当前我国社会道德领域存在的一些突出问题和道德信仰的缺失固然是社会主义市场经济发展过程中社会变革，社会转型所带来的问题。其中有制度、机制、法制和社会管理等方面的因素，但很重要的一点或者说是深层次的原因是理论建设的滞后的原因。朱熹高度重视道德伦理和道德教育理论创新和构建启示我们，要坚持马克思主义在道德领域的指导地位，紧密联系社会主义市场经济条件下道德建设的实际，高度重视并努力做好社会主义道德理论和道德教育理论的创新和构建工作。要从哲学的高度把握和探讨道德建设的深层次问题，深入认识道德的特点，道德标准的普遍性和客观性，着力构建符合新时期发展要求的中国特色社会主义道德思

想体系,以充分发挥道德的价值功能和促进作用。

朱熹高度重视理想信念教育,把"明人伦"确定为道德教育的目的,把培养所谓"圣人"人格作为道德教育的最高层次的理想人格设计,追求"止于至善"的道德理想目标和人生崇高的道德境界。朱熹道德教育理论肯定"人皆可为尧舜",坚持人性本善和人人都有各自明善性的能力与内在价值的基本信念,他以"齐家、治国、平天下"为实质,确立了以"为圣"为价值理想的为学、修德即道德教育目标,主张通过"格物致知,居敬穷理"的知敬双修去实现"明明德"和"亲民"内圣外王的统一。朱熹高扬孔孟"志于道"、"志于仁"、"士尚志"的精神方向,教导学生"学者要立大志",朱熹说:"仁者,人心之全德,而必欲以身体而力行之,可谓重矣。一息尚存,此志不容少懈,可谓远矣。"[①]强调立志,要持之以恒,修身不懈。朱熹的上述思想,按我们今天的语境来说,就是要高度重视理想与信念的教育,这对于我国当前坚持以理想信念教育为核心去加强公民道德建设具有广泛深远的现实意义。

当前我国在推进改革开放和社会主义市场经济建设中,社会的一些领域和一些地方道德失范,是非、善恶、道德界限混淆,拜金主义、享乐主义、极端个人主义有所滋长,见利忘义、损公肥私、损人利己行为时有发生,不讲信用、欺骗欺诈成为社会公害,以权谋利,腐化堕落现象严重存在。从本质上说,社会成员的理想动摇,信仰迷失,缺乏高位彰显的精神支柱是关键。面对这一情况,党中央明确提出要把社会主义核心价值体系融入国民教育和精神文明建设全过程,转化为人民的自觉追求,用社会主义核心价值体系引领社会思潮,凝聚社会共识。特别是要坚持马克思主义的指导,用中国特色的社会主义共同理想凝聚全体人民的智慧和力量,既抓住了我国当前理想信念教育的核心,也就掌握了加强当代公民道德建设的枢纽。

朱熹的道德教育思想之所以具有当代价值,根本原因在于它的

---

① 朱熹:《论语集注》卷四,朱熹:《四书章句集注》。

优秀成果与我们力图达到的建设中国特色社会主义的目的是兼容的。朱熹进一步弘扬了孔子"天下归仁"的理想和积极的人生精神，追求个人人格的完善和服务于现实、社会联系在一起，这就是所谓的把修身、齐家与治国、平天下联系在一起，把家和国、个人与集体、个人与国家紧密联系在一起，强调国家、民族、社会的利益高于个人利益，这种思想形成了中国人强烈的爱国主义情怀、集体主义意识，传达了中华民族千年深蕴的民族自豪感和高度责任感，这就是朱熹道德教育思想给予我们的宝贵精神财富。

朱熹在道德教育中，非常注重塑造一种高尚完美的人格，他所要培养的个体人格的特点：要求个人与社会和谐，个人立身，处世注重气质、操守，要求自爱、自尊、严于律己、宽以待人；主张每一个人都应致力于自我完善，而反对任何形式的放纵自我。这种"自律型"的人格模式比现代西方流行的以个人为中心，以"自我"为本位的"自由型"人格模式，在今天具有更深刻的现实意义。特别是朱熹把培育个体完美的人格，看做是教育的第一要义，对我们今天教育工作，正确处理德育、智育的关系，克服重智育、轻德育的不良倾向，为当代教育提供了一种智德双修的教育方式，是大有帮助的。

二、发掘和弘扬朱熹道德教育规范论的当代价值，着力构建有中国特色的社会主义道德规范体系

朱熹的道德教育规范论也启示我们，在建立社会主义市场经济体制，发展社会主义市场经济的历史条件下，要高度重视并逐步形成统一的有中国特色的社会主义的思想道德规范体系。经过改革开放以来 30 多年的积极探索，有中国特色的社会主义思想道德规范体系已基本形成与完善，他具有以下两个方面的内容。一是在意识形态层面，倡导社会主义核心价值体系，即马克思主义指导思想，中国特色社会主义共同理想，以爱国主义为核心的民族精神和以改革开放为核心的时代精神，以"八荣八耻"为主要内容的社会主义荣辱观；二是在社会主义道德规范领域，倡导和实施"爱国守法，明礼诚信，团结

友善,勤俭自强,敬业奉献"的公民基本道德规范,提出并逐步形成以为人民服务为核心,以集体主义为原则,以爱祖国、爱人民、爱劳动、爱科学、爱社会主义为基本要求,以社会公德、职业道德、家庭道德、个人品德为着力点,随着公民道德建设的不断深化和拓展,逐步形成与发展社会主义市场经济相适应的社会主义道德规范体系。

朱熹的伦理纲常思想是其道德教育规范论的核心内容,从本质意义上来说,它是为维护封建的宗法等级制度服务的。对此,我们应给予坚决的批判。但是,我们对于朱熹"三纲五常"为核心的道德教育规范论,完全可以在辩证分析与甄别的基础上古为今用,发掘其当代价值。

对于朱熹"三纲五常"为基础的道德规范之德目我们可分四个层次来加以考察分析:一是终极道德原则的"仁"或"理";二是为封建专制认可与推行的"三纲"与部分能稳定社会秩序的"忠、孝、节、义"规范;三是为儒家道德传统肯定并作为自我修养目标或维系人间秩序的"五常"及忠、孝、悌、敬、慈、恭、宽、信、敏、惠等德目;四是指导人类行为的日常生活的仪节习俗。这当中明显是封建意识形态的第二类规范与德目之"三纲"应予剔除;部分稳定社会公共生活秩序的规范许多因其具有超时空的普适性,可相应地转换为现代社会公共管理职能的法律、道德规范而加以利用;其他三类规范或德目许多可直接注入新时代的内容而成为我国当前公民道德建设的源头活水,如"忠"、"义"对于"爱国守法","礼"、"信"对于"明礼诚信","仁"、"宽"、"孝"、"慈"、"悌"对于"团结友善","勇"、"俭"对于"勤俭自强","恭"、"仁"、"智"之于"敬业奉献",都可以在赋予时代精神和前提下相应借鉴和利用。

三、借鉴朱熹道德教育方法论的积极因素,努力探索新时期道德建设的有效途径

朱熹从维持封建社会统治秩序的目的出发,在继承和发展儒家学派道德教育方法的基础上,结合自己和多年的教育实践,把道德教

育方法上升为方法论,提出了一系列的关于道德教育方法的基本方法和道德教育实施的基本要求。概括起来,在道德教育方法的指导思想和基本原则上,有"德"与"智"相结合,"知"与"行"相结合、"立志"与"践行"相结合、"引导"与"规范"相结合、"阶段性"与"连续性"相结合等;在道德教育的施教方法上,提出了"教人有序"的循序渐进法,"时而之化"的启发诱导法,"因人而异"的因材施教法、"化与心成"的养成教育法,在主体自我修德(即道德修养方法上),提出了"迁善改过"的自我教育法,"克己省察"的自我反省法,"主敬存养"的自我养性法,"贵在人自立志"的意志锻炼法等,这些方法都是历史的产物,背负着时代和环境的制约,因而也就不能超越时代和环境而普遍适用于我们现代社会。但是,道德教育作为人类社会特有的一种文化现象,是有其传承和发展内在规律的。朱熹道德教育思想及其方法论,历经岁月的磨洗已逐渐积淀为中华民族文化的深层结构,在过去时代的道德领域曾发挥了主导作用,并在我们今天的时代留下了深刻的印记。面对我们今天所处的人们思想上传统与现代大碰撞的关键时期,批判地继承与发扬朱熹道德教育方法,吸取其道德方法中积极、优秀的成分,为现今德育方法问题的改良提供借鉴与启示,将有利于推进我国社会主义道德建设的发展,有利于使我国的德育真正走向富有实效的德育。朱熹的道德教育方法论的启迪意义主要有以下方面:

一是朱熹重视主体的内心修为,倡导严于律己,启示我们在实施公民道德教育中要努力使外在规约和内在修为紧密结合。朱熹主张以"格物致知"、"立志"、"涵养"、"主敬"、"省察"等方式达到"圣贤气象",坚持的是一种依靠内心修为来"成圣"的方式,为此,他十分重视通过读书明理来提高道德修养,认为为学和道德修养过程是一种道德"集义"的过程,主张通过"格物致知",深化"仁"的道德认识,认同人的社会体验对道德修养的作用,要求人们在日常生活中,要严于律己,做到"内无妄思"、"外无妄动"、"无时不省察"。朱熹这种坚持内部修养而忽视外部社会实际的教育方式固然有僵化和脱离实际的成分,但其充分肯定和强调道德意识和道德自律在个人乃至集体道德形成的作用,对于今天我们在社会道德建设过程中较多注重他律而忽视自律的教育方法是大有裨益的,能给我们以有益的启示。正如我们当今社会的一些公共场所随处可见的。"请文明用餐,勿大声喧哗"、"请遵守交通规则"、"请给老弱病残让座"、"随地吐痰者罚款十元"等标语和提示。虽然都为人行为上给予了道德规范性的约束,但也恰恰表明我们的社会人们道德自律精神的缺失,人们往往忽视了对自身道德规范的要求,更不愿自觉地进行道德行为的训练,对自我德性修养的培养放任自流而在自觉和不自觉之间做出了一些与社会道德规范极不协调的事来。事实上,个体道德素养的提高正是外在规范和内在修为结合的产物,一味地依靠道德规范的外控力来约束自己的行为而放弃或轻视依靠自我内心自觉反省,自我提高,自觉训练来提升自身道德自觉性的做法,都是错误的。正确的办法就是要努力使外在规约和内在修为紧密结合。因此,我们社会生活中的每个人,面对市场条件下,特别是在社会转型时期,新旧体制的转换、新旧观念的碰撞,中西文化的冲突,使得社会上多种道德观念、价值准则良莠并存、鱼龙混杂的情况下,更要严格自觉地按照社会主义道德规范和标准来要求自己,使自己的言行、举止、思想都符合社会的道德规范,做到从内至外都坚持自律、自爱、自重、自省,做一个人格完善、品格崇高的人。

二是朱熹主张"立志"和"肯做功夫"并行,启示我们在实施公民道德建设过程中,必须既抓好理想信念教育,又要抓好基础文明习惯的养成。朱熹认为,志是心之所向,它对人的成长极为重要。他曾说:"问为学功夫,以何为先?曰:亦不过如前所说,贵在人自立志。"①人有了远大志向,就有了前进的目标。可见,志向是人生观、价值观的核心,是人们一生行动的精神统帅,也是道德修养的第一要素。立志固然要切合实际,既不能高不可攀,也不能太过短浅,故步

---

① 朱熹:《性理精义》卷七。

自封,但更为重要的是立志之后,不能空谈大志而不愿从小事做起,更不注重从自身小事开始培养自己良好的习惯,故朱熹强调了守志的重要性,他说:"今之学者大概有二病:一以为古圣贤亦只此是了,故不肯做功夫;一则自谓做圣贤不得,不肯做功夫。"①所谓"不肯做功夫",就是不肯为实现志向而做修养功夫。朱熹正是通过对"不肯做功夫"的严厉批判,意在强调守志的重要性。这对我们当今的道德建设也是有着启示作用的。当前我国道德建设中也还存在着重立志、轻积习,忽视了道德教育过程的行为习惯的培养的现象。尤其是在学校的道德教育中,存在空谈大志而未能引导学生从身边点滴小事做起,从我做起,而是将道德教育变成一种空洞的说教。朱熹关于"立志"与"肯做功夫"并行的方法,无疑是有现代价值的。

三是朱熹"知行相须互发"的思想,有助于我们深刻认识道德教育过程中理论与实践的关系,克服实际工作上"知"与"行"分离的两张皮现象。朱熹在道德教育过程中一再强调"知行相须互发",注重理论与实践结合,主张和倡导"致知力行"。他说:"夫学问岂以他求,不过欲明此理,而力行之耳","故圣贤教人,必以穷理为先,而力行以终之"②。他要求人们将学到的伦理道德知识付之于自己的实际行动中,转化为道德行为。朱熹反对知而不行,认为这"与不学无异",而且还认为"行"有检验"知"的作用。"知行相结合"的思想是朱熹道德教育思想中最具现代意义的内容之一。在我国现阶段道德教育和道德建设中,知易行难问题是一个带有普遍性而又必须认真加以解决的问题。从当前我国社会存在的诸多道德失范现象来看,既有道德教育不到位而产生的"不知"的问题,更为关键的是"知"之而不"行"的问题,这是因为道德不仅仅是一种知识,道德更是一种实践理性,它需要受教育者通过道德实践去体认,使道德条文转化为内心的道德自觉,才能真正地提高道德境界。如今我国道德教育为何收效

① 朱熹:《续近思录》卷二。
② 朱熹:《朱文公全集》卷五四,《答郭希吕》,第 2567 页。

不大？很大的原因在于无论是社会层面的公民道德教育还是各级各类的学校道德教育，都是把道德作为一门课程来传授和考核，都忽略了是否有相应的道德行为。朱熹对知行关系的阐述启示我们，要取得道德教育的成效，教育者首先要向受教育者正确传达道德规范理论，并使之内化为受教育者的道德品质感悟，然后通过教育者有计划、有目的的道德行为训练，使受教育者内化的道德感悟形成动机来支配、调节自己的行为，并外化为个体道德行为，最后受教育者外化的个体行为不断得以强化，不断反馈，从而使道德认识进一步得到提高。只有通过这种"内化"与"外化"的转化，道德教育才能收到良好的效果。这就是朱熹说的"知之愈明，则行之愈笃，行之愈笃，则知之益明，二者不可废。"在现实社会中，我们一定为要坚持理论与实践相结合，努力做到知行统一，言行一致。

四是朱熹重视环境在道德教育中的作用，启示我们要营造良好环境，发挥行业、单位和社区在公民道德建设中的积极作用。朱熹十分重视环境对人的影响，他曾在《论语集注》中说："里有仁厚之俗为美，择里而不居于是焉，则失其是非之心，而不得而知矣。"①意思是说因为仁者所居之处，风俗仁厚、淳美，所以如果要选择住处，就应该选择风俗仁厚的地方。这说明良好的环境能给人们巨大的推动和鼓舞力量，能使个体长期耳濡目染，在不知不觉中接受它的同化，形成良好的思想与行为，久而久之内化为自己的道德品质。这就是所谓的"染于苍则苍，染于黄则黄。"这就启示我们要提高整个社会的道德素养和道德水平，就要适当运用人的从众心理，充分发挥环境在道德教育中的积极作用，坚持正确的社会导向，努力优化社会风气，形成良好的道德环境，弘扬正气，使群体内部个体之间相互影响，相互帮助，促使个体的思想和行为向着良好社会风气趋同和转化。它同时也启示我们，要高度重视社会舆论作为道德赞誉或谴责所形成的精神力量的作用，形成正确的舆论导向，从而使个体为了追求内心的平

---

①　朱熹:《论语集注》卷二,《里仁》,朱熹:《四书章句集注》。

衡和获得社会的承认而自觉地向社会所倡导的良好风气靠拢,激起个体的道德情感和心理调整,纠正谬误,产生正确的行为取向和价值取向。

　　针对我国当前存在的一些领域道德失范、诚信缺失现象和一些社会成员人生观,价值观扭曲,是非、善恶、美丑界限混淆的情况,我们要紧紧围绕提高公民道德素质和社会文明程度这一社会道德环境建设的着力点,突出社会主义核心价值体系建设,大力学习、宣传、践行社会主义荣辱观,努力营造良好的社会道德环境,充分发挥环境在育人中的积极作用。要精心组织好各级道德模范的评选表彰学习宣传活动,以榜样的力量引领社会道德风尚;要深入推进文明城市、文明村镇、文明单位创建活动和"讲文明树新风"活动,充分发挥社区、行业、单位在营造良好社会道德环境,引领社会道德风尚中的积极作用,从而使社会文明程度和公民道德水平得到不断提升。

第三节　朱熹道德教育思想对加强学校道德教育的启示

　　学校道德教育是社会道德教育的重要组成部分,它与社会道德教育既有普遍性、共性的一面,又有其特殊性的个性一面。朱熹的一生主要精力用于教育活动,在他的教育活动中又以书院这一学校教育活动为主,其教育的内容与方法又以道德教育为重,他在长期的教育实践中形成了一套特色的德育思想和方法,对于我们当代学校的德育工作是有着重要的启示作用的。

一、当前我国学校道德教育的现状及存在的主要问题

　　学校是育人的主要阵地,学校的道德教育是整个社会道德教育中最重要的有机组成部分。我国现阶段青少年的思想道德教育工作主要是通过各级各类学校的德育工作来实现的。因此,学校的德育工作的好坏决定着整个社会青少年思想道德性质的好坏和水平的高

低。不断加强和改进学校的德育工作,引导和帮助青少年的健康成长,是一项关系到党和国家前途命运的大事,是一项关系党和国家事业发展全局的重要战略任务。

当前,我国学校道德教育呈现出了良好的发展态势,各级各类学校都进一步树立了学校道德教育的最终目的是为了促进学生的健康、全面、和谐发展的教育价值观,建立和健全了以社会主义核心价值体系为核心,内容包括了思想政治理论教育、爱国主义教育、党的路线方针政策和形势教育、人生观价值观教育、道德品质教育、社会主义民主法制教育、学风教育、劳动教育、审美教育、心理健康教育在内的区分教育对象层次的学校德育内容体系,并采取了正面灌输与引导学生积极道德教育实践,把校内教育与校外教育紧密结合的多种办法实施德育,逐步建立和完善了道德教育的考评机制。我国青少年的总体思想道德水平呈现出积极向上的健康发展趋势。

正确把握当代青少年的思想特点和成长规律,需要把他们放到时代发展的坐标系下来观察评价。以"80后"、"90后"等为主要代表的当代青年,是伴随改革开放进程成长起来的一代。他们是改革开放的亲历者,也是改革开放成果的受益者。他们在接受了与改革开放、发展社会主义市场经济相适应的新思想、新理念、新观点的同时,也继承了中华民族的传统道德,具有高度的爱国主义、集体主义精神。他们中的大多数人以振兴中华为己任,表现出了顽强的奋斗意志和崇高的奉献精神,涌现出了许多可歌可泣的感人事迹。以近年来在历次抗洪、抗震救灾中社会青年和子弟兵中绝大多数就是"80后"、"90后"的青年主体为例,充分说明了我国青年一代是值得信赖和勇于担当的一代。当代青年的特点概括起来说就是"高、大、快、强"。所谓高,就是开放程度高,所谓大,就是知识量、信息量大,所谓快,就是思想变化快,接受新事物快,所谓强,就是主体意识强,而其最突出的特点就是主体性、独立性强,表现在行动中追求自我支配、自我决策,在生活中追求独立自强,在思想抱负上追求自我价值的实现。新形势下的青年思想道德教育应充分把握当代青年的这些鲜明的特点,促进教育主客体之间的双向互动,实现教育与自我教育的有机结合。

但是我们也要清醒地看到,当前我国正处于社会转型期,随着改革开放力度的不断加大,经济社会各方面改革不断深入,社会文化、社会意识在东西文化交往、碰撞中重构,呈现出多元化的趋势,社会上多种思潮都会通过不同的渠道反映到学校中来,而青少年的思想和心理也在这种碰撞和震荡中表现出多元复杂、易变的特点,呈现出积极和消极共生共存现象。

目前青少年中也存在相当部分的人人文素养不高,文化底蕴不足的情况,一些青少年还缺乏应有的道德修养,表现在思想空虚或盲目崇拜西方文化,缺乏应有的社会责任感,部分青少年沉溺于网络虚拟世界而不能自拔,少部分人羡富炫富心理严重,每每干出一些有悖于道德伦理的出格事情来。出现这些问题绝非偶然,它也从另一角度折射出当前我国学校道德教育存在一些亟待解决的问题。概括起来主要有:

一是内容重复、差异不显、忽视了学生心理发展的阶段性与个性的特殊性。在德育内容上,中小学生和大学的内容重叠,仅有内容的简易之分,存在着德育的阶段性目标不明确的现象。阶段和阶段之间缺乏系统的客观的研究,达不到有机的衔接,更谈不上针对不同学生个体的个性因材施教了。

二是重灌输、轻践行,重说理、轻引导,忽视了德育过程中由知到行的转化环节和学生的内化能力。道德并非仅仅纯粹的知识系统,更是一个需要践行的价值体系。我国目前学校德育在方式上普遍存在更强调系统的课堂教育,偏重理论的灌输,而在课堂教学上又注重说理而忽视了学生的道德行为训练、道德的社会实践活动等,对一些良好的文明习惯的养成教育也重视不够。

三是注重显现、轻视隐性,不善寓德育于人文、社会及自然学科的教育教学之中。较长时间以来,我国学校道德教育中存在着习惯于单一的做主题鲜明的活动,但往往只重视活动形式的宣传而忽视了实际成效的取得,有为了活动而活动的现象存在,这种流于形式的活动,很难收到有实际的成效。另外,我们的活动形式较为单一,尤其是对于那些寓教于人文、社会及自然学科的教育教学之中的,对学生的道德素养起到隐性的、潜移默化作用的形式,尚未引起各级各类学校的高度重视,而对其做深入的研究和设计也有待于进一步的加强。此外,学校道德教育中诸如师生教学相长与平等互动,社会的德育资源与学校的德育资源互通共享以及社会、家长和学校三位一体共同对青少年的思想品德教育发挥作用的机制构建等,也都还存在不尽如人意的方面与问题,这些都有待于我们的进一步探索和努力。

二、弘扬朱熹道德教育阶段观的内在价值,科学规划我国各级各类学校的德育目标和内容体系

朱熹道德教育阶段观及其分阶段实施的道德教育的理论与实践,对构建新时期我国各级各类学校道德教育目标及德育体系具有重要借鉴意义。

朱熹主张"学有次序",他根据人的年龄、心理及理解能力的不同阶段将教育(主要是道德教育)区分为"小学"和"大学"不同阶段(也有学者研究认为还应有一个童蒙教育阶段,指 8 岁以下的幼童教育)。8～15 岁为小学教育阶段,其道德教育中的主要内容是"教人以洒扫、应付、进退之节,爱亲、敬长、隆师、亲友之道"。道德教育的任务是叫"教事",即让儿童在日常生活中通过具体的行事懂得基本的伦理道德规范,养成文明的行为习惯。15 岁以后,为大学道德教育阶段,大学阶段道德教育的主要任务是"教理"。要求学生不断地进行"穷理",在行为方面要注重大节,使其"明明德",最后达到"格物、致知、诚意、正心、修身、齐家、治国、平天下"的境界。朱熹还认为小学道德教育与大学道德教育是统一的、互相衔接的两个阶段。小学的道德教育是大学的道德教育的基础,大学道德教育是小学道德教育的扩充与深究。朱熹道德教育的阶段观及其区别不同阶段有针对性地制定相应的德育目标并施以不同教育内容的思想,对于我们

今天的学校道德教育具有现实的启示意义。这就是我们在开展学校道德教育中,一定要遵循学生身心成长规律,区别中小学生德育与大学生德育不同发展阶段和发展水平的不同教育目标。中小学阶段以学事践行为主,养成良好的道德品质和文明行为规范,大学阶段则应以理想信念教育为核心,深入开展正确的世界观、人生观、价值观教育。各阶段的道德教育都要贯彻贴近实际、贴近生活、贴近学生的原则,才能提高其针对性,增强其吸引力、感染力。在道德教育方法的运用上也要根据不同阶段学生的成长规律和接受能力,从学生思想与生活实际出发,深入浅出、寓教于乐、循序渐进、综合运用各种有效方法开展教育。

然而,我国学校目前实际的道德教育情况又是如何呢? 现以1993 年3 月正式颁布《小学德育纲要》,1995 年2 月正式颁布的《中学德育大纲》和1995 年11 月颁布试行的《中国普通高等学校德育大纲》为范本,分别对小学、中学、大学的德育培养目标的设定作一些比较分析。

小学德育培养的目标是:"培养学生初步具有爱祖国、爱人民、爱科学、爱社会主义的思想感情和良好的品德;遵守社会公德的意识和文明的行为习惯;良好的意志品格和活泼开朗的性格,自己管理自己,帮助别人,有为集体服务和辨别是非的能力,为使他们成为德、智、体全面发展的社会主义事业的建设者和接班人打下初步的良好的思想品德基础。"

中学德育目标是:"把全体中学生培养成热爱社会主义祖国的具有社会公德、文明习惯的遵纪守法公民。在这个基础上,引导他们逐步树立科学的人生观、世界观,并不断提高社会主义思想觉悟,使他们中间的优秀分子将来能够成长为共产主义者。"

高等学校德育目标是:"使学生热爱社会主义祖国,拥护党的领导和党的基本路线,确立献身于中国特色社会主义事业的政治方向;努力学习马克思主义,逐步树立正确的世界观、方法观,走与实践相结合,与工农相结合的道路;努力为人民服务,具有艰苦奋斗的精神和强烈的使命感、责任感；自觉地遵纪守法，具有良好的道德品质和健康的心理素质；勤奋学习，勇于探索，努力掌握现代科学文化知识，并从中培养一批具有共产主义觉悟的先进分子。"

应当肯定的是，经过改革开放多年的实践，我国各级各类学校的德育工作已完全摆脱"文化大革命"时期极"左"思想的影响，并就整体规划学校德育工作建立和完善有中国特色的社会主义学校德育工作体系展开了积极探索，小学、中学和大学的学校德育目标得以确定，在实际的执行中也取得了很好的成效。但是从上述小学、中学和大学德育目标设定的比较中，我们也不难看出：一是三个教育阶段的德育的科目虽有掌握程度的不同但内容是比较雷同的。如对爱祖国、爱社会主义、科学的人生观、世界观，社会主义的事业建设者和接班人等规范，小学阶段的提法是"初步"，中学阶段提法是"培养成"或"将来能够成长为"，大学阶段则是"从中培养成"，从小学到大学德育内容基本雷同，只是教育的要求与要求学生接受程度的不同而已。尤其是中学与大学的德育目标设定和品德培养规范几乎是完全一样的。二是对中小学，尤其是小学阶段的德育目标的设定过高、过大，超越了中小学学生的认知能力和水平。而对于日常的"教人以洒扫、应对、进退之节、爱亲、敬长、隆师、亲友之道"，这些让儿童在日常生活中通过具体的行事去体验与掌握基本的伦理道德规范，养成文明的行为习惯则被排除在道德教育目标之外。在现实的大学教育中，我们常常会感受到现在的大学生中有相当部分的学生进入大学后缺乏基本的文明礼貌素养和良好的生活习惯等。这和他们在小学、中学这方面的养成教育不到位是有直接关系的。

总之，朱熹将道德教育分为小学和大学的不同阶段，强调为学和道德修养应遵循由近及远、由浅及深的循序渐进的方法，由此反思我们今天学校的德育方法，在一定程度上存在"小学讲理想信念、中学讲文明礼仪、大学讲卫生安全"的本末倒置的目标设定，难道不发人深省吗？

三、借鉴朱熹书院道德教育思想精华，积极探索当代大学生思想道德教育的有效途径

中国当代青年思想道德教育，以大学生的思想道德教育为重要，尤其是在我国高等教育扩大招生，逐步步入大众化教育的背景下，高等学校的层次布局增加了，扩招带动了高校打破传统的封闭模式，促进更为开放地面向社会办学，这也使大学生的数量急剧增加，成分更加多元化起来。因此，有效地对大学生进行思想道德教育，是中国当代青年思想道德教育的重要任务。

当前，我国社会正在经历一场具有深刻意义的社会转型，具体表现为结构转型和体制转轨同步启动，在实现以工业化、城市化为标志的现代化的同时，还要完成从以计划经济为特征的总体性社会向以市场经济为特征的多元化社会的转变。社会结构的转型也相应地带动社会思想、伦理道德、文化教育的转型，尤其是对高校大学生思想政治状况带来深刻的影响。因此，当代大学生的思想存在着许多不容忽视的问题，诸如理想信念缺乏，人生观、价值观偏差，思想上呈现出"功利化"、"多元化"倾向，"拜金主义"、"享乐主义"、"极端个人主义"在部分学生中盛行，道德品质修养不够，甚至有一定的滑坡。这些问题的产生，也与目前高校思想政治教育不力有关。

从当前大学的思想道德教育的现状来看，存在着重视教育者的主导和灌输作用，忽视受教育者的主体性地位；重视知识教育和规范教育，忽视情感教育；重视齐整划一的标准化教育，而忽视人的个体差异和个性化教育等问题。要解决上述存在的这些问题，一方面必须进一步加强对大学进行马克思主义、社会主义的核心价值体系等思想道德教育，另一方面必须从中国传统优秀的道德文化中去寻找积极的智慧。

朱熹一生大部分时间从事教育活动，而其中又以书院教育为主。据统计，朱熹一生与他直接有关的书院有40所，其中创建书院4所，修复书院3所，在20所书院讲学，为7所书院的撰记、题诗，为6所

书院题词、题额。另外,他年轻时读书以及成名后讲学经行过化之地,后人建有 27 所书院,以为纪念。以上合计有 67 所,相关书院数量之多,远远在同时代各位理学大师之上。① 为此留下了大量关于书院教育,尤其是道德教育的思想资料和实例。在朱熹生活的那个年代,书院教育一般作为成年人的"大学"教育而开展的,朱熹凝毕生心血而成《四书集注》,视《大学》为四书之首。他的《大学章句》明确了"大学"阶段的道德教育目的、道德教育过程、道德教育规范和道德教育方法等。朱熹在《大学章句》中提出"三纲领八条目"的德育路径实际上创设了中国古代书院独特的道德教育模式。他曾亲手制定了《白鹿洞书院揭示》,这是朱熹为了培养"传道而济斯民"的人才而制定的大学教育方针和大学教育守则,它包括了教育的目标、内容、办学、修身、处世和接物等一系列纲领。它是一个由道德、伦理、济世三者组成的共同体,体现和浸透了理学教育理念的德育精神。总之,朱熹的书院道德教育思想中的许多合理成分,能够给我们今天的大学德育尤其是大学生的思想道德教育以深刻的启示。

(一)坚持德育的首要地位

朱熹将道德置于教育的首要位置。重视道德教育先行的意义和作用是朱熹书院教育的显著特点。朱熹在《白鹿洞书院揭示》中首先确立了办学宗旨,宣示了书院教育的方针,提出了"明五伦"的道德教育目的。表明朱熹的道德教育乃至整个教育的目的不仅仅在于士人个人的道德修养,还有传道而济斯民的更高诉求。朱熹的这一书院道德教育目的和他在《大学章句》把"大学"阶段道德教育目的规定为通过"明明德"、"亲民"而达到"止于至善"的道德教育目的论和过程论是相一致的。正如朱熹在对《白鹿洞书院揭示》的附解中说的"熹窃观古昔圣贤所以教人为学之意,莫非使之明义理,以修其身,然后推以及人,非徒欲具务记览,为辞章,以钓声名,取利禄而已也"。这

---

① 方彦寿:《朱熹书院与门人考》,华东师范大学出版社 2000 年版,第 1~30 页。

就启示我们:在当今大学生思想道德观念呈现出"功利化"、"多元化"倾向的大学里,必须坚持把德育工作置于学校各项工作的首位,始终把坚持正确的政治方向放在学校教育的突出位置,而大学的思想政治教育必须以理想信念教育为核心,以中国特色社会主义为共同理想和坚定信念,并积极引导先进的大学生不断追求更高目标,树立共产主义远大理想和马克思主义的坚定信念。要充分发挥大学生思想政治理论课的主渠道作用,通过"明明德"的自我教育、自我修养和广泛参加各类社会实践性活动的"亲民"二大路径去实现使大学生成为"有理想、有道德、有文化、有纪律的社会主义新人"的道德教育目标。

(二)培养学生的道德主体性和道德践履的能力

朱熹高度重视受教育者的品德修养和品德自我完善,并为之设计了一套行之有效的为学之序和修养方法。为了实现儒家"明五伦"之目的,朱熹在《白鹿洞书院揭示》中,规定了进德立品、修身养性的程序和方法,提出了书院教育的"博学之、审问之、慎思之、明辨之、笃行之"的"为学之序",这五个步骤,实际构成了儒家道德教育、教学的一个完整过程,其中包含了学思并重,知行统一的思想,贯穿了自学、自我修养的精神,特别是将"笃行"作为"大学"的一项重要内容,表明了朱熹对蕴含经世之志的道德践履的高度重视。更有甚者,《白鹿洞书院揭示》还从修身、处世、接物三个方面分解"笃行之事",显示出强烈的道德实践倾向。这些都是儒家道德修养的基本原则和方法,包含着合理的因素,如言行一致、改过迁善、不谋私利、不计近功、宽以待人、严于律己等。朱熹上述这些为学之序和修养方法启示我们:

一是在大学德育过程中,无论是从教或从学的方面,都要充分肯定学生的主体作用,重视和发挥学生的能动性和自主性,培育学生的道德主体性。朱熹的学、问、思、辨、行,概括起来就是"穷理"与"践履",它们都是以学生主动的进德立品,修身养性为依托的,朱熹一再强调教师的作用就是做学生的"引路"者,其作用在于"唤醒"学生的自觉性和自主性,使之主动去学,主动去践履,他说:"人之本心不明,一如睡人都昏了,不知有此身体。须是唤醒,方知。恰如瞌睡,强唤醒,唤之不已,终会醒。某看来,大要工夫只在唤醒上。"我们在学校的道德教育中,必须转变那种"唯师是从"的状况,在教师和学生之间建立起平等、合作和互动的关系。教师的重要职责也不再是单纯教会、教全、教得尽善尽美,而是致力于唤醒学生的自主性和能动性,引导学生自己通过学、问、思、辨、行等环节将道德规范内容融会贯通,让学生在获得自尊、自信的情感体验中把道德规范真正的化为自身的需要,进而达到道德教育的目的。

二是要培养学生的道德践履的自觉性和能力。朱熹主张"知行互发",强调"知行统一",这就启示我们在学校道德教育中还要注重引导和培养学生的道德践履能力。学生道德品质的形成是在有目的的教育影响下的知(道德认识)、情(道德情感)、行(道德行为)的培养过程。因而道德教育不仅使学生在道德知识和道德情感上有所提高和升华,还要在实践过程中真正履行自己的道德品质。因为,思想品德只有使道德认识转化为相应的行为习惯才能体现出来。主体的道德行为直接反映着道德知识的内化程度。同时,让学生投入到一定社会实践中对于主体自身的发展也有重要意义。学校各级组织和教师要善于引导学生参加各种实践活动,在实践中调动学生的主动性和能动性,不断培养他们自我思考、自我教育、自我管理的能力,将现代社会对公民,尤其是对大学生所要求的"修身"、"处世"、"接物"之要在实施道德教育过程中付诸行动,通过学生的道德实践,内化为广大学生的自觉行为。

(三)引导与防禁相结合,正面教育为主,注重制度规约

朱熹主张在道德教育方法上,既要坚持对受教育者进行正面的引导,以说服教育为主,又要制定必要合理的规章制度,采取必要的防禁措施加以约束,将引导与防禁结合起来。朱熹在其制订的《白鹿洞书院揭示》中指出:"苟知其理之当然,而责其身以必然,则夫规矩禁防之具,岂待他人设之而后有所持循哉。"这就是说如果只是生硬的用规章制度去防禁而没有从明理的角度去提高学生的自觉性,那么即使规章制度再严也是防不胜防的。这就启示我们在大学的德育中，必须坚持以正面教育为主，全面做好说服教育工作。要把主导性与多样性，先进性与广泛性有机统一起来，充分发挥大学生思想政治理论课在学生思想教育中的主渠道作用，坚持用马克思主义、毛泽东思想、邓小平理论、"三个代表"重要思想和科学发展观武装大学生头脑，教育和引导广大学生树立中国特色社会主义的理想信念和正确的世界观、人生观、价值观，养成高尚的思想品德和良好的道德情操。同时又要注意防治诸如个人主义、享乐主义、民族虚无主义等消极思想的滋长。做好正面教育的工作还必须从学校德育环境氛围的营造着手，在学校大力倡导和落实全员育人的工作格局，切实发挥广大教职员工"教书育人"、"服务育人"、"管理育人"的作用；要用马克思主义占领学校思想文化阵地，认真做好学校意识形态阵地的管理。要努力营造良好的校园人文环境，通过弘扬社会主义新文化，用高品位的精神作品陶冶学生的审美情趣，创造一种积极向上、催人奋进的校园育人氛围。同时必须坚持从严治校的方针，用制度来规范师生的道德行为，对于教师学术造假、学生考试作弊等行为给予严肃的处理，用制度来保障德育有一个良好的环境。

　　总之，加强高校德育，提高高校德育的实效，是一项艰巨和复杂的系统工程。朱熹的德育方法虽给我们的德育工作提供了一定的启示和借鉴，但更多的是需要我们自己结合实际情况去摸索。

第八章

朱熹生态道德教育思想
与当代生态文化的建构

在朱熹的理学思想体系中,蕴藏着极具深刻和丰富的生态思想,他不仅对于人与人以及人与自身关系做过许多精辟的论述,而且对人与自然的关系以及整个宇宙的生命形态也有一个相当透彻的了解。朱熹的生态伦理观及其生态道德教育思想与他的道德伦理思想和道德教育思想是既有区别又紧密联系的哲学范畴,但都归于"生态"这一大系统,因为按照哲学人类学的观点,所谓的"生态",包括了自然生态环境和社会生生存环境,是其二者的统一体。"生态系统"包括"人—自然"系统和"人—社会"系统,是其两系统的关联巨系统。如何处理人和与自然关系,同样是人类生存和发展的根本问题。特别是在环境问题日益突出和人们环境意识日益提高的今天,重视朱熹生态伦理的论述和生态道德教育的思想,认真挖掘其精华,对于帮助人们在精神深处培育深层的生态学智慧,建设生态文明社会,实视人与自然的和谐发展,无疑具有重要的意义。

第一节　朱熹的生态哲学和生态伦理思想

宋代理学伦理观的一个重要表现,就是理学将人与人、人与社会间的道德原则向人际关系以外的人与万物间拓展。北宋理学家张载说:"乾称父,坤称母,予兹藐焉,乃浑然中处。故天地之塞吾其体,天地之帅吾其性,民吾同胞,物吾与也。"①他的这个"乾称父,坤称母""民吾同胞,物吾与也"的著名命题,确定了同处天地之间的一切人皆是兄弟同胞,万物与人也是同一性体的泛人伦理原则,可以说张载确立了基于宇宙根源的社会伦理原则和自然伦理原则,这就将伦理道德感情贯注入人与万物的关系间,人不仅对他人,同时对万物也承担着某种伦理责任。程颢提出,"仁者,浑然与物同体"。将人与万物浑然融为一体。程颢又提出"万物无一失所,便是天理时中"②。就是说,在"天理"之下,人与万物各有其所。朱熹在总结吸取前人思想的基础上,形成了自己的生态伦理思想和生态价值观。

一、朱熹确立了"理一元"论的生态哲学观

天理论是朱熹理学思想体系的核心和最高范畴,以理为宇宙本体,把儒家伦理与宇宙本体统一于天理,这是朱熹天理论哲学的实质与核心,在理一元论哲学的前提下,朱熹对其生态哲学观的内涵与属性作了具体的论述。他说:"天地之间,万物之众,其理本一,而其分未尝不殊也。"③"盖天人一物,内外一理,流通贯彻,初无间隔。"④朱熹这种哲学本体论意义上共有的"理一",强调的是人与宇宙万物之间保持一个共生共存的"理一"。在朱熹看来,人作为自然界之派生物,体现了自然界的一般规律即天地宇宙的生生之理,人与自然界必须保持一种动态的平衡。人要实现自然天地的生生之理,必须实现并完成自己的人性,才能回归到自然界的本体之存在,也即天之所以为天,人之所以为人,只有一"理","理会得"天人一理,才能达到人与自然和谐之目的。

---

①　张载:《西铭》,《张载集》,中华书局1978年版,第62页。
②　程颢:《程氏遗书》,上海古籍出版社2000年版,第66页。
③　朱熹:《孟子集注》卷八,朱熹:《四书章句集注》,第271页。
④　朱熹:《朱文公文集》卷三八,《答袁机仲别幅》,第1674页。

二、朱熹提出"物各得其宜,不相妨害"的"众生平等"观

朱熹根据其"理一分殊"思想,在强调天人本只一理时,朱熹还认为"天人所为,各自有分"①,人与万物各有其所。在整个自然界和社会中任何一人。任何一物均有其各自独立的生命价值和生命意义。他说:"元者万物之始,天地之德莫先于此,故于时为春,于人则为仁,而众善之长也。……利者生物之遂,物各得其宜,不相妨害,故于时为秋,于人则为义,而得其分之和。"②这里的"物各得其宜,不相妨害"就是承认自然界的万事万物各自存在的合理性,要求彼此尊重各自的生存权利。朱熹又说:"天之生物,皆有血气,知觉者,人兽是也;有无血气知觉者而但有生气者,草木是也;有生气已绝而但有形质臭味者,枯槁是也。是虽其分之殊,而其理则未尚不同;但以其分之殊,则其理之在是者不能不异。"③朱熹把人与动物、植物视为同出一理,"同得天地之理以为性,同得天地之气以为形"、"天人本只一理"。然而,朱熹又认为,人与动物、植物各有其所,各有其分之殊。这种人与万物,共生共存的"物各得其宜,不相妨害"思想,体现了朱熹的尊重生命和善待自然的"众生平等"观。

三、朱熹肯定了人在实现人与自然协调发展中的主观能动作用

朱熹不仅看到了自然界的价值,同时也看到了人类的主观能动性。他说:"人之始生,得于天地,既生此人,则天又在人矣。"④朱熹认为,人是自然规律,自然法则的主动者而不是被动者,人与自然的协调发展,并不是无主体的发展,也不是以人与自然的"联合之体"发

---

① 黎靖德编:《朱子语类》卷六四,第 1570 页。
② 朱熹:《周易本义》卷一。
③ 朱熹:《朱文公文集》卷五九,《答余方叔》,第 2854 页。
④ 黎靖德编:《朱子语类》卷一七,第 387 页。

展,而是以人类为主体的人与自然的协调发展。人要实现自然天地的生生之理,达到"己于天为一"的万物与我同体的境界,即"万物与我为一,自然其乐无涯"①和乐的理想世界,必须实现并完成自己的人性,才能回归到自然界本体之存在,也即天之所以为天,人之所以为人,只有一理,"理会得"天人一理,才能达到人与自然和谐之目的。朱熹这一思想也是对儒学创始人孔子主张通过人的努力,达到天人合一的思想的传承与发扬。孔子说:"不怨天,不尤人,下学而上达,知我者其天乎。"②可见,朱熹和孔子一样,在对待人与天的和谐问题上,都是具备主体意向性思维方式,都肯定了人在实现人与自然协调发展中的主观能动作用。

四、朱熹提出了以"事亲之道以事天地"、"视万物如己之侪辈"的"爱物"生态伦理观

朱熹这一生态伦理观是对张载《西铭》思想的阐发。朱熹43岁时注《西铭》,概括其主题曰:"此篇乾坤大父母,人物皆己之兄弟一辈,而人当尽事亲之道以事天地"。在《西铭注》中,他诠释"民吾同胞,物吾与也"之"吾与"为"则其视之也,亦如己之侪辈",③"物吾与也"是人对万物要"若其性,遂其宜"。这种普爱众生,泛爱万物的思想,亦是对孟子"亲亲而仁民,仁民而爱物"思想的继承和发展。朱熹说:"盖骨肉之亲,本同一气,又非但若人之同类而已。故古人必由亲亲推之,纵后及于仁民;又推其余,然后及于爱物,皆由近以及远,自易以及难。"④在朱熹看来,人类道德要从人际("亲亲"、"仁民")向人与自然之间(爱物)推及,并且是"由近以及远"、"自易以及难"的道德实践。这说明,朱熹和张载一样不但重视人际道德,而且把道德扩展

---

① 黎靖德编:《朱子语类》卷六〇,第1436页。
② 朱熹:《论语集注》卷七,朱熹:《四书章句集注》。
③ 朱杰人主编:《朱子全书》,上海古籍出版社2002年版,第124页。
④ 朱熹:《孟子集注》卷一,朱熹:《四书章句集注》,第189页。

到宇宙万物。这种把人和万物所生存于其中的宇宙自然视作一个由纵横交织而成的大家庭，一切人或物都是这个大家庭的平等成员，人际间的"亲亲"、"仁民"等道德规范也同样适用于宇宙万物，故人类必须"视万物如己之侪辈"、"以事亲之道以事天地"。总之，朱熹把宇宙间所有物类视作人类伙伴的"爱物"思想，为人类平等对待自然、人与自然和谐相处提供了重要的理论依据，社会伦理原则和行为准则，其实践意义是不言而喻的。

朱熹的这一思想，在他晚年教学时还经常重复着讲。他的门人徐寓所录朱熹 61 岁后语："《西铭》只是说事天，但推事亲之心以事天耳。"叶贺孙所录朱熹 62 岁语："《西铭》大要在天地之塞吾其体，天地之帅吾其性"两句。"塞"是说气，"……自一家言之，父母是一家之父母；自天下言之，天地是天下之父母；更是一气，初无间隔。'民吾同胞，物吾与也。'万物虽皆天地所生，而人独得天地之正气，故人为最灵，故民吾同胞，物则亦我之侪辈……大抵即事亲以明事天"[①]。这就说明，朱熹将人际道德向生态道德拓展，是其一贯的主张。

第二节　朱熹的生态价值观及其"中和"的辩证思维

生态价值观念，指人在实践和认识活动中形成的对生态环境的价值评价、价值取向，亦称生态价值意识。古往今来，始终存在二种对立的观点，一种认为自然界的水、空气、土壤、矿藏、森林等都是大自然对人类无偿的馈赠，是取之不尽、用之不竭的天然资源，只有使用价值，而没有自身的价值，另一种观点则认为地球上所蕴藏的资源也是有限量的，并不是取之不尽、用之不竭的，生态环境不仅有使用价值，而且本身也有其价值，使用资源需付出代价，损害资源要加以补偿，才能使环境的生态不失衡，使资源得以永续利用。在这一问题

---

① 黎靖德编:《朱子语类》卷九八，第 2520 页。

上，朱熹显然属于后者。

一、朱熹提出了"取之有时，用之有节"的生态价值观

如前所述，朱熹由人际间的"亲亲"、"仁民"的道德规范推及出人与自然之间的"爱物"的生态伦理原则。但是人们应如何贯彻与实行"爱物"这一生态伦理原则呢？朱熹根据动植物依时（季节）变化而发育成长的生态规律，提出了"取之有时，用之有节"的生态价值观，他说："物，谓禽兽草木，爱，谓取之有时，用之有节。"[①]朱熹认为，"爱物"就是人类要从尊重自然，善待自然的伦理立场出发，树立对自然"取之有时，用之有节"的生态价值观，在使用和开发自然资源的价值取向上，既要考虑人类的价值和利益，也要考虑到自然的承受能力，从而在二者之间达到一种平衡，不能以满足人们的物质欲望，而肆无忌惮地占有和掠夺自然资源。人若能以"仁民爱物"、"民胞物与"的胸怀，以"万物一体"的境界对待自然，那么利用和开发自然就是"爱物"所能允许的，即符合"取之有时、用之有节"价值取向的，正所谓"爱，谓取之有时，用之有节"。可见，朱熹的"取之有时，用之有节"的生态价值观与其所主张的人与自然"其理本一"，和谐共生为核心价值取向的生态哲学观是完全一致的。

二、朱熹提出了"中和"的生态辩证思维观

如何才能做到"取之有时，用之有节"，从而使自然资源能被人们永续利用呢？朱熹进一步提出了"中和"的生态思想，他说："中和在我，天人无间，而天地之所以位，万物之所以育，其不外是矣。"[②]《中庸》亦言："中也者，天下之大本也；和也者，天下之达道也，政中和，天地位焉，万物育焉。"可见，朱熹认为"中"是天地万物生长发育的一种常态，人们对待自然的行为，要符合这种常态，才不会违背天理。

---

① 朱熹：《孟子集注》卷一三，朱熹：《四书章句集注》。
② 朱熹：《朱文公文集》卷六七，《中庸首章说》，第 3256 页。

"中"的最终目的是"和","和"不是单纯的"和谐",而是"和而不同",是在"不同"的基础上的和谐,是多样性的统一。而多样性又是世界的基本特征,地球上人和所有生物是以多样性为持续生存条件的,要使自然生态系统实现"和"的状态,就既要保持生态系统中物种多样性和适量,又要使万物各得其宜,真正做到朱熹所说"万物并育于其间而不相害,四时日月,错行代明而不相悖"[①]。朱熹的"中和"观念,从另一角度进一步表明了人们在对待自然的价值取向上,既要考虑人类的价值和利益,也要考虑到自然的承受能力,从而二者之中达到一种所谓"中和"的平衡境界。

三、朱熹提出了"用事亲之诚以明事天之道"的"仁民爱物"生态道德教育观

就儒家生态道德教育思想来说,"仁"是一个核心概念和中心问题,这从儒家的创始人物——孔子的思想中可见一斑。"仁"的基本含义就是"爱人"。孔子把"仁"提升到一种社会行为准则的最高层面,由于"仁"内在天然地具有一种可以不断外推的特征和心理机制,"仁"的实现过程,就是一种不断推己及人的过程,如此推行,行仁就不但要爱自己,爱别人,而且可以扩展到自然界的一切事物,这是儒学内含的由人道推衍天道的具体体现。当然,孔子并没有明确提出对自然万物的道德关怀,只是在一种不断推己及仁的"行行"意义上将自然纳入到自己的思想中。汉代儒学家董仲舒明确指出:爱物是"仁"的题中应有之意,进一步拓宽了"仁"的内涵。第一次将"仁民"与"爱物"联系在一起。张载从"民胞物与"的基本观念出发,提出了"爱必兼爱"[②]的命题,即要求爱己亦爱人,爱人亦爱物。朱熹进一步发展了张载的思想,提出:"推亲亲之后以大无我之功,有事亲之诚以

---

① 朱熹:《中庸章句》卷五二,朱熹:《四书章句集注》。
② 张载:《张子正蒙·诚明》,上海古籍出版社2000年版,第131页。

明事天之道。"①在这里,朱熹提出了天道与人道之所以具有内在的一致性,其基础在于诚,诚是直接沟通"天之道"与"人之行"的枢纽。朱熹以诚作为生态伦理的核心内容,这就表明要以一种出自内心的忠诚、信实、诚实不欺的态度和信念,对待自然,做到言行不悖,信守诺言。而对于"爱亲",朱熹曾说:"以爱亲而言,则为仁之本也,其顺序亲,则为义之本也,其敬乎亲,则为礼之本也,其知此者,则为知之本也,其诚此者,则为信之本也。"②可见,爱亲是仁,顺乎亲是义,敬乎亲是礼,知道爱亲是智,诚实于爱亲是信,用事亲之诚以明事天之道,就是指要以对待爱亲所具备的仁、义、礼、智、信等道德规范来对待自然,且必须做到真实无妄,诚实不欺,言行不悖。这也就把人世间爱亲的道德伦理推而广之为人与自然关系中必须遵守的道德原则和规范,由此我们可以推导出朱熹的生态道德教育观亦同于其道德伦理教育观,其内容还是仁义礼智信等德目,核心是仁,就是要在行"仁"的道德践履中,体察"天地生物之心",这也就从形而上学的本体地位上构建了朱熹的生态伦理道德思想体系和生态道德教育体系。

第三节 朱熹生态伦理思想及生态价值观对构建我国当代生态文化的启示

构建完善的生态文化体系是当前我国社会主义生态文明建设的一项艰巨而又基础性的工作。党的十八大报告将生态文明建设纳入社会主义现代化建设"五位一体"总体布局,标志着我们党对经济社会可持续发展规律、自然资源永续利用规律和生态环保规律的认识进入了新的境界,也给我国当前的生态文化体系构建提出了新的目标与任务。正如生态文明建设必须有坚实文化基础一样,生态文化体系的构建,同样也离不开思想

①　朱熹:《西铭记》,中华书局1978年版,第410页。
②　《论语或问》卷一。

弘扬。追求人与自然和谐是中国几千年来传统文化的主流,南宋理学集大成者朱熹在汲取前人思想的基础上,形成了自己的生态价值观和系统的生态伦理思想,这是我们构建现代生态伦理学的重要思想来源之一,它对我国当代生态文化体系的构建尤其是高校的生态文明教育有着重要的启示和积极的意义。

一、生态文化的功能及其在我国当前社会的现状

生态文化是指反映"自然—人—社会"复合生态系统之间和谐协调、共生共荣、共同发展的一种社会文化,它是人类在对工业文明激化了人与自然矛盾导致人类赖以生存的基本环境受到严重破坏,经济的再生产也越来越难以为继的局面进行深刻反思的基础上,提出并实践的以人与自然和谐共生为核心价值取向的绿色文化、和谐文化。生态文化是生态文明的重要组成部分,在我国构建和建设完备的生态文化体系是社会主义生态文明建设的一项重要的基础性的任务。

马克思主义哲学认为,文化是社会生产力,经济基础和人的生活方式的产物,又强烈地反作用于社会生产方式、经济基础和生活方式。从当前我国社会的现实与表征来看,我国的生态环境和生态安全形势不容乐观,诸如天然林锐减、草原大面积退化、水土流失和土地沙化严重、水资源短缺、水和大气污染严重、耕地面积减少和质量下降、环境安全和粮食安全受到挑战等问题尚未得到根本的治理而转变。这和我们较长时期以来存在的传统的经济增长方式、粗放式发展模式和唯 GDP 论英雄的政绩观以及制度法规不健全、行政管理和监管不力有着直接和间接的关系,但究其更深层次的原因,都和执政管理者,社会民众的生态意识淡薄,生态伦理价值观失范和偏移,生态文明教育不力以及由此形成的思维方式、生活方式和生态制度等在内的整个社会生态文化体系不健全、不完善有着内在的联系。因此,化解生态危机,协调人与自然的关系,首先应该实现伦理价值的转变和社会文化的转型,要以生态文明的伦理观替代工业文明的

伦理观。要围绕生态文化建设,弘扬人与自然和谐相处的价值观,形成尊重、热爱和保护自然的文化氛围,发挥文化的潜移默化的影响和作用。

21世纪以来,中国相继提出走新型工业化发展道路,发展低碳经济、循环经济,建立资源节约型、环境友好型社会,建设生态文明等新的战略举措和新的发展理念,我国的生态文化体系建设也取得了长足的进步,呈现了蓬勃的发展态势。但是,应该看到,目前我国的生态文化建设还处于初始阶段,从内容体系上讲,生态文化体系所包括的生态哲学、生态伦理、生态美学、价值观念以及思维方式、生产方式、生活方式、行为方式、文化载体和生态制度等一系列内容范畴,我们在理论的构建上还处于探索和建设期,尚未形成完备的文化思想体系,再者,生态文化建设还涉及生态道德规范和行为规范的教育养成,生态文化的制度融合,生态文化基础设施和公共服务载体等生态文化事业和生态文化产业的而发展等,这在我国也还处于建设发展期,尚有许多不完善的方面。总之,建设生态文化是一项庞大的、复杂的系统工程,不可能一蹴而就,包括生态文化体系建设在内的整个生态文明建设任重而道远。其中,根据生态文化具备深刻继承性的特征,从中国古代汲取生态文化的哲学智慧和生态文化的伦理考虑,无疑是一项重要的工作和任务。

二、朱熹的生态伦理思想为构建现代生态伦理学提供了重要思想来源

朱熹从理气论和心性论角度提出了"天地万物一理"的哲学思维,强调人与宇宙万物之间保持一个共生共存的"理一",宇宙间无论是植物还是动物都有自己的内在价值和生存权利,在万物之中,人既是禀承天地之气而成为万物之灵,人也应自觉地把人际的"亲亲"、"仁民"等道德规范向人与自然之间的"爱物"推及,"以事亲之道以事天地",朱熹这一思想包涵了把世界看做是"自然—人—社会"复合生态系统,从哲学层面上揭示万物相连,包容共生、和谐共融、价值共

享、平等相宜等现代生态伦理思想和生态文化的本质要求，它已成为构建现代生态伦理学的重要思想来源和理论基石之一。

现代生态伦理学创始人、美国著名学者莱奥波尔特（1887—1948）的大地伦理学也是把人与万物看成一大地，把人类之爱由社会领域扩展到整个大地。他在《大地伦理学》中指出，"大地伦理学只是扩大了社会的边界，包括土壤、水域、植物和动物，或者它的集合——大地"。其思想和朱熹的思想如出一辙。1991 年，世界自然保护同盟、联合国环境规划署和世界野生动物基金会在题为《保护地球——可持续生存的战略》报告中指出，为了改善人类的生存条件，我们的生活方式必须满足两项要求：一项是努力使一种道德标准——一种进行持续生活的道德标准得到广泛的传播和深刻的支持，并将其转化为行动。另一项是将保护和发展结合起来进行自然资源保护，将我们的行动限制在地球的承受能力之内，以便使各地的人能享受到健康和安定的生活。报告认为，"关心地球是每个人的事情"，并且"人类现在和将来都有义务关心他人和其他生命，这是一项道德原则"[1]。这些提法和朱熹提出的"爱物"以及"以事亲之道以事天地"、对自然"取之有时，用之有节"的生态道德原则是何等相似。这就不难理解，为美国当代生态伦理学权威、国际环境协会主席罗拉多教授要由衷地赞赏："建构当代生态伦理学的契机和出路在中国传统哲学思想中。"显而易见，朱熹生态哲学和生态伦理思想对当代世界生态伦理学的影响和意义是不言而喻的，这也是中国传统哲学智慧对世界的贡献之一。

---

[1] 《保护地球——可持续生存战略》，国家环境保护外事办公室译，中国环境科学出版社 1992 年版，第 7 页。

三、朱熹的生态伦理思想对构建具有中国特色与风格的生态文化体系的启示

以朱熹为代表的儒家传统文化生态伦理从人道切入天人关系，以人道体天道，将天道人伦化，以仁义思想为核心，把人类社会的道德属性赋予自然界，提出了"仁民爱物"的生态伦理观，旨在通过人的主观能动性来实现人与自然的和谐统一。在这里，"天地万物一理"，其实质就是将天、地、人作为一个统一的和谐整体来看待，以哲学思维的角度来分析，就是一种在人与自然关系上的思维综合模式，这就是东方思维的模式与哲学智慧。与此相对应的西方文化的指导思想则是以人类为中心，旨在征服自然和以暴力手段索取的生态哲学观，可以说当今西方的思维与路子在当前世界经济发展与就业态势的双重压力下已步入艰难境地，而基于中国传统哲学思维并有着深厚的文化积淀和广泛生态文化群众基础的我国当代生态文化，在融入世界现代发展及中国传统文化元素的深厚文化的凝练中，必将有其独具中国特色与风格的理论彰显。可见，构建中国特色与风格的社会主义生态文化体系，要充分利用以朱熹为代表的传统生态文化资源，并由此树立理论上的自信，着力构建具有中国特色与风格的社会主义生态文化体系。

四、朱熹的生态伦理思想为当前我国生态道德教育尤其是高校的生态道德教育提供了有益的借鉴

现代意义上的生态道德教育是指从人与自然相互依存、和睦相处的生态道德观点出发，使人们在生态活动中遵循生态道德行为和规范。生态道德教育主要包括以下几个方面的教育内容：生态道德教育观教育、生态道德知识教育、人道主义教育等。生态道德观教育是塑造新的生态价值观和对待生态环境的新态度，树立尊重自然的生态价值观、环境平等观、绿色消费观、新人口价值观等；生态道德知识教育，包括生态学的基础知识和自然生态的客观价值、本质和特征

等的教育,把生态问题上的国际公正等一系列知识传授给受教育者,使之规范自己的生态行为,保护生态环境;人道主义教育是教育人们以人道主义的情感、态度和观点对待生态环境,对自然施以人道主义的保护。此外,还有资源价值观教育、生态生产观教育、生态消费观教育等等。生态道德教育是构建我国生态文化乃至整个生态文明建设的基础和重中之重的任务之一。朱熹的生态伦理和生态价值观肯定了人在实现人与自然协调发展中的主观能动性,强调了生态道德教育在实现"民吾同胞"、"物吾与也"的人与自然和谐相处中的重要作用,并十分重视生态道德教育中的情感体验和道德实践,指出了是一个"由近以及远、自易以及难"的道德实践过程。这就告诉我们,在我国当代生态文化和生态文明建设中,必须高度重视生态道德和生态文明教育这一基础性的工作,必须遵循"由近以及远、自易以及难"的道德实践原则。

纵观目前我国生态道德教育尤其是高校的生态道德教育,存在以下两个方面的问题:

一是在环境教育中,重视环境知识和环境法规教育忽视生态道德教育,尤其是忽视了对人们的道德意识和道德责任的培养,这种头足倒置的教育方法必然使环境教育只能是"知其然而不知其所以然",隔靴搔痒,达不到预期效果。

二是在生态道德教育中,内容零散且仅从重视生态道德教育的简单灌输,忽视生态道德教育内容的设计和生态道德教育方法手段的创新,尤其缺乏生态道德情感体验和道德实践活动载体的建构与活动的全程指导。如在现有的教育中,传统的应试教育仍占主导地位,而包括生态道德素质在内的素质教育尚未全面地、真正地展开,中小学生该方面的教育多附属于地理常识等教学中,大学的生态道德、生态文明教育往往也只散见于一些选修课以及专业课程中涉及生态问题的讲解,不可否认,这种发挥选修课以及专业课程潜在的"生态优势"实施渗透式教学不仅是必需的,而且是有效的,但是纵观我国目前高校教育在内容上尚未形成完整的课程体系,在学校生态文化建设上,还未形成有效机制。又如在生态道德体验与实践上,中小学迫于升学压力,很少能把"植树节"、"环境日"以及"保护母亲河"、"观鸟爱鸟"等生态道德体验和实践活动真正有效地开展起来。而在高校,上述生态道德体验和实践活动虽然开展,但较之其他校园文化活动,其总量仍然偏少,尤其是生态知识讲座、生态文化科技制作、生态课程研究与探索、生态实习与考察等活动更是开展不够广泛深入等。

由于生态道德教育的不到位,以至于在学生中出现了一些极端的事例,如见诸报端电视的清华大学生刘海洋将硫酸泼向北京动物园的狗熊,这一令人震惊的消息,曾激起了全社会对大学生道德教育的激烈讨论。而刘海洋在对自己的行为所作的解释则是只想看一看狗熊的反应。一个本该有着良好前途的名牌大学的学生,用硫酸毁了黑熊,也毁了自己。2005 年末,在各大互联网上都争相报道了复旦大学一名三年级研究生半年时间内,从网友处领养了近 20 只小猫,对这些小猫先残害再抛弃的虐猫行为引起校友愤怒。据了解这是一个情感世界比较冷漠的大学生,网上那些遭他虐待的小猫照片可谓惨不忍睹。①

有鉴于此,我国的学校,尤其是学校的生态道德教育必须把握好以下方面的原则:

一是在重视环境知识和环境法规教育的同时,要高度重视生态道德教育,要合理地配置学校生态文化教学资源,形成完整的环境教育与生态道德教学课程体系,引导学生,尤其是大学生将生态文明知识内化为生态文明素质。

二是要从娃娃抓起,构建从小学、中学到大学在内容上由浅到深、相互衔接的循序渐进的生态道德教育体系。就高校阶段的教育而言,也应有区分新生、低年级和高年级不同阶段的内容不同而又相

---

①　《清华生伤熊,复旦生虐猫,反思大学生虐待动物》,《中国青年报》2005年 12 月 28 日。

互衔接的课程模式,围绕生态道德和生态文明的知、情、信、意、行,构建以生态文明道德价值观为核心的生态文明教育体系。

　　三是致知力行,在生态文明和生态道德教育中,应强化学生的实践意识和实践能力培养。学生尤其是大学生只有积极参与实践,才能深刻领悟生态现象,反思生态问题,增强生态保护意识,形成生态道德责任感,提高生态文明价值观念。可见,实践性原则是生态道德教育的一项根本原则。朱熹的"由近以及远,自易以及难"的道德实践原则也从另一角度告诉我们,开展道德实践活动还必须"从我做起,从现在做起,从小事做起",让学生自觉地投身到保护环境、热爱自然、珍惜生命、节约资源、合理消费等各项道德实践活动中去,以实现将自己的生态道德文明素质向生态文明行为转化。

第九章

当前朱熹道德教育思想的
弘扬与运用

　　当前中国大地上出现的以儒家文化为主要内容的国学热,已是不争的事实。在这股强劲的国学热潮中,朱子学作为中华文化和东亚文化的重要体现也越来越多地受到了国人的重视与追捧而升温起来。伴随着朱子学学术和文化交流活动的深入开展,朱熹的教育思想,尤其是道德教育思想也越来越被人们所研究和认识,并出现了一些单位和学校应用朱熹道德教育思想的精华和德育传统,开展思想道德建设的成功案例,对此加以总结和推广,亦是我们当前思想道德建设中一件十分有意义的工作。

第一节　当前国学热尤其是朱子学热
兴起的主要原因

　　从朱子文化研究交流活动到各地纷纷开展少儿读经活动,从《儒藏》的编纂、祭孔大典的举行到世界各地孔子学院的建立,我们可以看到,无论是学界、政界还是民间,都对复兴国学,弘扬传统文化寄予厚望,投入了极大热情并积极付诸行动。我们应该怎样看待当前兴起的国学热? 换句话说,为什么在当前中国,国学热能够兴起? 促成了当前国学热尤其是朱子学热的主要原因,我们可以从以下几个方面来认识。

一、我国当前经济的持续发展和社会现代化进程的加速,引发了国人对传统文化的自信与自觉

众所周知,自鸦片战争以来的一百多年间,中国从一个曾经在经济、政治、文化方面遥遥领先于世界的这么一个大国,沦落为在西方洋枪洋炮面前不堪一击瞬间土崩瓦解的半封建半殖民地的国家,这种悲惨境地和巨大反差使许多国人的民族自信心大为丧失,在深究中国近代落后产生的根源上许多人,甚至一些有识之士就把造成落后挨打的局面的主要原因归结为传统文化的身上,归结为是儒家思想惹的祸。尤其是归纳到以朱熹为代表的宋明理学产生的流弊——空谈心性,鄙下实事,忽视事功和客观物质利益的坐而论道,不切合实际的思想和方法上,于是批判传统文化,否定包括朱熹思想在内的儒家文化就成为鸦片战争以后的主流思潮,主要表现在五四时期、新中国成立初期、"文革"时期等,传统儒家思想先后遭遇过数次大批判而处于低迷状态,很少在甚至在公共场合提起。虽然其深植于民族文化传统中的道德伦理思想仍继续在国人的深层次思想理念中及日常生活中起着重要作用。改革开放以来,我国社会走出了过去那种封闭保守的僵化状态,尤其是由计划经济走向市场经济,经济文化等各方面取得了举世瞩目的伟大成就,令中国人和世界上每一个角落上的炎黄子孙扬眉吐气,引以为豪。在这一背景下,中国人的民族自豪感和自信心不断增强的同时,也激发了中国人复兴传统文化的强烈愿望。当我们试图从传统文化中能代表我们民族的精神和文化象征时,挖掘传统文化及儒家思想中有价值的有益思想资源就很自然成为了我们关注的对象。也正是在这一背景下,曾作为中国封建社会后期主流意识形态并已积淀为中国传统文化的重要组成部分的朱子理学文化就自然成了人们去寻找表明自己民族一些独特价值而去做深入研究的思想和文化宝贵资源,朱子学热在当代兴起也就成了一件自然而然的文化现象。再者,亚洲四小龙新加坡、韩国和中国的

台湾地区、香港地区经济的持续和快速增长,创造出了一系列"经济奇迹",而这些国家和地区的社会心理和社会文化的基础就是来源于有着数千年历史传统的儒家思想,尤其是来源于以朱子理学伦理思想为核心的"东亚价值观",亚洲四小龙出现的经济腾飞不可否认是得益于儒家伦理,这也从成功的实例方面认证了儒家文化,朱子文化的当代价值,这也成为当前国学热的一个外在原因。

二、经济发展与道德滑坡的矛盾冲突,促使人们回到传统文化中寻根求本

当前我国社会是一个急速变化的时代,也是一个利益多元和多元价值观碰撞和冲突的时代。随着经济的快速发展和经济体制的建立和发展,社会财富极大增加,但在国家富强和人民生活水平普遍提高的背后,也出现了精神道德滑坡问题,引发了道德领域存在的道德失范、诚信缺失等诸多问题,对这些问题产生的成因前文已有深入的分析,在此就不过多分析了。

在当前价值观多元化,部分道德领域和人群中道德缺失的背景下,传统文化中那些重人际关系、重社会和谐、重道德修养、重礼廉耻、重道德自律、重理想人格、重和而不同等优秀的思想资源也就成了我们当代社会最需要了解和获得的重要东西,这也是当前国学热产生的另一个重要原因。

朱熹是继孔孟之后中国儒学最著名的代表人物,他集宋代新儒学之大成,对中国后期封建社会和东亚文明产生了重大影响。他的民族文化主体精神、维护国家统一的爱国精神、勤政爱民精神、从道不从君反对君主独断,崇尚真理精神,尤其是他的兼容并包的和合精神,实事求是的唯物主义是求精神、崇尚气节,重理性自觉,以理性控制和把握感性的超越精神,克己奉公、重责任义务的以天下为己任的精神,廉洁正直的为官之道,维护国家统一和社会安定思想,民为国本的重民、爱民思想以及他的重视道德修养的自律精神,重视教育尤其是注重道德教育以提高人的素质的思想等,这些已积淀为民族文

化和社会心理的深层结构而与现代化相契合的思想资源和道德教育传统,也就成了我们今天时代的民族振兴和发展下不可或缺的内在生命源泉和文化道德传统。

三、全球化与世界多元文化的交融,凸显了朱子学的东方文化意义

世界文明发展到一定的阶段,就必然会出现全球化的趋势,这是不以人的意志为转移的客观现实。当前,全球化已成为一种趋势,世界文化也呈现出多元文化交融的情形。中华文化作为世界多元文化的重要组成部分,在全球化的背景下,面临着挑战和发展的机遇,而朱子学作为中华文化和东亚文化的重要体现,也面临着在新的时代背景下的发展机遇和挑战。对此,我们可以从以下两个方面来加以认识。

一方面,是西方文化及其理论所预设的以个人为本位,倡导自由、平等、民主等启蒙精神为主的欧洲文明被奉为人类进步的典范已越来越受到了质疑,它不能消除现代化高度发展所带来的诸如战争、种族冲突、恐怖主义活动、生态环境、人口、能源、毒品、贫富差异、腐败等问题的公正合理解决,而在社会道德领域,以个人主义为归旨的西方道德必然会造成人们精神世界和心灵家园的日益荒芜,促使极端个人主义、拜金主义、享乐主义、功利主义的泛滥,到孔子、朱子那里去寻找答案和救世的方案已被越来越多的西方国家有识之士所认同。

随着中国经济的腾飞和对外开交流的不断扩大,以及亚洲一些国家和地区出现的经济高速增长的势头,当人们在试图探寻其中深层原因时,不难发现,这是得益于一种与西方个人为本位的价值观念和文化不同的一种群体性的社会心理和社会文化,这种社会心理和社会文化的基础就是来源于有着数千年历史传统的儒家思想,就是来源于以朱子理学为核心的"东亚价值观"。儒学朱子所体现的虽有涵盖性的人文精神是中华民族可以提供全球社群的丰富资源。经朱子所注释的儒家传统价值如"己所不欲,勿施于人"的恕道,"推己及

人"的仁道,以及"和而不同"的共生共处之道亦是文明对话不可或缺的基本原则,而其国家至上、社会为先、家庭为根、社会为本、社会关怀、尊重个人、求同存异、避免冲突、种族和睦、宗教宽容等东方文化价值观,对于解决当前世界经济高速发展所带来的人类道德滑坡问题更富有现实意义。于是在全球范围内就引发了一个对中国包括朱子理学在内的东方文化即儒学文化的研究热潮,西方学者,日本、韩国、新加坡学者和港台地区新儒家代表对儒学、朱子学的理论研究形成对大陆的反哺,也在一定程度引发了朱子学热,凸显了朱子理学文化的东方意义。

另一方面,在当今全球化时代,和平与发展已成为世界的两大主题,现代化也正朝后现工业化社会、信息化社会发展。包括朱子学在内的任何思想文化必须与现代化相结合中,接受现代化这一时代主题的挑战,以适应社会历史变化发展的客观需要,并以现代化作为评价取舍的价值标准,实现自身的现代转换,与现代化相结合并为之提供借鉴。所以朱子学也要适应社会历史发展的客观需求,通过对朱子学作当代审视、反思和诠释,使其与新世纪人类社会的发展的客观实际需要相结合,从而使朱子学发挥应有的积极作用,并在当今世界各文明的交流中进一步走向世界和未来,这种研究、反思和诠释,也在某一层面推动了国家热、朱子热的兴起。

第二节 当前朱子文化研究交流活动的开展

自 20 世纪 80 年代以来,尤其是 20 世纪末以来,朱子文化研究与交流活动得到了迅猛的发展,主要表现在以下几个方面。

一、朱子学学术会议频繁召开,朱子文化交流活动深入开展

自 1981 年 10 月,由中国哲学史学会、浙江省社会科学研究所联合举办了杭州宋明理学学术会议以来,相继有 1982 年 7 月在美国由

夏威夷大学亚太研究中心、美国学术团体联合会举办了夏威夷第一届朱子学国际学术会议;1987年12月,由厦门大学主办了厦门第二届朱子学国际学术会议;1990年10月,由武夷山朱熹研究中心联合厦门大学、中国孔子基金会等举办了纪念朱熹诞辰860周年国际学术会议;1992年5月,台北中研院文哲研究所、中华文化复兴总会联合举办了台北朱子学学术会议;由武夷山朱熹研究中心和当地政府还分别于1992年4月、1993年10月分别召开了纪念朱熹考亭书院始建800周年、纪念朱熹武夷精舍创建810周年、朱子学术思想研讨会等。进入21世纪以来,以朱熹学术思想研究为主题的各类朱子学术思想研讨会更是普遍开展了起来。2000年,在武夷山召开了"朱子学与21世纪"国际学术研讨。自2005年10月南平市人民政府联合中国炎黄文化研究会、中国社科院哲学所、福建省文化厅、社科院等20多家单位联合举办了"武夷山朱子文化节暨朱子学与和谐社会"高峰论坛以来,每隔两年就举办一次朱子文化节,开展广泛的朱子学学术研讨会。伴随着朱子学学术会议和学术交流活动的频繁举行,朱子文化研究和交流活动得到了深入开展,在当前的国学热中,朱子文化热占据了重要的一席之地,成为国学热中的一道亮丽风景。

二、朱子学与两岸文化交流互动活动日益开展

长期以来,在海峡两岸研究朱子学的专家学者共同努力下,"传承朱子文化、推动两岸文化互动与交流"已经成为两岸各界人士的共识。自2006年9月在上海举办了第一届两岸朱子学论坛以来,至今已举办了八届,分别在大陆与台湾举办,进一步促进了两岸学者的交流。学者们一致认为,朱熹思想中所体现的中华民族精神,是我们民族的宝贵精神财富,对加强海峡两岸的沟通和交流,有着重要的理论意义和现实价值。

在朱子学与两岸文化交流互动活动中,对朱熹教育思想,尤其是道德教育思想的弘扬运用起到积极推动作用的,首推海峡两岸携手共走"朱子之路"活动。"朱子之路"是由世界朱氏联合会、台湾朱氏

宗亲文教基金会、台湾朱熹思想研究会发起的,由来自海峡两岸高校和研究机构的教授,率领一批在读的博士生、硕士生,跨越海峡,来到福建,在"朱子之路"——即朱熹出生、成长、求学、讲学和终老的地方,寻访朱熹的足迹,开展田野调查,师生互动,探讨朱子的思想的一项游学活动。该活动自 2008 年 8 月举办首届"朱子之路"活动以来,每年均举办一届,从未间断,深受两岸师生欢迎与好评,在两岸,尤其是台湾来的青年中引起了强烈的反响,他们纷纷撰写文章,表达了内心的感受,这对于增强两岸师生的中国传统文化的认同,对朱熹道德教育思想的弘扬和光大,起到了很好的推动作用。

笔者所在院校武夷学院近年来积极组织师生参与该项活动,并作为协办单位之一,全程参与了该项活动的组织工作。现仅记录 2010 年"朱子之路"活动的详情于此,以供学者和从事朱子文化交流活动组织者参考和借鉴。

2010 年,在纪念伟大的哲学家、思想家、教育家朱熹诞辰 880 周年系列活动中,海峡两岸的师生重走朱熹当年走过的道路。8 月 6 日至 11 日,由台湾大学、北京大学、北京清华大学、台湾"清华大学"、台湾中正大学、东海大学、政治大学,上海复旦大学、福建师范大学、福建农林大学和武夷学院等海峡两岸 11 所大学的师生,朱氏宗亲与相关学者 40 多人组成的 2010 年"朱子之路"研习营,在世界朱氏联合会朱茂男会长的率领下,再一次抵达武夷山,开展朱子文化体验研习活动。

(一)武夷精舍:首业式与释菜礼

8 月 7 日,这一天的美景让来自两岸的师生,特别是从宝岛台湾初次来到武夷山的师生们目不暇接!

在游览了水帘洞、武夷宫等著名景点,攀登了天游峰,感受武夷山水的精华;泛舟九曲溪,领略朱熹笔下《九曲棹歌》的意境;观看了《印象大红袍》的夜场演出,品尝了张艺谋们冲泡出来的武夷茶的独特风味之后,8 日上午,研习营的师生们走进了武夷精舍。

武夷精舍是朱熹创建的第三书院,在武夷山景区五曲隐屏峰下。

淳熙九年(1182年)七月,朱熹在浙东提举任上弹劾贪官唐仲友受挫,次年正月奉祠而归武夷,建此书院,四月落成。从淳熙十年到绍熙元年(1183—1190年)的八年中,他在此聚徒讲学和从事学术活动。这一时期,是以朱熹为代表的闽学派迅速壮大、学术活动空前活跃的一个时期,也是朱熹的学术思想走向成熟的时期。

今天,这座古老的书院将迎来一批特殊的师生,来自海峡两岸的师生们要在这里举行一场特殊的"开学仪式",在这所由朱熹亲手创建的书院内举行2010年"朱子之路"首业式。

负笈何方来? 今朝此同席。

日用无余功,相看俱努力。

这是朱熹当年为从学于精舍的门生的题诗,似乎也是对两岸莘莘学子的勉励。

上午10时许,首业式开始。

首业式的第一阶段由闽北朱子后裔联谊会会长朱土申和世界朱氏联合会秘书长朱政光主持,向先贤朱熹施拜师礼。

拜师礼参照古释菜礼的程序进行。在主持人的有条不紊的主持之下,朱子之路研习营全体师生谨向先贤朱文公像行最敬礼开始,全场肃然挺立。接着是"欢迎会旗进场",二十几位身着"朱子之路"会服的研究生们,跟随在四位手执"朱子之路"会旗的旗手之后,从书院大门外缓缓地步入书院正殿。

与拜学员就位后,在学员代表学生团团长台湾大学博士生吴孟谦的率领下'全体人员齐向先贤朱文公圣像行最敬礼三鞠躬。接着由学员代表吴孟谦恭读《祝文》维公元2010年岁次庚寅年甲申月朔日壬辰拜师日庚寅,恭值第三届朱子文化节朱子之路研习营始业式,学员代表吴孟谦偕与拜学员等,敬设学子求学拜师礼,谨以文房四宝、戒尺、智慧笔之仪,敬献于先贤朱文公前曰:

雄先师

德侔天地,道贯古今;有教无类,德泽生民。

万统共仰,亿众归心;天生木铎,传道传薪。

　　纬武经文,中和位育;祷我先师,圣德庇佑。

　　莘莘学子,智慧开启;同见同行,薪火相传。

　　大哉文公,鉴我至诚。谨拜

　　向先贤朱熹施拜师礼后,接着是学员向研习营的各位教授行拜师礼,由学员代表向团长呈释菜六礼,其余学员自备礼物敬呈各位来自两岸高校和研究机构的教授,教授则回赠学员礼物。最后,由受礼教授带领学员齐诵《朱子家训》。之后,主持人大声宣布:"礼成!"

　　在朱熹创建的书院中重现释菜古礼,这一幕让每一位在场参与者深受感动。许多适逢其会的游客也屏着呼吸,驻足观看。摄影机、照相机闪光灯不停地闪动,都想记录下这一历史性的时刻!朱熹当年在闽北创建书院,曾在武夷业精舍、考亭书院行释菜礼,由于历史的原因,这一尊师重道的传统并没有保存下来,朱子之路的师生们通过研读朱子文献,结合当今时代的特点,将其重新发扬光大,并在武夷精舍重现这一历史性的一幕,作为现场的参与者之一,我辈何其幸哉!

　　虽然,因为是初次在书院行此大礼,有一些环节上感觉还不到位。如朱杰人教授就对行礼所用的音乐表示不满意,认为可以选择更好的配乐。他表示回去以后,要找一位资深的配乐师来解决这一问题,让这项活动能在今后做得更加完美。但从总体来看,这项活动还是相当成功的。以至中共南平市委石建华副书记在拜师礼结束后,立即表示,希望能将释菜礼整理出一份可供操作的程序来,每年的教师节能率先在闽北的学校进行推广。

　　首业式的第二阶段是贵宾致词。由闽北朱子后裔联谊会副会长、武夷山市副市长朱锡勇和台湾朱子学研究协会秘书长张崑将的共同主持。先后有中共南平市委副书记石建华代表南平市委、市政府致欢迎词,朱茂男会长代表世界朱氏联合会致词。之后是朱子之路台湾团团长杨儒宾教授和大陆团团长朱杰人教授致词。

　　石建华副书记在欢迎词中说,来自海峡两岸的专家学者和青年才俊们欢聚在美丽的武夷山下,共同参与"朱子之路"研习营活动。

通过实地寻访朱熹一生的活动足迹,体验和领悟朱子思想精神,对考察、研究、传承和弘扬朱子文化,乃至推动朱子文化旅游、经贸合作等都具有重要的意义。"朱子之路"所涉及县(市)要予以大力支持,积极主动对接,认真做好接待服务工作,充分展示地域文化特色,加强文化交流合作,为研习营活动的顺利进行创造良好的条件。他指出,在海峡两岸有关方面的共同努力下,"朱子之路"研习营活动一定会越办越好,参与人士一定会越来越多,"朱子之路"一定会越走越宽广。我们期待,通过这一平台,更好地传承弘扬中华优秀传统文化,共同推进两岸民间文化交流与合作,携手共创美好未来。

朱茂男会长在致词中指出,近年来,世界朱氏联合会通过连续举办朱子学研讨会,将朱子学推向了国际。2008 年"朱子之路"的首航,由杨儒宾教授担任首航者的角色,得到了热烈的回响与鼓励,使我们感到这是一项值得推动的文教志业,参与首航的朱杰人教授倡议并希望将此固定下来,打造朱子之路,使其成为具有特色的国际品牌。在"朱子之路"的行程中,借由学者及学子们,以读朱子书、行朱子路,进而思朱子之道的精神,累积对于经典中知识的体认,进而发扬朱子学,达其永续传承朱子文化的愿景。他指出,参访名胜古迹时的感动,往往在于其背后所被赋予的文化意涵与人文价值。今日借由朱子之路的始业式勉励在座的莘莘学子,在朱子之路上,能够寄以"人文心、关怀情"的学习精神,于参访朱熹故里的遗迹与山水间有所收获,日后加以发挥"终极关怀"、"源头活水"的理念。

(二)世纪桃源:朱子及其时代学术论坛

8 日下午 2 点半,在师生们下榻的世纪桃源酒店三楼会议室内,研习营开始了此行的第一场学术论坛。

朱茂男会长致词之后,分别是由古伟瀛主持,田浩主讲的《释义〈朱子家训〉中英版》,和杨儒宾主持,由朱杰人主讲的《〈朱子家礼〉:从文本到实验——以婚礼为例》。

田浩先生是美国亚利桑那州立大学历史、哲学与宗教学学院教授、北京大学中国古代史研究中心兼职研究员、华东师范大学古籍所特聘研究员。他师从于美国著名的中国思想史研究专家余英时先生,现在是著名的朱子学研究专家。他翻译《朱子家训》是出于一种偶然的原因。7月初他和朱杰人教授一同出席了马来西亚召开的"朱子文化与东南亚社会"国际研讨会,在这次会议上,他们读到了用中英文对照版的《朱子家训》石碑。尽管马来西亚方面对《朱子家训》的译文予以充分肯定,但他们还是觉得其中有许多不能令人满意的地方。别看《朱子家训》只有短短的317个字,但涵括了中华传统文化和朱子学的方方面面。要把它准确、优美地翻译出来,并非易事。一般来说,精通英语的不懂朱子学,精通朱子学的又不懂英语,而要翻译好《朱子家训》,最理想的人选当然是对二者都精通,而田浩教授正是此不二人选。从马来西亚回来后,他把翻译《朱子家训》作为第一要务,经过几次认真的修改,终于完成了这件看似很小实为非常重要的大事。现在,他在台上讲的就是如何遵照以准确、优美的原则,而又注意中西方文化的不同区别来翻译《朱子家训》。古伟瀛老师读一段中文,田浩老师就以英文诵读一段英文,对一些重要的词句,他还不时地做出解释。台下的师生,也提出一些自己的见解。印象最深的是茂男会长的建议,他说:"此乃日用常行之道,若衣服之于身体,饮食之于口腹"中的"口腹",可能不能以"口(嘴巴)"和"腹(肚子)"二者简单地相加,其本义应该是从"口"到"腹"的"消化器官"。茂男会长是医药学专家,讲得很有道理,田浩老师欣然接受了他的建议。真没想到,一段仅有三百多字的短文翻译,竟然动用了若干个跨学科的知识储备!

朱杰人教授是江苏镇江人,现为华东师范大学终身教授、博士生导师,华东师范大学出版社社长。他主讲的《〈朱子家礼〉:从文本到实验——以婚礼为例》,采用了现场播放婚礼仪式,他在一旁加以解说的方式,让参加研习的师生们耳目一新。

接下来的主讲者全部是研习营的学生们。分为A、B两个场地。A场的第一场由武夷山朱熹研究中心的方彦寿研究员主持,主题为"朱子祭祀、游记与读书"。参与主讲的学员分别是高雄师范大学经学研究所王琄,主讲题目是《参与嘉义朱子公庙:家礼祭祀有感》;台湾"清华大学"中文研究所李庆辉,主讲的题目是《朱熹山水游记初探》;台湾中正大学中文研究所博士生杨锦璧,主讲的题目是《源头活水,自在流行——略谈朱子之读书工夫》。学员们演讲结束后,方老师对他们的演讲一一作了深入和具体的点评。

A场的第二场由张崑将老师主持,主题为"朱子的理学思想及其相关评论"。参与主讲的学员有台湾大学中文博士班的吴孟谦,题目是《宋代的"观理传统"与朱子的穷理思想》,台湾"清华大学"中文研究所的许汉祥,题目是《以濂溪与朱子宇宙观看理学对先秦儒家天人观的继承与转化》;台湾"清华大学"硕士班的刘立葳,题目是《评介束景南著〈朱子大传〉》。主讲结束后,张崑将老师邀请北京大学哲学系硕士班三年级的李可心同学一一作了点评。

B场的地点在饭店的二楼会议室。第一场的主题是"朱子的经典诠释",由田浩教授主持。参与主讲的学员有政治大学中文研究所的林世贤,题目是《朱熹〈易经·观卦〉诠释》;政治大学中文研究所的杨舒云,题目是《朱注〈大学〉、〈中庸〉之"诚"》;台湾东海大学哲学系博士生萧美龄,题目是《论朱子的经权观》。

B场的第二场的主题是"朱子的文学批评与朱陆之辨、朱陈之辨"。参与主讲的学员有台湾"清华大学"中文研究所博士谢嘉文,题目是《浅谈朱熹关于文学形式的批评——以韩愈〈原道〉为例作说明》;台湾大学中文系博士班陈盈瑞,题目是《朱子晚年对象山的批评》;台湾大学中文系博士生张晶晶,题目是《"以人废言"——略谈朱陈之辨的论辩模式》。

从总体而言,由于学员们的学历不同,有高年级的博士生,也有上研究生班不久的硕士生,其水平参差不一。但可以看得出来,他们都做了认真的准备,表现出一种初生牛犊不怕虎的劲头,在众多教授,有的甚至是朱子学研究的大家面前,毫不怯场。

(三)五夫:朱子故居与朱子学校

8月9日上午,研习营向五夫进发。五夫紫阳楼坐落在一片绿色的掩映之中,身后的屏山苍翠如黛,眼前的夏日荷花盈盈淀放,乡间的景色让来自两岸大都市的学子们恍若置身于世外桃源之中。紫阳楼遗址石碑前,朱老夫子手植大樟树下,朱子故居大门前,老师和同学们;留下了一张又一张的难忘的合影。樟树中那一株神奇的灵芝,更让师生们产生了许多不同的联想。

走进朱子故居,韦斋、晦堂、敬斋,义斋,一间一间,细细地观赏过去,每一间屋子似乎都装满了历史,散发了理学的浓浓气息。同学们睁大求知的眼睛,都想从这里捕捉到更多的有关一代大儒在这里成长的佚闻和故事。看到营员们恭敬、专注的神情,不由得让人回想起朱老夫子对紫阳书堂的描述:"堂傍两夹室,暇日默坐读书其间,名其左曰敬斋,右曰义斋。盖熹尝读《易》得其两言,曰:敬以直内,义以方外,以为为学之要,无以易此……"这就是朱子"一心之主宰而万事之本根"持敬说的理论来源。陈来老师所说的朱子的为学之方"敬贯动静,敬贯始终,敬贯知行"也在此时,一起涌向脑际,想到这儿,一种敬畏之情,油然而生!走出紫阳楼,队伍穿行在"朱子巷"之中,走在鹅卵石路面的高高低低和平平仄仄之中。"潭溪之滨,那一条神奇的小巷,还能听见先哲脚步的回响……"方彦寿老师作词的那首《走在朱子之路上》的旋律仿佛在路边响起,与师生们结伴在小巷中穿行而过的,似乎还有那位脸上有七颗星闪烁的先贤。

下午,在参观游览了紫阳楼、五夫兴贤古街等朱子遗迹后,师生们来到了朱子学校。观看了学校历次开展朱子文化活动的图片展、学生作品展、朱子学校与台湾新埔中学友交流图片展等。在简短的欢迎仪式后,朱子学校的师生们为大家演出了一台精心准备的文艺节目。他们精彩的表现赢得了阵阵掌声。随后,研习营的师生与学校的学生分成五个小组进行座谈交流,气氛十分热烈。

座谈交流活动结束后,师生们来到朱子后裔植树纪念林中,一起动手,共同种下了两棵纪念树。此刻,来自两岸的师生汗水挥洒在一起,将浇灌着两棵象征着友谊,寄托着营员们美好记忆的小树,在先贤的故里,将和朱子学校的小朋友们一起茁壮地成长。

(四)鹅湖书院:静坐与师生问答

8月9日上午,研习营越过分水关,来到地处闽赣交界处的鹅湖书院。淳熙二年(1175),朱熹、吕祖谦、陆九龄、陆九渊兄弟就是在这里举行了那一场流传千古的大辩论。

书院的老师向大家介绍了书院的历史,解说了从鹅湖寺到鹅湖书院的演变过程。

在书院后殿的墙上,一幅《鹅湖论辩图》映入师生们的眼帘,中间两个站着的,应该分别是辩论主角朱熹和陆九渊,而手握书卷的这位应该是朱夫子吧,站在朱熹身后,略显年轻一点的该是倡导"吾心即是宇宙,宇宙即是吾心"的象山先生了。周围椅子上坐着几位神情不一的旁听者,或表情凝重,或一脸惊愕,似乎都在思量:"两位大师,哪一位说得对?"

走进鹅湖的第一个节目是静坐,当老师宣布大家静坐15分钟时,刚才有些热闹气氛的书院顿时陷入一片静寂之中。因为只有保持静默,才能让836年前那场思辨的余音在你的耳际响起,才能体会什么是"鹅湖寺中,那一场激烈的论辩,穿越时空至今仍余音绕梁"的意境。来自北大的博士生赵金刚事后谈起体会时说:"按照朱子的方式静坐,以前只是在书本中讨论过,这次却换成了自己,体验儒家的功夫,也体验儒者的内心。或许一次的静坐有些形式主义,不能说明什么,然而,毕竟有了某种形式的话,内容也就有可能被填充进来,否则,一切都将是虚幻的。"朱熹在《名堂室记》中教导说:"观夫二者之功,一动一静,交相为用,又有合乎周子太极之论,然后又知天下之理,幽明巨细,远近浅深,无不贯乎一者。乐而玩之,固足以终吾身而不厌,又何暇夫外慕哉!"深刻地说明了动静二者之间与为学之方的密切关系。此情此景,正是做了最好的注解。

静坐之后,是师生们的问答。诸如"鹅湖之会上,朱陆的分歧表现为所谓'尊德性'和'道问学'的区别,所以朱陆的区别只是在于为学之方上,这种说法对吗?""朱陆鹅湖之会对理学的发展演变有何重要意义"等此类的问题被一一提了出来,又被老师们一一解答。望着师生们热烈研讨的场景,似乎让人觉得,刚才那一幅《鹅湖论辩图》,正从墙壁上走了下来,幻化成眼前的这一幅生动活泼的师生问难与答疑的场面,研习营的营员们似乎都成了"朱陆鹅湖之会"的参与者了。这样的场景,这样的经历,一定会储存在营员各自记忆的行囊中,让人终生难忘!

(五)建阳黄坑朱子墓:三献礼敬先贤

8月11日上午10时许,研习营全体营员怀着朝圣的心情走进建阳,来到黄坑朱子墓前。在闽北朱子后裔联谊会会长朱土申的主持下,师生们按照中国古代传统的祭祀礼仪向朱熹墓行三献礼。由朱茂男会长任初献,朱杰人教授任亚献,杨儒宾教授任终献。在恭敬地完成敬酒、上香等规定程序之后,由杨儒宾教授通读祭文:

> 维公元2010年岁次庚寅年甲申月朔日壬辰祭拜日癸巳之午时,朱子之路研习营台湾团团长、台湾"清华大学"教授杨儒宾,偕同朱子之路研习营大陆团团长、世界朱氏联合会副会长朱杰人暨世界朱氏联合会会长朱茂男率全体教授、研究生,谨以鲜花香茗酒醴之仪,致祭于先贤朱文公讳熹府君暨刘太夫人之陵前曰:
>
> > 有宋闽峤,万年如封;山川蓄积,乃蕴文公。
> >
> > 履险犯难,持志不惊;党锢一禁,志气愈弘。
> >
> > 持志格物,言行必躬,仪表万代,无不可从。
> >
> > 洙泗断矣,赖公畅通;大道穷矣,因公无穷。
> >
> > 两岸后学,兴发响风;千里远行,来理吾宗。
> >
> > 神灵不爽,乞鉴寸衷。
>
> 时维庚寅季夏,溽暑气蒸,朱子之路研习营谨以鲜花水酒,谨致敬于文公之墓,文公精爽有灵,鉴之。

通读祭文之后,由主祭人朱茂男率全体师生谨向先贤朱文公暨刘氏太夫人墓行三鞠躬礼。而后,全体师生齐诵《朱子家训》。最后是绕棱思贤祈福,请全体师生随团长依逆时针方向绕陵园一圈,朱氏宗亲三圈。最后,当主持人宣布:"纪念朱熹诞辰880周年系列活动,朱子之路研习营谒陵圆满礼成"之后,师生们纷纷在先贤陵前与朱老夫子合影留念。

14 时 10 分,师生们来到建阳马伏祝夫人墓前,在朱土申会长的主持下,在杨儒宾团长的率领下,向这位培养了旷世大儒的伟大母亲致最敬礼!二点五十左右,队伍来到考亭书院遗址,在明嘉靖的石牌坊前,全体营员合影留念。

(六)西门小学:感想、联欢与结业式

15 时 40 分,师生们来到了建阳市西门小学。西门小学是第二届海峡论坛南平与台湾对接的"五乡三校"之一。师生们将在这里展开三项活动。一是全体学员畅谈几天来走朱子之路的感想,二是与西门小学的师生联欢,三是举行朱子之路的结业式。

第一项活动大概用了 45 钟,每个学员都倾吐了发自内心的肺腑之言,他们的发言主要围绕着"感受大师风范,弘扬朱子文化"这一主题展开。

第二项活动是与西门小学的师生联欢。来自两岸的 22 位研读文史哲的朱子学博士、硕士生与建阳市西门小学的学生进行交流和互动。在欣赏了西门小学的学生们激昂悦耳的打击乐,观看富有朱子文化的舞蹈《观书有感》之后,研习营的全体师生与西门小学的学生一起同唱台湾歌曲《阿里山的姑娘》。他们精彩的表演,引来台下一阵阵的掌声!

17 时 30 分,开始了此行的最后一个议程——朱子之路演习营结业仪式。由茂男会长和各位教授为 22 位"朱子之路"研习营的博士、硕士生颁发结业证书。同时也向参加朱子之路的各位教授赠送了纪念牌。中共建阳市委副书记、闽北朱子后裔联谊会副会长朱其勇,以及市教育局、文化局的领导也来到结业式现场,为全体师生加油鼓劲。

为期前后一周的 2010 年朱子之路至此结束了。一位参加了这次活动的台湾教授表达了大家的心声,他说:"通过几天来的体验和感悟,总觉得 800 年前的朱老夫子并没有死,他的精神,他的思想,他

的灵魂一路陪伴着我们,和我们一路同行!"

第三节　朱子文化和朱熹道德教育思想在学校德育工作中运用的成功范例

　　一、武夷学院开展具有武夷特色大学文化建设的探索与实践

　　自从武夷山被联合国教科文组织列入《世界自然遗产名录》、《世界文化遗产名录》后,武夷文化引起了学术界的高度重视与广泛关注。而在被世界遗产委员会认定的武夷山世界文化遗产的主要内容和核心部分就是朱子理学。朱熹的理学思想体系及其在哲学、教育学、文学等领域的成就,就是在武夷山地区形成后,有走向了全国乃至全世界的许多地方。武夷学院作为闽北唯一的一所地方本科院校,既根植于以朱子文化为核心的武夷文化这片深厚沃土,又承担了武夷文化传承与创新的重担。

　　2005 年 3 月,南平市政府决定武夷文化研究院正式乔迁武夷山,依托武夷学院,汇集社会贤达,开展更宽领域、更深层次的研究工作。2005 年 10 月,由原中国社会科学院院长李铁映提议的福建社会科学院、中国社会科学院哲学研究所共同创办的宋明理学研究中心又在武夷学院正式挂牌成立。这些,都为武夷学院开展弘扬朱子理学文化,创建具有武夷特色的大学文化建设奠定了坚实的基础。

　　近年来,武夷学院党政始终把加强大学文化建设和大学精神培养作为推进学校内涵建设、提高学校综合竞争力的一项重要工作,把弘扬朱子理学文化作为学校文化传承使命和大学文化独特品质展示的核心内容和主要任务纳入学校党政工作的重要议事日程,摆上了学校工作的重要位置。发动全校上下积极开展大学文化建设的探索和大学精神的价值寻觅工作。

中共十七届六中全会对深化文化体制改革,推进社会主义文化大发展大繁荣作出了总体战略部署,进一步增强了我们做好大学文化建设的使命感、紧迫感。2009 年 5 月国务院颁布《关于支持福建省加快建设海峡西岸经济区的若干意见》在论述"整合文化资源,打造一批地域特色明显、展示海峡西岸风貌,在国内外具有影响力的文化品牌"时,郑重提出要重点保护和发展"朱子文化"等特色文化。这是"朱子文化"一词首次出现于国务院文件之中,体现了国家对朱子文化的重视,也使学校进一步明确了要深入挖掘朱子文化的深刻内涵,做好大学文化建设和大学精神培育工作的目标与方向。

2009 年 10 月,校党政联合发文做出了《武夷学院关于进一步加强校园文化建设,培育独特气质的大学精神的决定》,明确提出"要继承和发扬建校 50 年来形成的优良传统,充分利用和彰显闽北尤其是武夷山世界文化遗产和朱子理学等历史文化资源,努力建设和发展体现历史内涵、社会主义特点、时代特征的具有武夷学院特色的学校文化"的工作目标任务。

具体的工作思路是:一是高层定位,学校做出了"传朱子理学,做武夷文章,办绿色大学"的特色办学理念,并写进了学校改革与发展的总体规划之中。二是凝练校训、谱写校歌,设计校标、校徽、校旗,重建校史馆,培养师生浓厚的武夷文化情怀。三是大力开展"武夷文化"课堂教育,组织编写《武夷文化选讲》读本并将其纳入学生选修课,使大学生对武夷文化有一个较为全面和深刻的了解;四是在校园文化活动中,着力加强品牌建设。

学校采取的具体措施主要是:

(一)围绕人才培养目标,凸显朱子文化特色,高层定位,通过校训、校徽、校标、校旗、校史的征集工作,提升学校武夷文化品牌意识

学校把朱熹的"涵养穷索,致知力行"确定为校训,并用现代教育理念进行了诠释,把它与学校提出的培养"会做人、会学习、会实践、会创新"的"四会"人才培养的办学理念相对接,突出做人、做事、做学问的统一,知与行的统一,形成学校独具特色的大学精神;在全校范围内,开展了校徽、校标的征集工作,确立了以厚重武夷文化为主基调的校歌,让师生在实践的参与中提升对"武夷文化"优秀精华的认识,加深了品牌意识教育。

(二)利用特色课堂、大讲堂等教育载体,推进朱子文化教育课堂化

(1)创建"武夷文化"特色课堂。为进一步加强学生文化素质教育,促进大学生个性健康发展和综合素质全面提高,2011 年学校出台了《武夷学院关于进一步加强文化素质教育的实施意见》,在大学生中普遍开设"中国近现代史"、"大学语文"和"中国通史"等课程的基础上,将包括朱子文化在内的武夷文化课程纳入校级公共选修课,为打造具有武夷特色的校园文化打下了扎实的基础。学校成立了课题组,组织力量编写了《武夷文化选讲》教材,2012 年,学校再次印发《关于成立武夷文化特色课组等 8 个教学研究小组的通知》,成立了武夷文化特色课题组,确立了课题组负责人、教学任务和经费,从制度上保证了武夷文化进课堂。

(2)开设武夷大讲堂。学校依托宋明理学研究中心、国学研究基地、杨时研究所、武夷文化研究院等在校的省级和校级文化研究机构与推广机构,创设了武夷山国学讲坛,主办"武夷文化讲坛",至今,已邀请了著名学者汤一介、余光中,著名作家金庸、余秋雨,著名院士许智宏等 100 多人到武夷学院讲学。更为重要的是,学校已有一批对朱子文化有较深研究的教师常年为学生开设朱子文化讲座,指导学生开展理学文化研究,从而在校园形成了浓厚的学术研究氛围。

(三)以校园活动为载体,促进武夷文化教育常态化

学校通过开展丰富多彩的校园文化艺术节、院系特色专业文化节,融合校园科技节、"挑战杯"等科技活动,创新武夷文化,将其科技化和现代化,此外还通过丰富的志愿活动,融入武夷文化的学习与传承之中。

学校将武夷文化融入学生喜爱的各类活动中,以活动培养兴趣,以活动陶冶情操。学校成立动漫影视文化基地,协助完成反映朱熹生平的故事片《武夷棹歌》,创作并完成了《朱熹与丽娘》、《少年朱熹》等动漫作品。学校成功承办了四届"重走朱子之路",与来自海峡两岸的师生共同参加"敬师礼"、"朱子与文化论坛"等学术活动,开展了千名学子诵读《朱子家训》和"走在朱子路上"等歌舞节目,携手传承同根同源的中华传统文化,让师生在重走朱子路上深受朱子文化的熏陶。

学校还积极引导师生参与各类武夷文化志愿服务活动,主动融入地方重要节庆活动,如师生志愿者参与了茶博会、朱子文化节等大型活动的服务工作,成为武夷山重要活动的一道亮丽风景。2012年,学校承办了武夷山市民素质提升系列培训工程,选派30多名武夷文化优秀专家开设100多场讲座,实现了全行业、全村镇的全覆盖,提升了市民对武夷文化认识水平。近几年暑假,学校师生还为每年一度的"百名台湾大学生八闽行"武夷山夏令营同学开展了武夷文化互动、朱子文化讲座等交流活动,举办了精湛的茶艺表演等。

(四)营造校园朱子文化环境,发挥其潜移默化的育人功能

学校的道路、楼院和社区均以与朱子有关的书院和语录警句命名,如道路、楼院以朱熹在闽北创办的"同文"、"竹林"等书院命名,校园内湖泊以"天心"、"明月"等朱熹寓意其"理一分殊"意境命名,在校园内建设了朱熹与杨时、李侗、罗从彦等理学人物塑像,使学生充分感受到武夷学院独特的人文精神。

(五)以项目带动科研,促进武夷文化教育科学化

近年来,武夷学院主动承担闽北传统文化发掘、保护、利用等方面的研究,在宋明理学研究中心、国学研究基地、杨时研究所、武夷文化研究院等具有学校特色的文化研究机构基础上,相继成立生态文明、绘画建筑、国际茶学、民间艺术、旅游文化等多个研究所,承担文化研究工作;投身中国朱子文化节、海峡两岸茶业博览会、中国武夷山生态文明国际研讨会等文化盛事,先后成功举办或承办了"朱子学与两岸文化交流"高峰论坛、省文教专家"八闽行"武夷文化之旅、"朱熹教育思想及其当代价值"论坛、武夷茶道高峰论坛等高端研讨会,在宋明理学、武夷文化、闽北民俗及非物质文化遗产等方面形成了一批有影响力的学术成果,推动武夷山市逐渐成为全国理学文化研究领域的重要成果输出地,提升了武夷山世界文化遗产的品牌效应。近年来,武夷学院教师在朱子学及武夷文化研究领域取得了一批研究成果,其中撰写了《朱熹在福建的行迹》、《大教育家朱熹》等论著 7部,在核心学术期刊发表有关朱熹和宋明理学论文 70 多篇,申报的"朱子学在海外的传播与影响"、"朱熹教育思想研究"等课题获国家社科基金立项和后期资助 2 项,教育部人文社科研究基金立项 2 项,福建省社科规划项目立项 8 项。

(六)扩大交流,促进武夷文化教育国际化

武夷学院以武夷文化为媒介,已与海内外 100 多所高校与科研单位建立了长期合作与交流关系,国际文化交流进一步扩大,建立长期接收美国华盛顿州长青州立大学中国文化游学班机制,福建省承接的国家汉办中华传统文化体验推广中心也成功落户武夷学院。

武夷学院先后承办了 20 多次文化培训,如 2011 年,来访的美国国际兰亭学院 20 多位海外来宾、"中外校长访问团"近百名来宾、福建省 2011 年外国文教专家"八闽行"武夷文化之旅的 80 多位外国专家开设了中国茶文化和朱子文化讲座,赢得了海外来宾的夸赞;在武夷山乌龙茶、红茶寻根之旅高峰论坛上与各国茶界友人共同签署了《武夷倡议》,承办创意产业之父贾斯汀创意讲座等,进一步扩大了武夷学院的国际知名度和影响力。

二、武夷山朱子学校弘扬朱子文化的生动实例

武夷山朱子学校是一所沐浴在浓郁朱子文化氛围下的特色农村学校,朱子文化在校园的发扬光大,成为鼓舞该校 800 多师生前进的强大精神力量。

朱子学校是由五夫中学和五夫中心小学合并而成的九年一贯制学校,也是全国唯一以朱子命名的学校。学校占地面积 4.8 万平方米,育人环境十分优越。南宋著名的理学家、思想家、哲学家、教育家

朱熹曾在这里生活、讲学和著述达 40 多年,给当地留下了难以磨灭的文化印迹。

在校园内,借助于自然地势,因山就水,顺其自然而建成的朱子文化园,占地 3000 平方米,园内各个景致均与朱熹有密不可分的联系和寓意。用小河卵石铺筑的蜿蜒曲折的 71 米长林间小径,寓意朱熹 71 年不平凡的人生历程;小径西北角建有一座"居敬亭",寓意世人应居敬行俭,以庄重之心行俭朴之事。各种具有朱子文化元素的展板、挂图巧妙悬挂在校园绿地、各处室办公室和教室的走廊上,名言警句处处可见,每个角落都成为了育人阵地。

校园文化需要在学校教育的主阵地课堂上完成并深化。五夫镇自古就有"邹鲁渊源"之称。屏山书院、朱子社仓等文化遗迹、遗址,使五夫成为重要的历史文化名镇和研究朱子理学的摇篮。朱子学校组织教师们编写了校本课程《紫阳流风》。每学期安排不少于 10 节课的学时。并把朱熹优秀思想与各学科教学有机融合。写字课,组织学生书写朱熹的优秀诗词、语句;美术课,组织学生绘画传说中朱熹生活的各种画面;音乐课,组织学生自编自唱用朱熹诗词编写的歌曲,自编自演朱熹有关舞蹈;与语文学科整合,开展诵读经典活动,背诵朱子诗词。

朱子学校重视将朱子文化与实践活动相结合,让学生在活动中感知朱熹的思想文化。每年新学期开学时,全体新生和参与教师还会身着古装汉服,在朱熹故居紫阳楼前举行隆重的敬师礼。敬师礼复原了古代传统的仪式程序,先后进行拜文公朱熹礼、学生呈束脩、呈拜师帖、呈敬师茶、老师回礼等礼仪。学生向老师献上芹菜、莲心、枣子、桂圆,寄寓勤奋好学、苦心钻研、学业早成、功德圆满之意,教师则回赠毛笔给学生,代表教给学生学识与智慧。

学校成立了朱子文化研究会,邀请朱氏后裔、台湾著名学者朱高正开设"朱熹与新儒学"讲座。开展朱子文化研究性学习,鼓励学生设计手抄报、电子小报,撰写小论文,让他们感知朱熹的思想文化,提升文化素养和道德修养。学校组建了合唱团、舞蹈队和朱熹诗词、朱子家训朗诵队,演唱歌曲《走在朱子路上》,表演舞蹈《庭院深深》,诵读诗词和家训;小小导游员为客人讲解紫阳楼、朱子巷、兴贤书院的名胜古迹和历史典故;定期开展"朱子文化"主题班会课、故事比赛、征文比赛和演讲比赛,让学生在活动中了解朱子文化精髓,学习朱子精神。

朱子学校以弘扬朱子文化这一特色立校,充分挖掘朱子文化的育人功能,使朱子文化成为学校的一大亮点,办出了特色,推动了各项事业发展,目前学校占地面积4.7万平方米,校舍面积1.13万平方米,学生数656人,入学率、完成率均为100%,学校校风纯正,师生积极向上,已成为闽北地区一所有着良好声誉的农林九年一贯制的学校。世界朱氏联合会每年都要带领朱氏后裔到学校参访。朱子学校还与台湾新竹县新埔中学结成友好学校,并互派师生参访,为进一步弘扬朱子文化开辟了新的渠道。

漫步在武夷山五夫镇的朱子学校,能感受到弥漫在校园内浓厚的朱子文化气息。宋代风格的学校大门、高挺的朱熹铜像、朱子文化园、朱子生平事迹展示栏、朱子文化讲学堂等相互辉映,为广大师生继承和弘扬朱子的明德、正心、格致、知行的理学精神创造了良好的文化环境和氛围。

三、福建晋江市松熹中学"松熹"主题校园文化建设的实践与探索

晋江松熹中学创办于1996年,是一所年轻学校,地处文化古镇——安海,素有"朱文郑武"、"二朱过化"、"海滨邹鲁"之称,文化传统丰富,文化底蕴深厚。如何传承百年优秀文化传统弘扬古镇文明;营造特色文化校园,彰显学校文化蕴含;形成学校独有的办学思想、管理特色。这是年轻学校面临的一个重要课题,经历任校长地策划、推动和传承,以"松"、"熹"为主线的校园文化硬件建设已初见雏形,主题文化初见成效。

（一）彰显个性，打造，主题文化育人环境

松熹中学创建于 1996 年，学校的命名由名誉校长许自前先生（时任中共安海镇党委书记）率先提议，借用朱松、朱熹父子在安海为官和讲学的故典：朱松于南宋建炎四年为首任镇监，为改变安海"竞利相戕"的景况，使"狷商驯"。他以富商黄护所建的鳌头精舍作为他的讲学之所，短短二十多年后，因为朱松于鳌头精舍"进民之秀者，教以义理之学"，一个"竞利相戕"的"狷商"之地，转而出现了"老幼义理详悉"的可喜气象，可见韦斋教化之功甚巨。二十年后，朱熹任同安主簿，常来安海寻访旧踪及其父遗迹，"见其老幼义理详悉，遂与论说，士因益勤于学。"为此，安海人自豪地说："地灵人杰，贤才辈出，后之接踵而起者，凤羽威仪，龙鳞栗翰。红杏留香，尽是探花之使；樱桃开宴，皆为夺锦之英，不诚泉南一人物之薮也哉！"取二人的名字"松"、"熹"组合为学校的名字，以突出安海系"二朱过化"和"海滨邹鲁"这一深厚文化积淀的特点。

"松熹"两字体现了安海历史源远流长和文化积淀的深厚，她为学校建设"儒雅校园"、"书香校园"提供了一笔财富。建校以来，几任校长对朱子文化的传承上都一脉相传，紧紧围绕校名"松熹"所蕴含的深刻寓意为主题。2003 年，新筹建的学校首届董事会集资捐建了校中桥和桥边供师生休息的亭榭。镇侨联主席欣然为其题名为"敬松桥"、"崇熹亭"，并在亭上撰一副对联："仰观劲松千年翠，眺望晨曦万里红"。意在倡导后辈敬仰朱松、朱熹父子崇文尚理风范，传承古镇百年文明。

学校又着手筹建"朱子文化广场"，广场拟设朱松、朱熹父子雕像，朱松、朱熹父子生平简介，朱熹治学理念名句书法石刻，朱熹治学故事，朱熹经典名篇等，力求把学校每一处景点都布置得有教育意义，做到文化环境与自然环境水乳交融，学生身处其中，受到潜移默化的熏陶。

（二）传承经典，提炼主题文化育人素材

朱熹是我国古代继孔子之后的又一位重要的文化大师，是儒学的集大成者。无须讳言,朱熹的思想理论中有一些消极的东西,学校并不是照搬朱熹的那一套,而是吸其精华,为时代所用,为学校所用,为学生所用。

1.校歌《熹韵》:学校于1999年向社会各界征集校歌,后由本校教师作词作曲的《熹韵》入选。校歌以"灵源叠翠,鸿江汤汤,龙山晨钟扬。港湾波涌依旧,长桥安卧,白塔叙沧桑"为开篇,突出安海文化名胜、商贸特色。以"朱松首镇,勤政为民垂千古,朱熹弘理,兴学重教永留芳。"彰显古镇百年文化积淀。以"励精图治,奋发向上……学海千帆,击楫中流,师生驭风浪……"来体现松熹师生挥汗织锦绣,铸就明日辉煌的孺子风范。

2.校刊《松风》:2002年,学校编创校刊,在向全校教师征集刊名时,刊名"松风"以其涵义凸显学校文化内涵而中选。

3.校训:2009年,学校为适应新时期素质教育的大形势,更换使用十几年的校训,实现校训大变脸。新校训取自朱熹治学思想精华:"居敬、存养、省察、力行"。重在培养学生道德修养,凸显德育首位思想,教会学生学做真人。

4.校本教材《松熹》:2009年,为提炼朱熹治学精华,突显校园文化主脉,重解经纶,鉴古创新,打造朱子文化校园。学校以语文组、历史组为核心,编写了校本教材《松熹》——朱子文化读本。《松熹》读本,现代写意为主要表现手法,让深奥变得通俗,让繁杂变得明晰。以松熹溯源,三朱简介,朱熹与安海,朱熹传说故事,朱熹传世经典,朱熹思想精粹,朱子文学,安海民俗、古迹,朱子书法鉴赏为架构,展现理学大师传奇人生,解读一代鸿儒思想精髓,诠释朱子思想对安海文化的影响。让更多人了解朱熹,了解朱子文化的内涵,为"打造朱子文化校园,构建和谐松熹"作出应有的努力。

(三)延伸文化,塑造"儒雅书香"松熹人

学校坚持以科学的态度对待朱熹的思想及朱子文化这一历史文化遗产,并没有照搬朱熹的那一套,而是吸其精华,为时代所用,为学校所用,为学生所用。如收集勤学好问的《朱子问天》,孝敬父母的

《为母守墓》,学术求真的《鹅湖之会》等有关朱熹的传说故事和生平事迹材料,收集以强调养成教育为主要内容的《朱子家训》和培养良好学风的优良传统。同时把把朱子优秀文化教育和社会主义荣辱观教育、小公民道德建设、未成年人思想道德建设及《中小学生守则》等社会主义品德、规范教育有机结合起来,在以下几个方面开展了积极的探索。

1. 将《童蒙须知》以及《劝学》、《春日》、《观书有感》、《苦雨》等适合初中生学习的朱子著作、诗词作为校本教材,开设朱子文化教育校本课程,引导学生崇尚朱熹优秀文化,"亲其师,信其道,仿其行",潜移默化,规范学生的言行举止。

2. 寓朱子优秀文化教育于各学科教学中。为了更好地学习朱子优秀文化,把朱子优秀文化学习融入到各个学科教学中。如课前两分钟,选择诵读朱熹诗词、《朱子家训》等,在写字课里组织学生书写朱熹的优秀诗词、语句,在美术课中,组织学生绘画传说中朱熹生活的各种画面,在音乐课中组织学生自编自唱用朱熹诗词编写的歌曲,自编自演朱熹有关舞蹈等。把对朱熹优秀思想的学习与各学科教学有机融合,对学生进行朱子优秀文化的教育。

3. 寓朱子优秀文化教育于学生日常行为习惯教育中。如可让学生讲述"朱子问天"等故事,激发学生的勤学好问、热爱科学情感;讲述"为母守墓"等故事,对学生进行孝亲敬长教育;讲述"朱熹生活、求学、处世各方面的'勤谨'故事",以及对《朱子家训》、《朱子训子从学帖》及有关诗词的学习,培养学生对待每件事勤做勤整理的习惯;通过讲述有关"朱熹励志的故事",引导学生树立把自己的荣辱与学校与家乡与祖国联系在一起,培养学生从小树立远大志向,胸怀祖国,放眼天下;同时,选择"勿以善小而不为,勿以恶小而为之"、"有过则速改,不可畏难而苟安也"等名言作为班级学生的座右铭等强化学生的养成教育。

4. 寓朱子优秀文化教育于各项活动中。朱子文化教育,和其他各项教育一样,要形式多样。尤其要开展各种有趣的活动,通过活动使学生得到教育。如开展朱熹诗词朗诵会,使学生学到更多的朱熹诗词;开展"朱熹故事竞赛",让更多的人知道朱熹的生平事迹,还结合综合实践活动开展朱子文化研究性学习,让学生在研究性学习中进一步感受朱子文化。

5.家校同步,密切配合。朱子优秀文化深入千家万户,广大家庭对儒家优秀传统文化无所不知,对《朱子家训》、《四书集注》等朱熹的名文名著也知之甚多,许多家长常常会自觉或不自觉地拿朱熹的优秀思想对子女进行养成教育。这为学校开展"运用朱子文化,促进学生养成教育"谋求家庭教育的配合提供了一种可能。任何一种教育都离不开家长的配合,养成教育更是这样。学校通过家长会、家长学校等多种形式,让家长了解学校朱子文化学习的阶段性内容、要求和目标,定期与不定期同家长沟通,了解学生在家的行为习惯,同时让每个家长及时了解子女在校的情况,使学生不仅在学校,在家里、在社会也会得到同样的教育。

朱子学说作为传统文化的精华,其所提倡的格物穷理说、开源节流说、宇宙结构说、慎思博学说,都与现代教育教学理念都有着相近相通之处。重温这些学说和思想,找到有益的借鉴。松熹中学的朱子文化品牌将在晋江教育界独树一帜,成为松熹中学的一张名片。走出校门的松熹人,将以儒雅、书香、进取、自律的姿态展现在世人的面前。

参考文献

黎靖德编:《朱子语类》,中华书局 1986 年版。

朱熹:《四书章句集注》,中华书局 1983 年版。

朱熹、吕祖谦编:《近思录》,岳麓书社 2010 年版。

朱熹:《朱熹集》,四川教育出版社 1996 年版。

朱杰人等主编:《朱子全书》,上海古籍出版社、安徽教育出版社 2002 年版。

程颢、程颐:《二程遗书》,上海古籍出版社 2000 年版。

李滉:《增补退溪全书》,韩国成均馆大学校大东文化研究院 1985 年版。

脱脱等:《宋史》,中华书局 1977 年版。

陈荣捷:《朱子门人》,台湾学生书局 1982 年版。

陈国代、姚进生、张品端:《大教育家朱熹:朱熹的教育历程与思想研究》,中国社会科学出版社 2010 年版。

方彦寿:《朱熹书院与门人考》,华东师范大学出版社 2000 年版。

高令印、高秀华:《朱子学通论》,厦门大学出版社 2007 年版。

何成轩等:《儒学与现代化》,沈阳出版社 2001 年版。

黎昕:《朱熹与闽学思想研究》,中国书籍出版社 2013 年版。

束景南:《朱子大传》,福建教育出版社 1992 年版。

张立文等:《中外儒学比较研究》,东方出版社 1998 年版。

张立文:《朱熹思想研究》,中国社会科学出版社 2001 年版。

张建新、傅德露:《朱子文化大典》,海风出版社 2011 年版。

张廷枋、杨国学:《世界遗产武夷文化年鉴:2005》,中国社会科学出版社 2007 年版。

朱维幹:《福建史稿》,福建教育出版社 1985 年版。

朱谦之:《中国哲学对欧洲的影响》,上海人民出版社 2006 年版。

朱永康:《中外学校道德教育比较研究》,福建教育出版社 1998 年版。

后 记

　　道德教育思想是朱熹教育思想乃至于整个理学思想体系的真正重心所在。在南宋社会即宋金政权对垒、民族矛盾尖锐、道德价值体系几乎崩溃的历史背景下,朱熹殚精竭虑,重整伦理,致力于构建道德伦理的形而上学,让道德伦理具有了本体论的依据,他把儒家伦理与宇宙本体统一于天理,通过把天理的伦理化,使其世俗化,成为人人必须遵行的政治和道德原则,进而通过教化成为"明人伦"而最终达到"明天理"以维护封建社会秩序和中华一统。朱熹的道德伦理思想及其独特的道德教育思想体系已深深扎根于广袤的民族文化沃土之中,成为中华传统价值观和道德伦理教育思想的重要组成部分,深入研究和挖掘朱熹的道德教育思想中的"合理内核",能为我们今天解决社会道德领域中存在的突出问题提供有益的借鉴。

　　本书共分九章,试图对朱熹道德教育思想作一个较为全面的阐述。第一章简要论述古代教育与道德教化的关系、儒家道德教育的发展历程,并对朱熹道德教育思想的哲学基础、主要内容及其时代意义作了概述,表明本书的写作意义。第二章从朱熹所处的南宋社会历史背景、社会的教育制度的弊端以及宋代理学先驱的道德教育思想等三个方面,论述了朱熹道德教育思想的渊源。第三章选取了朱熹在同安兴学、复兴白鹿洞书院与在武夷精舍讲学及著述等三个在朱熹道德教育思想体系形成中具有里程碑意义的教育历程阶段,深入分析了朱熹道德教育思想体系形成和发展的基本轨迹。第四章分别从朱熹的道德本体论、道德伦理哲学的几对主要范畴和朱熹的伦理纲常思想等维度较为全面地论述朱熹的道德哲学及其道德伦理规范体系。第五章从朱熹的道德教育思想的理论基础、基本内容及道德修养方法论三个层面对朱熹的道德教育思想展开了深入探讨。第六章为朱熹的道德教育思想的历史地位及传播，首先对朱熹道德教育思想进行客观的一分为二的评价，并对其道德教育思想的历史地位作出客观的定位，同时从朱熹道德教育思想在中国的传播发展和在海外的传播和影响两个层面进一步论述了朱熹道德教育思想的历史地位与影响。第七章从当前我国道德领域中存在的突出问题及成因分析入手，从朱熹道德教育思想中寻求古人的智慧，客观分析朱熹道德教育思想对我国当代思想道德建设的启示，阐明朱熹道德教育思想的当代价值。第八章专门论述朱熹的生态伦理观及生态道德教育思想，结合我国当前社会环境问题的实际，阐明朱熹生态伦理及其生态道德教育思想对我国当前社会主义生态文明建设的启示和重要意义。第九章分析当前国学热尤其是朱子学热兴起的主要原因，结合目前国内在弘扬朱子文化尤其是朱熹道德教育中的成功案例分析，进一步探讨朱熹道德教育思想的现代应用问题。

　　本书也是作者承担的 2012 年福建省社科规划项目"朱熹的教育思想研究"课题的主要成果。

　　本书在写作过程中，得到了武夷学院几位长期从事宋明理学，尤其是朱子学研究专家的大力支持和帮助，张品端研究员给了我悉心的指导，陈国代、张志雄、段善君、丁鹏等老师协助收集了不少第一手研究资料。厦门大学高令印教授在百忙中为本书写了序，他的鼓励也是对我的鞭策。在此，一并致谢！

　　由于自己学识有限，错漏之处在所难免，希望读者批评指正。

姚进生
2013 年 12 月 8 日

图书在版编目(CIP)数据

朱熹道德教育思想论稿/姚进生著. —厦门:厦门大学出版社,2013.12
ISBN 978-7-5615-4926-1

Ⅰ.①朱… Ⅱ.①姚… Ⅲ.①朱熹(1130~1200)-品德教育-思想评论
Ⅳ.①B244.75

中国版本图书馆 CIP 数据核字(2013)第 321072 号

厦门大学出版社出版发行
(地址:厦门市软件园二期望海路 39 号 邮编:361008)
http://www.xmupress.com
xmup @ xmupress.com
厦门集大印刷厂印刷
2013 年 12 月第 1 版 2013 年 12 月第 1 次印刷
开本:880×1230 1/32 印张:8.5 插页:2
字数:240 千字 印数:1~1 500 册
定价:30.00 元
本书如有印装质量问题请寄承印厂调换